Unternehmensstrafrecht aus gesellschaftsrechtlicher Sicht

Schriften zum Gesellschafts-, Bilanz- und Unternehmensteuerrecht

Herausgegeben von Barbara Grunewald und Joachim Hennrichs

Band 22

Zur Qualitätssicherung und Peer Review der vorliegenden Publikation

Die Qualität der in dieser Reihe erscheinenden Arbeiten wird vor der Publikation durch den Herausgeber der Reihe geprüft.

Notes on the quality assurance and peer review of this publication

Prior to publication, the quality of the work published in this series is reviewed by the editor of the series.

Moritz Evertz

Unternehmensstrafrecht aus gesellschaftsrechtlicher Sicht

Eine Untersuchung am Beispiel des nordrhein-westfälischen Gesetzesentwurfs zur Einführung eines Verbandsstrafgesetzbuchs.

PL ACADEMIC RESEARCH

Bibliografische Information der Deutschen Nationalbibliothek
Die Deutsche Nationalbibliothek verzeichnet diese Publikation in der Deutschen Nationalbibliografie; detaillierte bibliografische Daten sind im Internet über http://dnb.d-nb.de abrufbar.

Zugl.: Köln, Univ., Diss., 2016

D 38
ISSN 1867-500X
ISBN 978-3-631-70200-0 (Print)
E-ISBN 978-3-631-70359-5 (E-PDF)
E-ISBN 978-3-631-70360-1 (EPUB)
E-ISBN 978-3-631-70361-8 (MOBI)
DOI 10.3726/978-3-631-70359-5

PL Academic Research ist ein Imprint der Peter Lang GmbH.

Peter Lang – Frankfurt am Main · Bern · Bruxelles · New York · Oxford · Warszawa · Wien

Diese Publikation wurde begutachtet.

www.peterlang.com

Vorwort

Die vorliegende Arbeit wurde im Sommersemester 2016 von der Rechtswissenschaftlichen Fakultät der Universität zu Köln als Dissertation angenommen. Gesetzeslage, Rechtsprechung und Literatur wurden bis einschließlich April 2016 berücksichtigt.

Mein Dank gilt in erster Linie meiner Doktormutter Frau Prof. Dr. Barbara Grunewald für die Anregung des Themas sowie die hervorragende Betreuung. Sie stand mir während der Erstellung der Arbeit stets mit wertvollen Anregungen zur Seite. Ihr und Herrn Prof. Dr. Joachim Hennrichs möchte ich zudem für die Aufnahme der Arbeit in die Reihe „Schriften zum Gesellschafts-, Bilanz- und Unternehmensteuerrecht" danken. Frau Prof. Dr. Elisa Hoven danke ich herzlich für die zügige Erstellung des Zweitgutachtens.

Mein Dank gilt weiterhin meiner Familie für die Unterstützung, Begleitung und Ermunterung während der Erstellung der Arbeit. Sie trägt einen großen Anteil daran, dass diese Arbeit entstanden ist.

Köln, im August 2016 — Moritz Evertz

Inhaltsverzeichnis

Abkürzungsverzeichnis

a.A.	andere Ansicht
a.F.	alte Fassung
AcP	Archiv für die civilistische Praxis
AEUV	Vertrag über die Arbeitsweise der Europäischen Union
AG	Aktiengesellschaft; Die Aktiengesellschaft (Zeitschrift)
AktG	Aktiengesetz
allg.M.	allgeimeine Meinung
Alt.	Alternative
Anm.	Anmerkung
Art.	Artikel
BayObLG	Bayerisches Oberstes Landesgericht
BB	Betriebsberater
Bd.	Band
BDA	Bundesvereinigung der Deutschen Arbeitgeberverbände
BDI	Bundesverband der Deutschen Industrie
BeckRS	Beck online Rechtsprechung
BegrRegE	Begründung Regierungsentwurf
Beschl.	Beschluss
BGB	Bürgerliches Gesetzbuch
BGBl	Bundesgesetzblatt
BGH	Bundesgerichtshof
BGHSt	Entscheidungen des Bundesgerichtshofs in Strafsachen
BGHZ	Entscheidungen des Bundesgerichtshofs in Zivilsachen
BOARD	Zeitschrift für Aufsichtsräte in Deutschland
BR-Drs.	Bundesrats-Drucksache
BRAK	Bundesrechtsanwaltskammer
BT-Drs.	Bundestags-Drucksache
BVerfG	Bundesverfassungsgericht
BVerfGE	Entscheidungen des Bundesverfassungsgerichts
bzw.	beziehungsweise
ca.	circa
CCZ	Corporate Compliance Zeitschrift
CDU	Christlich Demokratische Union Deutschlands
CSU	Christlich-Soziale Union in Bayern
d.h.	das heißt

DAI	Deutsches Aktieninstitut
DAV	Deutscher Anwaltverein
DAX	Deutscher Aktienindex
DB	Der Betrieb
DCGK	Deutscher Corporate Governance Kodex
ders.	derselbe
dies.	dieselbe(n)
DJT	Deutscher Juristentag
DRiZ	Deutsche Richterzeitung
e.V.	eingetragener Verein
eG	eingetragene Genossenschaft
Einl.	Einleitung
et al.	et alii
etc.	et cetera
EU	Europäische Union
EuG	Gericht der Europäischen Union
EuGH	Europäischer Gerichtshof
EUV	Vertrag über die Europäische Union
EuZW	Europäische Zeitschrift für Wirtschaftsrecht
EWiR	Entscheidungen zum Wirtschaftsrecht
EWIV	Europäische wirtschaftliche Interessenvereinigung
f.; ff.	folgende; fortfolgende
FAZ	Frankfurter Allgemeine Zeitung
Fn.	Fußnote
FS	Festschrift
g.h.M.	ganz herrschende Meinung
GA	Goldammer's Archiv für Strafrecht
GbR	Gesellschaft bürgerlichen Rechts
GenG	Genossenschaftsgesetz
GG	Grundgesetz
GmbH	Gesellschaft mit beschränkter Haftung
GmbHG	Gesetz betreffend die Gesellschaften mit beschränkter Haftung
GmbHR	GmbH-Rundschau
GWB	Gesetz gegen Wettbewerbsbeschränkungen
GWR	Zeitschrift für Gesellschafts- und Wirtschaftsrecht
h.L.	herrschende Lehre
h.M.	herrschende Meinung

HdB	Handbuch
HGB	Handelsgesetzbuch
Hrsg.	Herausgeber
Hs.	Halbsatz
i.S.d.	im Sinne der/des
i.S.v.	im Sinne von
i.V.m.	in Verbindung mit
IDW	Institut der Wirtschaftsprüfer
JR	Juristische Rundschau
JuS	Juristische Schulung
JZ	Juristenzeitung
KG	Kommanditgesellschaft
KGaA	Kommanditgesellschaft auf Aktien
KOM/E	Entscheidungen der EU-Kommission
KWG	Kreditwesengesetz
LG	Landesgericht
m.a.W.	mit anderen Worten
m.w.N.	mit weiteren Nachweisen
M&A	Mergers & Acquisitions
Mrd.	Milliarde
n.F.	neue Fassung
NJW	Neue Juristische Wochenschrift
Nr.	Nummer
NRW	Nordrhein-Westfalen
NStZ	Neue Zeitschrift für Strafrecht
NZG	Neue Zeitschrift für Gesellschaftsrecht
NZWiSt	Neue Zeitschrift für Wirtschafts-, Steuer- und Unternehmensstrafrecht
o.Ä.	oder Ähnliches
OHG	offene Handelsgesellschaft
OLG	Oberlandesgericht
OWiG	Ordnungswidrigkeitengesetz
RG	Reichsgericht
RGZ	Entscheidungen des Reichsgerichts
Rn.	Randnummer
S.	Seite
s.	siehe
s.o.	siehe oben

SE	Societas Europaea / Europäische (Aktien-) Gesellschaft
SEAG	SE-Ausführungsgesetz
Slg.	Sammlung
SPD	Sozialdemokratische Partei Deutschlands
StGB	Strafgesetzbuch
StPO	Strafprozessordnung
SZ	Süddeutsche Zeitung
u.a.	unter anderem
u.U.	unter Umständen
UMAG	Gesetz zur Unternehmensintegrität und Modernisierung des Anfechtungsrechts
UmwG	Umwandlungsgesetz
Urt.	Urteil
VAG	Versicherungsaufsichtsgesetz
Var.	Variante
VerbStrG	Verbandsstrafgesetzbuch
vgl.	vergleiche
Vor.	Vorbemerkung(en)
VVaG	Versicherungsverein auf Gegenseitigkeit
WiJ	Journal der Wirtschaftsstrafrechtlichen Vereinigung e.V.
wistra	Zeitschrift für Wirtschafts- und Steuerstrafrecht
WM	Zeitschrift für Wirtschafts- und Bankrecht
WpHG	Wertpapierhandelsgesetz
WRP	Wettbewerb in Recht und Praxis
WuW	Wirtschaft und Wettbewerb
ZGR	Zeitschrift für Unternehmens- und Gesellschaftsrecht
ZHR	Zeitschrift für das gesamte Handels- und Wirtschaftsrecht
Ziff.	Ziffer(n)
ZIP	Zeitschrift für Wirtschaftsrecht; bis 1982: Zeitschrift für Wirtschaftsrecht und Insolvenzpraxis
ZIS	Zeitschrift für Internationale Strafrechtsdogmatik
ZPO	Zivilprozessordnung
ZRP	Zeitschrift für Rechtspolitik
ZStW	Zeitschrift für die gesamte Strafrechtswissenschaft
ZWeR	Zeitschrift für Wettbewerbsrecht
ZWH	Zeitschrift für Wirtschaftsrecht und Haftung im Unternehmen

Einführung

Der Grundsatz „societas delinquere non potest“ galt in Deutschland lange Zeit als unantastbar.[1] Zwar können Verbände bereits de lege lata nach dem Ordnungswidrigkeitenrecht mit Geldbußen belegt werden, kriminalstrafrechtliche Sanktionen gegen juristische Personen und Personenvereinigungen sind dem deutschen Recht jedoch fremd. Nun wurde die Diskussion um die kriminalstrafrechtliche Ahndbarkeit von Verbänden neu entfacht.[2] Auslöser war der

---

1 MüKo-StGB/*Joecks*, Vor. § 25 Rn. 17; *Böse*, Corporate Criminal Liability, 227, 228.

2 *Pieth*, KJ 2014, 276; *Zieschang*, GA 2014, 91; *Römermann*, GmbHR 2014, 1; *Mitsch*, NZWiSt 2014, 1; *Löffelmann*, JR 2014, 185; *Witte/Wagner*, BB 2014, 643; *Schünemann*, ZIS 2014, 1; *ders.*, Zur Frage der Verfassungswidrigkeit und der Folgen eines Strafrechts für Unternehmen – Rechtsgutachten für die Stiftung Familienunternehmen, http://www.familienunternehmen.de/media/public/pdf/publikationen-studien/studien/Studie_Stiftung_Familienunternehmen_Unternehmensstrafrecht.pdf, zuletzt abgerufen am 08.03.2016; *ders.*, ZStW 2014, 1; *Hoven*, ZIS 2014, 19; *Grützner*, CCZ 2015, 56; *Kubiciel*, ZRP 2014, 133; *Willems*, ZIS 2015, 40; *ders.*, DRiZ 2013, 354; *Leipold*, NJW-Spezial 2013, 696; *ders.*, ZRP 2013, 34; *Beulke/Moosmayer*, CCZ 2014, 146; *Kutschaty*, DRiZ 2013, 16; *ders.*, ZRP 2013, 74; *Böse*, ZStW 2014, 132; *Rübenstahl/Tsambikakis*, ZWH 2014, 8; *Hoven/Wimmer/Schwarz/Schumann*, NZWiSt 2014, 161; *dies.*, NZWiSt 2014, 201; *dies.*, NZWiSt 2014, 241; *Hein*, CCZ 2014, 75; *Görtz*, WiJ 2014, 8; *Rönnau/Wegner*, ZRP 2014, 158; *Jahn/Pietsch*, ZIS 2015, 1; *Krems*, ZIS 2015, 5; *Schmitt-Leonardy*, ZIS 2015, 11; *Mansdörfer*, ZIS 2015, 23; *Fischer/Hoven*, ZIS 2015, 32; *Frank*, Ansprache anlässlich der Eröffnungsveranstaltung des 21. Deutschen Richter- und Staatsanwaltstages am 02.04.2014 in Weimar, http://www.drb.de/cms/fileadmin/docs/RiStA/Frank_140402_Ansprache_Eroeffnung_RiStATag.p df, zuletzt abgerufen am 08.03.2016; DAV-Stellungnahme, http://anwalt-verein.de/de/newsroom/ id-2013-54?file=files/anwalt-verein.de/downloads/newsroom/stellungnahmen/2013/DAV-SN54-1 .pdf, zuletzt abgerufen am 08.03.2016; BDI-BDA-Stellungnahme, http://bdi.eu/media/themenfelder/recht/downloads/20140131_BDI-BDA-Stellungnahme__Unternehmensstrafrecht.pdf, zuletzt abgerufen am 08.03.2016; DAI-Stellungnahme, https://www.dai.de /files/dai_usercontent/dokumente /positionspapiere/2014-12-09%20DAI%20Stellungnahme%20Unternehmensstrafrecht.pdf, zuletzt abgerufen am 08.03.2016; Stellungnahme der Clearingstelle Mittelstand, http://clearingstelle-mitte lstand.de/wp-content/uploads/2014/04/Stellungnahme-Unternehmensstrafrecht.pdf, zuletzt abgerufen am 08.03.2016; BRAK-Stellungnahme 2013, http://www.brak.de/zur-rechtspolitik/stellungnahmen-pdf/stellungnahmen-deutschland/2013/mai/stellungnahme-der-brak-2013-09.pdf, zuletzt ab-gerufen am 08.03.2016; BRAK-Stellungnahme 2014, http://www.brak.de/zur-rechtspolitik/stellungnahmen-pdf/stellungnahmen-deutschland/

„Entwurf eines Gesetzes zur Einführung der strafrechtlichen Verantwortlichkeit von Unternehmen und sonstigen Verbänden“[3], den der nordrhein-westfälische Justizminister *Thomas Kutschaty* am 14.11.2013 in Berlin auf der Justizministerkonferenz vorstellte. Der Vorschlag sieht ein Verbandsstrafgesetzbuch vor, welches die strafrechtliche Sanktionierung „von Verbänden für Zuwiderhandlungen ihrer Mitarbeiter oder Mitglieder gegen Strafgesetze begründet, wenn durch diese Zuwiderhandlungen Pflichten verletzt worden sind, die den Verband treffen, oder wenn durch sie der Verband bereichert worden ist oder bereichert werden sollte“[4]. Deutlich zurückhaltender hieß es noch im Koalitionsvertrag zwischen *CDU*, *CSU* und *SPD*, man prüfe ein Unternehmensstrafrecht (lediglich) für multinationale Konzerne.[5] Während die Landesjustizminister den Vorstoß aus Nordrhein-Westfalen grundsätzlich begrüßten, stelle dieser doch eine gute Grundlage für eine vertiefte Beratung über die Einführung eines Unternehmensstrafrechts sowie die damit verbundenen Chancen und Risiken dar,[6] wird der Gesetzesentwurf im Schrifttum – mit teils deutlichen Worten – überwiegend abgelehnt.[7]

Im Mittelpunkt der Debatte stehen strafrechtsdogmatische und verfassungsrechtliche Bedenken gegen die Einführung eines Verbandsstrafgesetzbuchs. Diskutiert werden u.a. die Vereinbarkeit des Verbandsstrafgesetzbuchs mit dem Schuldprinzip und die Handlungsfähigkeit von Verbänden.[8] Diesen Fragen soll

---

2014/april/stellungnahme-der-brak-2014-15.pdf, zuletzt abgerufen am 08.03.2016; Jahn/Schmitt-Leonardy/Schoop; zur ökonomischen Analyse s. *Arentz/Rehm*, https://iwp.uni-koeln.de/fileadmin/contents/dateiliste_iwp-website/publikationen/DP/owiwo/OWIWO_DP_03_2015.pdf, zuletzt abgerufen am 12.04.2016.

3 Abrufbar unter http://www.justiz.nrw.de/JM/justizpolitik/jumiko/beschluesse/2013/herbstkonferenz13/zw3/TOP_II_5_Gesetzentwurf.pdf, zuletzt abgerufen am 08.03.2016.

4 Gesetzesentwurf, S. 3.

5 Koalitionsvertrag zwischen CDU, CSU und SPD, 18. Legislaturperiode, S. 145, http://www.bundesregierung.de/Content/DE/_Anlagen/2013/2013-12-17-koalitionsvertrag.pdf;jsessionid=7040AB2E0C2686F30FB39D825B560356.s5t2?__blob=publicationFile&v=2, zuletzt abgerufen am 08.03.2016.

6 Vgl. *Zieschang*, GA 2014, 91, 92; *Hein*, CCZ 2014, 75; *Witte/Wagner*, BB 2014, 643.

7 Statt vieler *Schünemann*, ZIS 2014, 1; *ders.*, Zur Frage der Verfassungswidrigkeit und der Folgen eines Strafrechts für Unternehmen – Rechtsgutachten für die Stiftung Familienunternehmen; *ders.*, ZStW 2014, 1; *Willems*, ZIS 2015, 40; *ders.*, DRiZ 2013, 354; *Zieschang*, GA 2014, 91.

8 S. nur *Leipold*, ZRP 2013, 34, 35 f.; DAV-Stellungnahme, S. 14 ff.; Stellungnahme der Clearingstelle Mittelstand, S. 13; BDI-BDA-Stellungnahme, S. 4 f.; DAI-Stellungnahme, S. 10 f.; *Zieschang*, GA 2014, 91, 93 ff.; Zweifeln entgegentretend Gesetzesentwurf, S. 29 ff.; einen Überblick über die Diskussion zur Einführung eines Unternehmensstrafrechts

hier nicht weiter nachgegangen werden. Ihre Beantwortung ist anderen Werken vorbehalten. Vielmehr nimmt die vorliegende Untersuchung den nordrhein-westfälischen Gesetzesentwurf zum Anlass, um einen gesellschaftsrechtlichen Blick auf ein mögliches Verbandsstrafgesetzbuch zu werfen. In diesem Kontext gilt es zu klären, ob der Gesetzesentwurf gesellschaftsrechtliche Wertungen hinreichend berücksichtigt hat. Ziel der Arbeit ist ferner, Gedanken des Gesellschaftsrechts für konzeptionelle Erwägungen zur Ausgestaltung des geplanten Verbandsstrafgesetzbuchs fruchtbar zu machen. Auf dieser Grundlage sollen unter Beachtung der Ausführungen in der Entwurfsbegründung Formulierungsvorschläge für einzelne Normen des materiellen Teils des Gesetzesentwurfs erarbeitet werden.

Die Arbeit gliedert sich in sieben Kapitel. Zu Beginn wird ein Blick auf die Sanktionierungsmöglichkeiten von Unternehmen de lege lata geworfen. Hierbei werden Funktion und Wirkungsweise der Normen des Ordnungswidrigkeiten-, Straf- und Wirtschaftsverwaltungsrechts näher erläutert, aus denen sich bereits nach geltendem Recht ein Instrumentenkasten ergibt, um gegen Unternehmen vorzugehen. Das zweite Kapitel soll zunächst einen Überblick über bisherige Reformvorschläge zur Implementierung eines Unternehmensstrafrechts geben. Anschließend wird der nordrhein-westfälische Gesetzesentwurf zur Einführung eines Verbandsstrafgesetzbuchs vorgestellt. Zum besseren Verständnis der Hintergründe und damit auch zur genaueren Konturierung des Gesetzesentwurfs werden im dritten Kapitel die angeführten Beweggründe der Entwurfsverfasser für die Einführung des Verbandsstrafgesetzbuchs beleuchtet. Dabei wird der Frage nachgegangen, ob die vorgebrachten Erwägungen, die nicht nur rein juristische Fragestellungen sondern darüber hinaus auch rechtstatsächliche Beobachtungen betreffen, überzeugen können. Es soll mithin geklärt werden, ob Entwicklungen im Bereich der Unternehmenskriminalität, Mängel des geltenden Rechts und/oder internationale Vorgaben den Gesetzgeber zu diesem Schritt zwingen oder es sich um eine rein politische Entscheidung handelt. Das vierte Kapitel widmet sich dem persönlichen Anwendungsbereich des Verbandsstrafgesetzbuchs. Dieser verdeutlicht die Tragweite des Gesetzesentwurfs. Insbesondere auch von praktischer Relevanz sind die in diesem Kapitel zu behandelnden Fragen, welche Unternehmensträger als Normadressaten von einem möglichen Verbandsstrafgesetzbuch betroffen wären, welche Personen durch ihre Handlungen eine Verbandsstrafbarkeit auslösen könnten und welche Möglichkeiten für Verbände

---

vor Bekanntmachung des nordrhein-westfälischen Gesetzesentwurfs liefert *Wessing*, ZWH 2012, 301.

bestünden, durch eine Rechtsnachfolge eine Sanktionierung zu umgehen. Den Kern der Untersuchung bilden die Kapitel fünf bis sieben. Im Rahmen einer intradisziplinären Betrachtung soll die Konzeption des Verbandsstrafgesetzbuchs mit gesellschaftsrechtlichen Wertungen verglichen werden. Das fünfte Kapitel setzt am Zentrum der Diskussion um die Einführung eines Unternehmensstrafrechts an: Die Ausgestaltung der Straftatbestände des Verbandsstrafgesetzbuchs. Fraglich ist zunächst, ob die Verbandsstraftatbestände des Gesetzesentwurfs die Grundgedanken der Entwurfsbegründung konsequent umsetzen. In einem zweiten Schritt wird erwogen, Konstruktionen der deliktsrechtlichen Unternehmenshaftung zu bemühen und auf das Strafrecht zu übertragen, um einen verbesserten Formulierungsvorschlag für § 2 VerbStrG, der die beiden Straftatbestände des Gesetzesentwurfs umfasst, zu erarbeiten. Im sechsten Kapitel wird erörtet, inwieweit der nordrhein-westfälische Gesetzesentwurf dem erklärten Ziel, die Stärkung einer zeitgemäßen Kultur der Unternehmenscompliance zu erreichen und Anreize zu präventiver Compliance zu setzen, Rechnung trägt. Sodann soll unter Heranziehung gesellschaftsrechtlicher Compliance-Anforderungen eine Compliance-Defense-Regelung entworfen werden, die für Verbände einen Ansporn zu präventiven Compliance-Maßnahmen liefern würde. Das siebte Kapitel wendet sich der Frage zu, ob eine Muttergesellschaft auch dann für die Verbandsstraftat ihrer Tochtergesellschaft sanktioniert werden kann, wenn sie an der Tat nicht aktiv beteiligt war. Zur Klärung dieses bereits aus dem Ordnungswidrigkeitenrecht bekannten Problems ist zu untersuchen, ob Aufsichtspflichten der Muttergesellschaft gegenüber der Tochtergesellschaft bestehen, aus denen sich eine Garantenstellung der Muttergesellschaft ergibt.

1. Kapitel: Die Sanktionierung von Unternehmen de lege lata

Bereits nach geltendem Recht gibt es diverse Möglichkeiten zur Sanktionierung von Unternehmen.[9]

I. Regelungen des Ordnungswidrigkeitenrechts

Im Fokus der Betrachtung stehen dabei die Regelungen des Ordnungswidrigkeitenrechts. Zuvörderst sind die §§ 30, 130 OWiG zu nennen. Gem. § 30 I OWiG können bei vorsätzlichem oder fahrlässigem Fehlverhalten von Leitungspersonen Geldbußen gegen die juristische Person oder die Personenvereinigung festgesetzt werden. Die Vorschrift stellt entsprechend der Überschrift des ersten Teils des Ordnungswidrigkeitengesetzes („Allgemeine Vorschriften") keine eigene Ordnungswidrigkeit dar,[10] sondern knüpft an eine vorgelagerte Straftat oder Ordnungswidrigkeit einer Leitungsperson an und ermöglicht die Festsetzung einer Verbandsgeldbuße. Hauptzweck der Norm ist eine Gleichbehandlung von natürlichen Personen auf der einen und juristischen Personen sowie Personenvereinigungen auf der anderen Seite dergestalt, dass „die Strafe oder Geldbuße unter Berücksichtigung des wirtschaftlichen Wertes [des] Unternehmens und des für dieses Unternehmen erzielten oder beabsichtigten Vorteils festgesetzt werden"[11]. Im Gegensatz zu § 30 OWiG verkörpert § 130 OWiG eine „einzelne Ordnungswidrigkeit". Danach kann das vorsätzliche oder fahrlässige Unterlassen erforderlicher Aufsichtsmaßnahmen des Betriebs- oder Unternehmensinhabers mit einer Geldbuße belegt werden (§ 130 I OWiG). Inhaber i.S.d. § 130 I OWiG können abgesehen von natürlichen auch juristische Personen und Personenmehrheiten sein.[12] In den letzten beiden Fällen treffen die Aufsichtspflichten des § 130 I OWiG dann über § 9 OWiG wieder die in § 30 I Nr. 1–5

---

9 Überblicke auch bei *Kirch-Heim*, S. 18 ff.; *Hirsch*, ZStW 107 (1995), 285, 300 ff.; *Löffelmann*, JR 2014, 185, 186; DAV-Stellungnahme, S. 11 ff.; BDI-BDA-Stellungnahme, S. 2 ff.; DAI-Stellungnahme, S. 6 ff.; s. auch bereits *Krekeler*, FS Hanack, 639, 642 ff.; zur rechtspraktischen Analyse der Situation de lege lata *Taschke*, Jahn/Schmitt-Leonardy/Schoop, 41 ff.

10 BGHSt 46, 207, 211.

11 BT-Drs. 5/1269, 59.

12 KK-OWiG/*Rogall*, § 130 Rn. 25; *Bohnert*, OWiG, § 130 Rn. 8.

OWiG aufgeführten Leitungspersonen.[13] Damit wird letztlich der Anwendungsbereich einer Verbandsgeldbuße erweitert und dem Hauptzweck des § 30 OWiG zu größtmöglichem Erfolg verholfen.[14]

Der Bußgeldrahmen des § 30 OWiG ist jüngst im Rahmen der 8. GWB-Novelle verzehnfacht worden.[15] Bei vorsätzlichen Straftaten drohen nun gem. § 30 II 1 Nr. 1 OWiG Geldbußen von bis zu zehn Millionen Euro (statt ehemals einer Million Euro), während bei fahrlässigen Straftaten die Geldbußen gem. § 30 II 1 Nr. 2 OWiG bis zu fünf Millionen Euro (statt ehemals 500.000 Euro) betragen können. Begeht die Leitungsperson hingegen eine Ordnungswidrigkeit, bestimmt sich das Höchstmaß der Geldbuße nach dem für die Ordnungswidrigkeit angedrohten Höchstmaß (§ 30 II 2 OWiG). § 30 II 3 OWiG statuiert jedoch eine Verzehnfachung des Höchstmaßes der Geldbuße, wenn ein gesetzlicher Verweis in einem Ordnungswidrigkeitentatbestand auf diese Vorschrift vorliegt. Da bei Ordnungswidrigkeiten des Bundesrechts das Höchstmaß in der Regel maximal eine Million Euro beträgt,[16] ist aufgrund des § 30 II 3 OWiG im Einzelfall ebenfalls die Verhängung einer Geldbuße in Höhe von bis zu zehn Millionen Euro möglich. Auf diese Weise nähern sich die Bußgeldrahmen einander an, unabhängig davon, ob die Verfehlung der Leitungsperson als Straftat oder als Ordnungswidrigkeit einzuordnen ist. Wegen der Verweisung des § 130 III 2 OWiG auf § 30 II 3 OWiG liegt das Höchstmaß der Geldbuße auch im Falle einer Aufsichtspflichtverletzung nach § 130 I OWiG bei zehn Millionen Euro.

Darüber hinaus kann sich die Geldbuße durch eine Vorteilsabschöpfung gem. § 30 III i.V.m. § 17 IV OWiG erhöhen. Die Geldbuße soll den wirtschaftlichen Vorteil aus der Zuwiderhandlung übersteigen (vgl. § 17 IV 1 OWiG). Die Begehung einer Ordnungswidrigkeit soll sich also nicht lohnen.[17] Wenn das gesetzliche Höchstmaß hierzu nicht ausreicht, kann es gem. § 17 IV 2 OWiG überschritten werden. Im Einzelfall kann die Geldbuße somit das gesetzliche Höchstmaß deutlich übersteigen; so geschehen beispielsweise bei den festgesetzten Geldbußen gegen die *Siemens* AG (201 und 395 Millionen Euro)[18], die *MAN*

---

13 BeckOK-OWiG/*Beck*, § 30 Rn. 13; ausführlich zum Zusammenspiel der §§ 9, 30, 130 OWiG *Többens*, NStZ 1999, 1; *Adam*, wistra 2003, 285.

14 BeckOK-OWiG/*Beck*, § 30 Rn. 12.

15 BGBl. 2013, Teil I Nr. 32, S. 1738.

16 KK-OWiG/*Rogall*, § 130 Rn. 132.

17 KK-OWiG/*Mitsch*, § 17 Rn. 113.

18 LG München I, Beschl. v. 04.10.2007 und LG München I, Beschl. v. 15.12.2008.

SE (151 Millionen Euro)[19] und die *Ferrostaal* GmbH (149 Millionen Euro)[20]. Im Fall *Siemens* etwa betrug die Vorteilsabschöpfung 200 bzw. 394,75 Millionen Euro. Nach g.h.M. findet bei der Berechnung des wirtschaftlichen Vorteils das sog. Nettoprinzip Anwendung, d.h., Aufwendungen des Täters sind abzuziehen.[21]

Trotz des Grundsatzes „crime does not pay“[22], der dem § 17 IV OWiG zugrunde liegt, vermag die Geldbuße es nicht, aus der Tat resultierende Gewinne Dritter abzuschöpfen. Ebenso wenig sind Gewinne aus nicht vorwerfbaren rechtswidrigen Taten erfasst.[23] Für diese Konstellationen kommt anstelle der Geldbuße der Verfall gem. § 29a OWiG in Betracht. Hiernach kann das aus der mit Geldbuße bedrohten Handlung Erlangte entzogen werden. Wichtig in Bezug auf die Unternehmenssanktionierung ist § 29a II OWiG, der es ermöglicht, das empfangene Erlangte auch bei juristischen Personen, nichtrechtsfähigen Vereinen und rechtsfähigen Personengesellschaften abzuschöpfen.[24] Nach h.M. gilt das Bruttoprinzip mit der Folge, dass gewinnmindernde Kosten nicht berücksichtigt werden.[25]

II. Regelungen des Strafgesetzbuchs

Auch das Strafgesetzbuch weist Vorschriften auf, die Sanktionsmöglichkeiten gegenüber Unternehmen gewähren. Zwar existieren keine Regelungen, wonach sich Unternehmen als solche strafbar machen, da die Adressaten des Strafgesetzbuchs derzeit ausschließlich natürliche Personen sind. Ebenso wie das Ordnungswidrigkeitengesetz kennt das Strafgesetzbuch jedoch den Drittverfall. Gem. § 73 III StGB richtet sich die Anordnung des Verfalls gegen einen anderen als den Täter oder Teilnehmer, wenn diese für ihn gehandelt haben und er dadurch etwas erlangt hat. Anderer i.S.d. Norm können wiederum u.a. juristische Personen und

---

19 http://www.faz.net/aktuell/wirtschaft/unternehmen/korruptionsaffaere-man-zahlt-151-millionen-euro-geldbusse-1578757.html, zuletzt abgerufen am 10.03.2016.

20 http://manager-magazin.de/unternehmen/artikel/a-791860.html, zuletzt abgerufen am 10.03.2016.

21 S. nur BeckOK-OWiG/*Sackreuther*, § 17 Rn. 120; KK-OWiG/*Mitsch*, § 17 Rn. 119; OLG Oldenburg, wistra 2009, 328; OLG Hamm, BeckRS 2007, 02652; BayObLG, wistra 2003, 470.

22 *Güntert*, S. 13.

23 Göhler/*Gürtler*, § 29a Rn. 1.

24 KK-OWiG/*Mitsch*, § 29a Rn. 35.

25 *Schmidt*, Rn. 1278; *Bohnert*, OWiG, § 29a Rn. 4, 18; BeckOK-OWiG/*Meyberg*, § 29a Rn. 3; differenzierend KK-OWiG/*Mitsch*, § 29a Rn. 46.

Personengruppen sein.[26] Nach h.M. ist das Bruttoprinzip anwendbar.[27] Für gewisse Straftatbestände ordnet § 73d StGB zudem eine Beweiserleichterung[28] an (sog. erweiterter Verfall). Demnach muss die Tat eines Unternehmensmitarbeiters nicht konkret abgeurteilt worden sein, um dem Unternehmen das Erlangte zu entziehen.[29] Vielmehr genügt es, wenn die Umstände die Annahme rechtfertigen, dass die Gegenstände für rechtswidrige Taten oder aus ihnen erlangt worden sind. Der Umfang des Erlangten und dessen Wert können geschätzt werden, § 73b StGB.

Neben dem Verfall kann ferner nach § 74 I i.V.m. II Nr. 2 StGB die Dritteinziehung von Tatmitteln und Taterzeugnissen angeordnet werden. § 75 StGB erweitert den Anwendungsbereich der Dritteinziehung, indem er den Zugriff auf Einziehungsobjekte gestattet, die im Eigentum von juristischen Personen oder anderen Personenvereinigungen stehen und durch Organe oder Vertreter zu strafbaren Handlungen missbraucht wurden.[30]

III. Weitere relevante Regelungen

Außerhalb des Straf- und Ordnungswidrigkeitenrechts schafft das Wirtschaftsverwaltungsrecht Handlungsspielräume zur Unternehmenssanktionierung. Dies zeigt zunächst ein Blick auf das Kartellrecht. Gem. § 34 GWB kann die Kartellbehörde wirtschaftliche Vorteile abschöpfen, die ein Unternehmen durch Verstöße gegen Regelungen des AEUV oder des GWB erlangt hat. Dem Unternehmen wird in diesen Fällen die Zahlung eines entsprechenden Geldbetrags auferlegt.

Weiter kommt im Einzelfall eine Tätigkeitsuntersagung bzw. -beschränkung in Betracht. Entsprechende Vorschriften finden sich in verschiedenen Einzelgesetzen (§§ 35, 51 GewO, § 16 III HandwO, §§ 20, 25 BImSchG, § 35 KWG). Überdies eignen sich die allgemeinen verwaltungsrechtlichen Mittel der Rücknahme und des Widerrufs (von Konzessionen, Erlaubnissen und Genehmigungen) zur Tätigkeitsbeschränkung.[31]

---

26 MüKo-StGB/*Joecks*, § 73 Rn. 64.

27 *Fischer*, StGB, § 73 Rn. 3; Kühl/*Heger*, § 73 Rn. 4; BeckOK-StGB/*Heuchemer*, § 73 Rn. 8 f.; MüKo-StGB/*Joecks*, § 73 Rn. 30 ff; BGH NJW 1995, 2235; BayObLG wistra 1997, 317; BT-Drs. 12/1134, 12.

28 Jedenfalls handelt es sich zumindest um eine Beweiserleichterung, s. S/S/*Eser*, § 73d Rn. 2; MüKo-StGB/*Joecks*, § 73d Rn. 2; BeckOK-StGB/*Heuchemer*, § 73d Rn. 1.1; *Hirsch*, ZStW 107 (1995), 285, 305.

29 Vgl. MüKo-StGB/*Joecks*, § 73d Rn. 2.

30 S/S/*Eser*, § 75 Rn. 1.

31 *Hirsch*, ZStW 107 (1995), 285, 302.

Als besonders schwerwiegende Handhabe sehen einzelne Vorschriften unter bestimmten Voraussetzungen die Auflösung einer Gesellschaft vor. Gem. § 396 I 1 AktG kann eine Aktiengesellschaft (AG) oder Kommanditgesellschaft auf Aktien (KGaA) aufgelöst werden, wenn sie durch gesetzeswidriges Verhalten ihrer Verwaltungsträger das Gemeinwohl gefährdet und der Aufsichtsrat und die Hauptversammlung nicht für eine Abberufung des Verwaltungsträger sorgen. Gleiches droht einer Gesellschaft mit beschränkter Haftung (GmbH) nach § 62 I GmbHG im Falle einer Gefährdung des Gemeinwohls durch gesetzeswidrige Beschlussfassungen der Gesellschafter oder gesetzeswidrige Handlungen der Geschäftsführer. Für Genossenschaften gilt Ähnliches (§ 81 I 1 GenG). Zusätzlich kann ein Verein gem. § 3 I VereinsG verboten werden, wenn seine Zwecke oder seine Tätigkeit den Strafgesetzen zuwiderlaufen oder wenn er sich gegen die verfassungsmäßige Ordnung oder den Gedanken der Völkerverständigung richtet. Mit dem Verbot geht die Auflösung einher, vgl. § 3 I 1 Hs. 2 VereinsG. Der öffentlich-rechtliche Vereinsbegriff des § 2 VereinsG geht dabei weit über den des bürgerlichen Rechts hinaus, so dass nicht nur die eingetragenen und nicht eingetragenen Vereine des BGB (§§ 21 ff. BGB), sondern u.a. auch die BGB-Gesellschaft (§ 705 BGB), die offene Handelsgesellschaft (§ 105 HGB), die Kommanditgesellschaft (§ 161 HGB) und über § 17 VereinsG auch die Kapitalgesellschaften erfasst sind.[32] Ferner hat das Bundesverfassungsgericht die Möglichkeit, die Auflösung einer juristischen Person anzuordnen (§ 39 II BVerfGG), sollte es die Verwirkung von Grundrechten gem. § 39 I 1 BVerfGG feststellen.

Der Überblick über die derzeitige Rechtslage zeigt, dass das geltende Recht bereits einige Instrumente bereithält, um gegen Unternehmen vorzugehen.

32 Erbs/Kohlhaas/*Wache*, § 2 VereinsG Rn. 5.

2. Kapitel: Der nordrhein-westfälische Gesetzesentwurf

Dennoch wird weiterhin über die Einführung eines Unternehmensstrafrechts diskutiert.

I. Vorläufer

Der nordrhein-westfälische Gesetzesentwurf ist dabei nicht der erste Vorstoß zur Statuierung einer strafrechtlichen Verantwortlichkeit von Unternehmen in Deutschland. In der Vergangenheit wurden bereits mehrfach Gesetzesentwürfe bzw. Lösungsvorschläge ausgearbeitet, die auf eine Reformierung des unternehmensbezogenen Sanktionensystems abzielten.

1. Schünemanns Gesetzesentwurf (1991)

Zunächst wurde jedoch weniger an eine strafrechtliche Lösung als vielmehr an eine Erweiterung des Ordnungswidrigkeitenrechts gedacht. *Schünemann* schlug 1996 vor,[33] das Ordnungswidrigkeitenrecht um folgenden § 30a OWiG zu ergänzen:

> „Unternehmenskuratel
>
> (1) Begeht ein Unternehmensangehöriger, der dem Leitungsbereich des Unternehmens angehört, für das Unternehmen eine Straftat oder eine Ordnungswidrigkeit und besteht die Gefahr weiterer Zuwiderhandlungen, kann das Unternehmen unter Kuratel gestellt werden. Die Gefahr ist in der Regel zu bejahen, wenn die begangene Zuwiderhandlung nach dem Ausmaß der Pflichtverletzung oder des angerichteten Schadens erheblich ist.
>
> (2) Die Mindestdauer der Unternehmenskuratel beträgt ein Jahr, ihre Höchstdauer bei der erstmaligen Anwendung drei Jahre, bei einer wiederholten Anordnung fünf Jahre. Die Fristen laufen vom Amtsantritt des Kurators an.
>
> (3) Bei der Verurteilung zur Unternehmenskuratel von nicht mehr als drei Jahren setzt das Gericht die Vollstreckung der Maßnahme zur Bewährung aus, wenn zu erwarten ist, dass sich die verantwortlichen Personen des Unternehmens schon die Verurteilung zur Warnung dienen lassen und künftig auch ohne die Beaufsichtigung durch den Kurator keine Straftaten oder Ordnungswidrigkeiten mehr begehen werden.“[34]

---

33 Anknüpfend an eine von ihm bereits 1991 vorgestellte Idee, vgl. *Hartan*, S. 146.

34 *Schünemann*, Unternehmenskriminalität, S. 147.

Nach *Schünemanns* Ansatz soll das Unternehmen für die Dauer von mindestens einem Jahr unter die Aufsicht eines gerichtlich berufenen Kurators gestellt werden können. In der Entwurfsbegründung bezeichnet *Schünemann* eine Unternehmenskuratel gegenüber einer Verbandsgeldstrafe als vorzugswürdig. Eine Verbandsgeldstrafe könne regelmäßig einkalkuliert und ihre Kosten letztlich auf den Verbraucher abgewälzt werden. Falle die Geldstrafe demgegenüber exorbitant hoch aus, treffe sie nur die in der Regel unschuldigen Anteilseigner. Diese Einwände ließen sich nicht auf die Unternehmenskuratel übertragen. Von ihr gehe eine spezialpräventive Wirkung aus, ohne – wie im Falle einer zu hohen Geldstrafe – auf eine „Erdrosselungswirkung" zu setzen.[35]

Der unternehmensangehörige Einzeltäter muss aus der Leitungsebene stammen. Straftaten und Ordnungswidrigkeiten unterhalb des Leitungsbereichs bleiben damit für das Unternehmen im Hinblick auf den vorgeschlagenen § 30a OWiG grundsätzlich folgenlos. Etwas anderes gilt, wenn in diesen Fällen eine eigene Zuwiderhandlung der Leitungsperson durch Unterlassen gegeben ist. Ein einmaliger Verstoß genügt als solcher nicht, sondern es bedarf der Gefahr weiterer Zuwiderhandlungen.

2. Schroths Reformvorschlag (1993)

Anders als *Schünemann* hat *Schroth* eine strafrechtliche Regelung im Sinn. Er erwägt eine Ergänzung des Strafgesetzbuchs um folgenden § 14a StGB:

> „Verantwortlichkeit von Unternehmen
> Unternehmen sind strafbar, wenn ihre Inhaber, Organe oder Beauftragten in Ausübung der Unternehmensfunktion eine Straftat begehen und dadurch Unternehmenspflichten verletzen."[36]

Die Norm sieht die Möglichkeit der Bestrafung von Unternehmen vor. Den Unternehmen wird die Straftat einzelner Unternehmensangehöriger zugerechnet.

3. Ehrhardts Formulierungsvorschlag (1994)

Ehrhardt formuliert eine „Grundnorm" der kriminalstrafrechtlichen Unternehmensverantwortlichkeit:[37]

35 *Schünemann*, Unternehmenskriminalität, S. 174.
36 *Schroth*, S. 223.
37 *Ehrhardt*, S. 239.

„§ X

(1) Ist in dem Wirtschaftsunternehmen einer juristischen Person von deren vertretungsberechtigtem Organ oder einem Mitglied eines solchen Organs eine Straftat begangen worden, so wird die juristische Person bestraft, wenn durch die Tat

1. ihr ein Vorteil verschafft worden ist oder werden sollte und
2. Pflichten, welche die juristische Person treffen, verletzt worden sind.

(2) Abs. 1 findet entsprechende Anwendung auf Straftaten, die in dem Wirtschaftsunternehmen

1. einer offenen Handelsgesellschaft von einem Gesellschafter
2. einer Kommanditgesellschaft von einem Komplementär
3. eines nicht rechtsfähigen Vereins von dessen Vorstand oder von einem Mitglied eines solchen Vorstandes begangen werden.

(3) …“[38]

Ehrhardt lässt offen, in welchem Gesetz die konstruierte Norm verankert sein soll. Denkbar wäre eine Eingliederung in das Strafgesetzbuch oder die Schaffung eines eigenen Strafgesetzes. Der Entwurf fordert im Gegensatz zu *Schroths* Ergänzungsvorschlag nicht generell die Sanktionierung von Unternehmen, sondern begrenzt den persönlichen Anwendungsbereich auf bestimmte Unternehmensträger. Diesen wird die Straftat eines Einzelnen zugerechnet. Die Anknüpfungstat kann jedoch grundsätzlich nur von einem organschaftlichen Vertreter begangen werden. Ausnahmen ergeben sich, wenn dem Einzeltäter – wie etwa nach § 127 HGB – die Vertretungsmacht entzogen wurde. Taten gewillkürter Vertreter werden nicht erfasst.

4. Heines Gesetzesvorschlag (1995)

Heine plädiert 1995 für die Schaffung eines originären Verbandsstrafrechts.

„§ 1 Verbandsstrafbarkeit

(1) Ein Unternehmen, das betriebstypische Risiken dadurch vernachlässigt, dass es

1. die Pflicht, mittels organisatorischer Maßnahmen und innerbetrieblicher Strukturanpassungen langfristig betriebliche Gefahrenquellen zu sichern,
2. die Pflicht zur Aufrechterhaltung des Sicherheitsniveaus bei Delegation betrieblicher Kompetenzen,
3. die Pflicht zur Überwachung und Kontrolle betrieblicher Gefahren

versäumt, wird mit Verbandsstrafe belegt, wenn es zum Eintritt eines erheblichen betrieblichen Störfalls kommt.
Ein erheblicher betrieblicher Störfall liegt vor bei

38 *Ehrhardt*, S. 239 f.

1. Tötungen oder schweren Körperverletzungen von Teilen der Bevölkerung,
2. Gemeingefahren, insbesondere gemeingefährlichen Feuerbrünsten oder Explosionen (oder erheblichen Sachschäden an einer Vielzahl von Gebäuden),
3. schwerwiegenden Umweltschäden, die nur mit unverhältnismäßigen Schwierigkeiten oder erst nach längerer Zeit beseitigt werden können.

(2) Verbandsstrafen sind
(Strafenkatalog, entsprechend abgestuft nach prospektiver Notwendigkeit und Ausmaß des Störfalls; Betriebsschließung und Sequestration nur unter weiteren, genannten Voraussetzungen)."[39]

Der Gesetzesvorschlag *Heines* verzichtet auf die schlichte Zurechnung von Straftaten einzelner Unternehmensangehöriger. Er statuiert stattdessen originäre Unternehmenspflichten der Organisation und Aufsicht. Verstöße gegen diese Pflichten können eine Verbandsstrafe nach sich ziehen. Weitere Voraussetzung für eine Verurteilung ist der Eintritt eines bestimmten, abschließend aufgezählten Erfolgs („Störfall"). Entgegen den bisherigen Entwürfen genügt folglich nicht jede beliebige Straftat, sondern der Kreis relevanter Verstöße wird enger gezogen. Nur besonders gravierende Störungen rechtfertigen die strafrechtliche Verantwortlichkeit von Unternehmen.

5. Diskussionsentwurf des Landes Hessen (1997)

Reformbestrebungen hinsichtlich der Sanktionierung von Unternehmen blieben bislang nicht ausschließlich der Strafrechtswissenschaft vorbehalten. So legte das *Hessische Ministerium der Justiz und für Europaangelegenheiten* 1997 einen Diskussionsentwurf zur Einführung strafrechtlicher Verantwortlichkeit für juristische Personen und Personenvereinigungen vor.[40] Der Entwurf diente der Vorbereitung einer entsprechenden Bundesratsinitiative.[41] In den dritten Teil des Strafgesetzbuchs sollte nachfolgender achter Titel integriert werden:

„*Achter Titel. Verbandsstrafe und Maßregeln*

§ 76b

(1) *Voraussetzungen.* Ist in dem Betrieb einer juristischen Person oder einer Personenvereinigung (nicht rechtsfähiger Verein oder Personenhandelsgesellschaft) eine Straftat begangen worden, durch die Pflichten, welche die juristische Person oder die Personenvereinigung treffen, verletzt worden sind, so wird auch eine Verbandsstrafe verhängt

39 *Heine*, S. 316.
40 Anlage BR-Drs. 690/98.
41 *Hamm*, NJW 1998, 662.

oder eine Verbandsmaßregel angeordnet, wenn der Täter in Ausführung der ihm zustehenden Verrichtungen gehandelt hat.
(2) Wird wegen der Straftat ein Strafverfahren nicht eingeleitet oder wird es eingestellt oder wird von Strafe abgesehen, so ist auf Verbandsstrafe oder Verbandsmaßregel selbständig zu erkennen. Dies gilt jedoch nicht, wenn die Straftat aus rechtlichen Gründen nicht verfolgt werden kann; § 78c I 2 bleibt unberührt."[42]

Der Vorschlag nimmt eine generelle strafrechtliche Verantwortlichkeit von juristischen Personen und Personenvereinigungen an. Auch dieses Modell arbeitet mit der Zurechnung von Straftaten. Als Täter der Anknüpfungstat kommen Personen jeglicher Hierarchieebene in Betracht. Unerheblich ist, ob der Einzeltäter bestraft wird, es sei denn die Straftat ist aus rechtlichen Gründen nicht verfolgbar. Obwohl es sich um eine politische Reformbestrebung handelt, die ersichtlich auf eine Umsetzung gerichtet war, beinhaltet der Entwurf keine Verfahrensregelungen.

Der Diskussionsvorschlag wurde 1999 nach einem Regierungswechsel in Hessen wieder zurückgenommen.[43]

6. Große Anfrage (1998)

Am 15. Januar 1998 richtete sich eine Große Anfrage der SPD-Fraktion des Deutschen Bundestages an die Bundesregierung mit der Überschrift: „Besondere Verantwortlichkeit von Unternehmen – Probleme kriminalrechtlicher Verantwortlichkeit juristischer Personen und Personenvereinigungen."[44] Sie enthielt einen umfangreichen Fragenkatalog zur Notwendigkeit und Ausgestaltung eines deutschen Unternehmensstrafrechts. Die Antwort der Bundesregierung folgte am 9. September 1998.[45] Ob ein gesetzgeberischer Handlungsbedarf besteht, ließ die Bundesregierung in ihrer Antwort offen. Die Thematik eines Unternehmensstrafrechts werfe einige Grundsatzfragen auf.[46] Zur Klärung dieser Fragen wurde im Bundesministerium der Justiz eine Kommission zur Reform des strafrechtlichen Sanktionensystems eingerichtet.[47] Die Beratungen der Kommission wurden von der Arbeitsgruppe „Unternehmensstrafbarkeit" vorbereitet.[48] Der

42 *Hamm*, NJW 1998, 662.
43 BR-Drs. 385/99.
44 BT-Drs. 13/9682.
45 BT-Drs. 13/11425.
46 BT-Drs. 13/11425, 3 f.
47 BT-Drs. 13/11425, 3.
48 Zur Arbeitsgruppe gehörten als Mitglieder der Kommision Prof. Dr. *Müller* und Dr. *König*, als weitere Mitglieder Prof. Dr. *Heine*, Dr. *Möhrenschläger*, Dr. *Möllering* und Prof. Dr. *Spindler*.

Abschlussbericht der Kommission wurde im März 2000 vorgelegt. Darin sprach sich die Kommission letztlich gegen die Einführung einer Unternehmenssanktionierung im Bereich des klassischen Kriminalstrafrechts aus.[49] Die bestehenden Instrumentarien (§§ 30, 130 OWiG) würden ausreichen. Ein „neues Strafrecht“ sowie ein „neue[s] Strafprozessrecht“ würden das ohnehin schon überlastete Strafrecht weiter überfrachten.[50]

7. Haeusermanns Ergänzungsvorschläge (2003)

Haeusermann knüpft an die bestehenden Regelungen des Strafgesetzbuchs an und modifiziert diese wie folgt:

> „§ 10a. Verbände.
>
> Deutscher im Sinne dieses Gesetzes ist auch ein Verband. Ausländer im Sinne dieses Gesetzes ist auch ein ausländischer Verband.
>
> § 11. Personen- und Sachbegriffe.
>
> (1) Im Sinne dieses Gesetzes ist
>
> 10. Verband:
> a) eine juristische Person,
> b) ein nicht rechtsfähiger Verein,
> c) eine rechtsfähige Genossenschaft.
>
> § 25. Täterschaft.
>
> (1) … Als Täter wird auch ein Verband bestraft, der eine Straftat begeht.
> …
>
> (3) Begehen mehrere dieselbe Straftat, ohne Mittäter zu sein, so wird jeder als Täter bestraft (Nebentäter).
>
> Als Diskussionsvorschlag:
>
> § 25a. Verbandstäterschaft.
>
> Ein Verband begeht Straftaten durch verantwortlich für ihn handelnde Personen. Die Tat des Verbandes kann dabei auch in der Summe der Handlungen von Einzelpersonen liegen.
>
> § 40. Verhängung in Tagessätzen.

---

49 Abschlussbericht der Kommission zur Reform des strafrechtlichen Sanktionensystems, S. 193.

50 Abschlussbericht der Kommission zur Reform des strafrechtlichen Sanktionensystems, S. 192 f.

(1) … Ist der Täter ein Verband, beträgt die Geldstrafe höchstens fünftausendvierhundert volle Tagessätze.

(2) … Bei Verbänden tritt der Umsatz an die Stelle des Nettoeinkommens. Ein Tagessatz wird auf mindestens einen und höchstens fünftausend, bei Verbänden höchstens fünfhunderttausend Euro festgesetzt.

§ 41a. Geldstrafe anstelle von Freiheitsstrafe.

Ist der Täter ein Verband, so kann eine Geldstrafe anstelle der sonst angedrohten Freiheitsstrafe verhängt werden. Dreißig Tagessätze entsprechen dabei einem Monat Freiheitsstrafe.

§ 41b. Auflösung anstelle von lebenslanger Freiheitsstrafe

Ist der Täter ein Verband, so kann die Auflösung des Verbandes anstelle der sonst angedrohten lebenslangen Freiheitsstrafe ausgesprochen werden."[51]

Der Straftatbestand dieses Entwurfs enthält gegenüber seinen Vorgängern auf den ersten Blick keine Neuerungen. Die Straftaten der für ihn handelnden Personen werden dem Verband zugerechnet. Nach *Haeusermanns* Ansatz reicht es allerdings aus, dass erst die Summe einzelner Handlungen unterschiedlicher Personen eine Straftat darstellt. Ferner beschreibt dieser Vorschlag detailliert die drohenden Sanktionen. Er legt die Voraussetzungen für eine Geldstrafe sowie für eine Verbandsauflösung ebenso fest wie den Rahmen, innerhalb dessen sich die Geldstrafe bewegen muss.

8. Hartans Vorschlag (2006)

Auf Grundlage einer rechtsvergleichenden Betrachtung spricht sich *Hartan* für die Übernahme des derivativen Zurechnungsmodells aus, wie es in der französischen Rechtsordnung zu finden ist.[52] Gem. Art. 121-2 NCP werden der juristischen Person die Straftaten der handelnden gesetzlichen Vertreter und Organe zugerechnet. Das französische Strafgesetzbuch listet neben der Geldstrafe (Art. 131-37 Nr. 1 NCP) eine Reihe weiterer möglicher Strafen für juristische Personen wie etwa Tätigkeitsverbote (Art. 131-39 Nr. 2 NCP), die Stellung unter gerichtliche Aufsicht (Art. 131-39 Nr. 3 NCP), die Betriebsschließung (Art. 131-39 Nr. 4 NCP) oder die Auflösung der juristischen Person (Art. 131-39 Nr. 1 NCP) auf.[53]

---

51 *Haeusermann*, S. 169.

52 *Hartan*, S. 166 f., 251.

53 Vollständiger Überblick bei *Hartan*, S. 178 ff.

9. Kirch-Heims Regelungsvorschlag (2007)

Kirch-Heim unterbreitet einen weiteren Vorschlag zur Regelung der Verbandssanktionen. Er lässt dabei offen, ob sein Entwurf in das Ordnungswidrigkeitengesetz oder das Strafgesetzbuch inkorporiert werden soll.

„§ X^1. Sanktionsgeld gegen Verbände bei Repräsentantenhandeln

(1) Hat jemand

1. als vertretungsberechtigtes Organ einer juristischen Person oder als Mitglied eines solchen Organs,
2. als Vorstand eines nicht rechtsfähigen Vereins oder als Mitglied eines solchen Vorstandes,
3. als vertretungsberechtigter Gesellschafter einer rechtsfähigen Personengesellschaft,
4. als Generalbevollmächtigter oder in leitender Stellung als Prokurist oder Handlungsbevollmächtigter einer juristischen Person oder einer in Nummer 2 oder 3 genannten Personenvereinigung oder
5. als sonstige Person, die für die Leitung des Betriebs oder Unternehmens einer juristischen Person oder einer in Nummer 2 oder 3 genannten Personenvereinigung verantwortlich handelt, wozu auch die Überwachung der Geschäftsführung oder die sonstige Ausübung von Kontrollbefugnissen in leitender Stellung gehört,

eine rechtswidrige Tat (§11Abs. 1 Nr. 5 StGB) begangen, so wird gegen die juristische Person oder Personenvereinigung ein Sanktionsgeld festgesetzt. […]

§ X^2. Sanktionsgeld gegen Verbände bei Organisationsmängeln

(1) [1]Hat jemand als Beschäftigter

1. einer juristischen Person,
2. eines nicht rechtsfähigen Vereins,
3. einer rechtsfähigen Personengesellschaft oder
4. eines Einzelkaufmanns

eine rechtswidrige Tat (§ 11 Abs. 1 Nr. 5 StGB) begangen, so wird gegen die juristische Person, die in Nummer 2 oder 3 genannte Personenvereinigung oder den Einzelkaufmann ein Sanktionsgeld festgesetzt, wenn die Tat durch eine mangelhafte Organisation der juristischen Person, Personenvereinigung oder des einzelkaufmännischen Handelsgewerbes ermöglicht oder wesentlich erleichtert wurde.

[2]Satz 1 findet keine Anwendung, wenn wegen der Tat gegen die juristische Person oder Personenvereinigung ein Sanktionsgeld gemäß § X^1 festgesetzt werden kann. […]

§ X^3. Verbandsmaßregeln

(1) In den Fällen der §§ X^1 und X^2 können gegen die juristische Person, die Personenvereinigung oder den Einzelkaufmann Verbandsmaßregeln angeordnet werden, wenn die Gefahr weiterer Straftaten besteht.

(2) Verbandsmaßregeln sind

1. die Erteilung von Weisungen und
2. die Anordnung von Zwangsaufsicht.

(3) In den Fällen der §§ X^1 und X^2 kann eine juristische Person oder Personenvereinigung aufgelöst werden, wenn ihr Zweck oder ihre Tätigkeit auf die fortgesetzte Begehung von Straftaten gerichtet ist.“[54]

Dieser Entwurf enthält zwei Straftatbestände. Der erste Tatbestand statuiert eine Zurechnungslösung, der zweite eine originäre Verantwortlichkeit des Unternehmens. Die Grundgedanken hinsichtlich der Ausgestaltung der Sanktionsnorm von *Ehrhardt* und *Heine* werden somit kombiniert. Bemerkenswert ist, dass dieser Vorschlag als Sanktionsadressat ausdrücklich den Einzelkaufmann einbezieht (§ X^2 I 1 Nr. 4).

10. Kempf/Lüderssen/Volk (2012)

Das 4. Symposium aus der Veranstaltungsreihe „Economy, Criminal Law, Ethics“ (ECLE) am Institute for Law and Finance in Frankfurt am Main beschäftigte sich 2011 mit dem Thema „Unternehmensstrafrecht“. Der im Jahr 2012 erschienene Tagungsband[55] beleuchtet eine Fülle von Grundfragen der strafrechtlichen Verantwortlichkeit von Unternehmen. U.a. stellt *Kudlich* fest, dass im Falle der Kodifizierung eines Unternehmensstrafrechts keine zwingenden Gründe für eine Beschränkung der Verbandsstrafbarkeit auf einen bestimmten Deliktskatalog bestünden. Es sei dem Gesetzgeber vorbehalten, über die Aufnahme eines Deliktskatalogs zu befinden. Eine pauschale Einführung der Verbandsstrafbarkeit für alle Delikte sei daher möglich.[56] Hinsichtlich der Frage des Adressatenkreises kommt *Schmitz* zu dem Ergebnis, die strafrechtliche Verantwortlichkeit von Unternehmen könne nur partiell eingeführt werden. Sei der Unternehmensträger eine natürliche Person müsse eine Unternehmensstrafe ausbleiben.[57] Ferner werden auch ausgewählte Fragen des Verfahrensrechts diskutiert.[58]

11. Zusammenfassung der vorausgegangenen Modelle

Tendenziell bevorzugen die bisherigen Modelle eines Unternehmensstrafrechts die Zurechnung der im Unternehmen begangenen Straftaten zulasten des Unternehmensträgers. Uneinheitlich beurteilt wird der Adressatenkreis eines

---

54 *Kirch-Heim*, S. 240 f.

55 Kempf/Lüderssen/Volk.

56 *Kudlich*, Kempf/Lüderssen/Volk, 217, 219 ff.

57 *Schmitz*, Kempf/Lüderssen/Volk, 311, 319.

58 Kempf/Lüderssen/Volk, 335 ff.

möglichen Unternehmensstrafrechts. Teilweise richten sich die Straftatbestände nur gegen bestimmte Unternehmensträger (z.B. gegen juristische Personen), teilweise gegen Unternehmen generell, wobei im letzten Fall der Unternehmensbegriff einer näheren Präzisierung bedürfte. Als potentielle Sanktion wird regelmäßig die Geldstrafe genannt. Aber auch drastischere Strafen wie die Auflösung oder die Betriebsschließung werden angedacht. Vernachlässigt wurden bislang strafprozessuale Aspekte.

Insgesamt zeigt der Streifzug durch die Vorschläge der letzten 25 Jahre, dass ein konkreter Gesetzesentwurf zur Einführung eines Unternehmensstrafrechts keine neue Erscheinung ist. Bis dato konnte sich aber keines der aufgeführten Konzepte durchsetzen.

II. Der Inhalt des nordrhein-westfälischen Gesetzesentwurfs in seinen Grundzügen

Nun wird mit dem Gesetzesentwurf des Landes Nordrhein-Westfalen ein neuer Anlauf unternommen, in Deutschland ein Unternehmensstrafrecht einzuführen. Dieser Entwurf soll hier zunächst nur skizziert werden, ehe in den folgenden Kapiteln vertieft auf einzelne Vorschriften eingegangen wird.

Das im Gesetzesentwurf vorgeschlagene Verbandsstrafgesetzbuch (VerbStrG) gliedert sich in zwei Teile. Der erste Abschnitt (§§ 1 – 12 VerbStrG) beinhaltet das materielle, der zweite (§§ 13–22 VerbStrG) das prozessuale Verbandsstrafrecht.

1. Materielles Verbandsstrafrecht

a) Anwendungsbereich

§ 1 VerbStrG beschreibt den persönlichen und sachlichen Anwendungsbereich. Den in § 2 VerbStrG bezeichneten Verbandsstraftatbeständen wird damit ein gemeinsamer Definitionskatalog vorangestellt, um ein einheitliches Verständnis der zentralen Tatbestandsmerkmale sicherzustellen.[59]

In persönlicher Hinsicht sind „Verbände“ erfasst. Unter diesen Oberbegriff fallen gem. § 1 I VerbStrG juristische Personen, nicht rechtsfähige Vereine und rechtsfähige Personengesellschaften des privaten und öffentlichen Rechts.[60]

Sachlicher Anknüpfungspunkt für eine Verbandsverantwortlichkeit ist eine „Zuwiderhandlung“. Dieser aus § 130 OWiG bekannte Begriff meint den rechtswidrigen und bei Vorsatzdelikten vorsätzlichen Verstoß gegen ein

---

59 *Hoven*, ZIS 2014, 19.

60 Nähere Erläuterungen zum persönlichen Anwendungsbereich im 4. Kapitel.

Strafgesetz.[61] Gemeint sind auch Taten im Ausland, „soweit das deutsche Strafrecht auf sie angewendet werden kann“[62]. Gem. § 1 II 1 Hs. 2 VerbStrG sind solche Verstöße ausgenommen, die in Ausübung hoheitlicher Pflichten vorgenommen werden. Um die Verantwortlichkeit eines Verbandes zu begründen, muss die Zuwiderhandlung jedoch einen „spezifischen Verbandsbezug“[63] aufweisen. Dieser ist gegeben, wenn durch die Zuwiderhandlung Pflichten verletzt worden sind, die den Verband treffen, oder wenn durch sie der Verband bereichert ist oder bereichert werden sollte, § 1 II 2 VerbStrG.

„Entscheidungsträger“ sind vertretungsberechtigte Organe einer juristischen Person oder Mitglieder solcher Organe, der Vorstand eines nicht rechtsfähigen Vereins oder Mitglieder eines solchen Vorstandes, vertretungsberechtigte Gesellschafter einer rechtsfähigen Personengesellschaft oder Personen, die in einem Betrieb oder einem Unternehmen einer juristischen Person oder Personenvereinigung eine Leitungsfunktion verantwortlich wahrnehmen, wozu auch die Überwachung der Geschäftsführung oder die Ausübung von Kontrollbefugnissen in leitender Stellung gehört, § 1 III VerbStrG.

Das Verbandsstrafgesetzbuch sieht die Möglichkeit vor, Rechtsnachfolger zu sanktionieren. § 1 IV VerbStrG regelt, wann ein Verband als Rechtsnachfolger anzusehen ist und somit als Sanktionsadressat in Betracht kommt. § 1 IV 1 VerbStrG greift dafür den Gedanken des § 30 IIa 1 OWiG auf, indem ein Verband, der im Wege der Gesamtrechtsnachfolge oder der partiellen Gesamtrechtsnachfolge durch Aufspaltung (§ 123 UmwG) an die Stelle eines anderen Verbandes getreten ist, Rechtsnachfolger im Sinne des Verbandsstrafgesetzbuchs ist. Weitergehend normiert § 1 IV 2 VerbStrG, dass andere Arten der Umwandlung sowie der Einzelrechtsnachfolge der Gesamtrechtsnachfolge gleichgestellt sind, wenn der Erwerber alle wesentlichen Wirtschaftsgüter des Rechtsvorgängers übernimmt und die übernommenen Wirtschaftsgüter in im Wesentlichen gleicher Weise einsetzt.[64]

---

61 Gesetzesentwurf, S. 40 unter Hinweis auf BayObLG NStZ-RR 1999, 248 f.

62 Gesetzesentwurf, S. 40.

63 Gesetzesentwurf, S. 40.

64 Einzelheiten zur Sanktionierung bei Rechtsnachfolge in Kapitel 4, I. 6.

b) *Verbandsstraftaten*

Die „Kernvorschrift“[65] des materiellen Verbandsstrafrechts stellt § 2 VerbStrG dar. Sie enthält zwei Straftatbestände.[66]

Gem. § 2 I VerbStrG wird gegen den Verband eine Sanktion verhängt, wenn durch einen Entscheidungsträger in Wahrnehmung der Angelegenheiten des Verbandes vorsätzlich oder fahrlässig eine verbandsbezogene Zuwiderhandlung begangen worden ist. Im Unterschied zu § 30 OWiG verlangt die Vorschrift nicht die Strafbarkeit des Entscheidungsträgers selbst.[67] Sollte die Strafbarkeit des Entscheidungsträgers etwa daran scheitern, dass mehrere Entscheidungsträger alternativ als Täter in Betracht kommen oder dass die Pflichtenstellung des Einzelnen nicht eindeutig festgestellt werden kann, ist dennoch eine Verbandssanktion nach § 2 I VerbStrG möglich.[68]

Im Falle des § 2 II VerbStrG begeht demgegenüber nicht der Entscheidungsträger die Zuwiderhandlung, sondern irgendeine andere Person, die in Wahrnehmung der Angelegenheiten des Verbandes handelt. Für diese Konstellation sieht § 2 II VerbStrG eine Sanktionierung des Verbandes vor, wenn durch einen Entscheidungsträger des Verbandes vorsätzlich oder fahrlässig zumutbare Aufsichtsmaßnahmen, insbesondere technischer, organisatorischer oder personeller Art, unterlassen worden sind, durch die die Zuwiderhandlung verhindert oder wesentlich erschwert worden wäre. Ob die Person, welche die Zuwiderhandlung begeht, fest angestellt, in Leiharbeit oder ehrenamtlich tätig ist, ist unerheblich.[69]

Sogar Zuwiderhandlungen im Ausland können eine Verbandssanktion nach sich ziehen. Das ergibt sich für § 2 I VerbStrG bereits daraus, dass auch eine Auslandstat eine Zuwiderhandlung i.S.d. § 1 II VerbStrG darstellt, soweit auf sie das deutsche Strafrecht angewendet werden kann.[70] Im Falle des § 2 II VerbStrG ist aber neben der Zuwiderhandlung zusätzlich eine Aufsichtspflichtverletzung eines Entscheidungsträgers erforderlich. Um eine Verlagerung von Aufsichtszuständigkeiten zum Zwecke der Sanktionsvermeidung zu verhindern, soll es unerheblich sein, ob die Aufsichtspflichtsverletzung im In- oder Ausland begangen wird.[71] Aus diesem Grunde beschreibt § 2 III VerbStrG die Voraussetzungen für

---

65 Gesetzesentwurf, S. 43.

66 Näher zur Konzeption der Straftatbestände sowie diesbezüglicher Änderungsvorschläge im 5. Kapitel.

67 Gesetzesentwurf, S. 43.

68 Gesetzesentwurf, S. 43.

69 Gesetzesentwurf, S. 46.

70 S.o. 2. Kapitel, II., 1., a).

71 Gesetzesentwurf, S. 48.

eine Sanktionierung nach § 2 II VerbStrG, wenn die Zuwiderhandlung im Ausland begangen worden ist. Demnach muss der Verband seinen Sitz in Deutschland haben (vgl. § 2 III 1 VerbStrG). Zugleich sind gem. § 2 III 2 VerbStrG die §§ 3–7 StGB zu beachten.

Die Sanktionierung eines Rechtsnachfolgers erfolgt gem. § 2 IV 1 VerbStrG, wenn diesem im Zeitpunkt des Rechtsübergangs die Zuwiderhandlung ganz oder zum Teil bekannt oder aus Leichtfertigkeit nicht bekannt war. Sollte gegen den Rechtsvorgänger schon eine Sanktion verhängt worden sein, wirkt diese gem. § 2 IV 2 VerbStrG ebenso gegen den Rechtsnachfolger.

c) Allgemeine Bestimmungen

§ 3 I VerbStrG erklärt die Vorschriften des Allgemeinen Teils des Strafgesetzbuchs für anwendbar, soweit sie nicht ausschließlich für natürliche Personen gelten und das Verbandsstrafgesetzbuch nichts anderes bestimmt. Damit wird vor allem auf die Verfalls- und Einziehungsvorschriften (§§ 73 ff. StGB) Bezug genommen.[72] Ferner wird so den Bestimmungen über die Täterschaft und Teilnahme (§§ 25 ff. StGB) zur Geltung verholfen. Aus der Verweisung des § 3 I VerbStrG auf den Allgemeinen Teil des Strafgesetzbuchs ergeben sich jedoch einige Folgeprobleme, die der Klärung bedürfen, hier aber nicht weiter vertieft werden können.[73]

§ 3 II VerbStrG regelt Fragen der Verjährung. Die Verjährung richtet sich gem. § 3 II 1 VerbStrG nach der Strafandrohung des Gesetzes, dessen Tatbestand die verbandsbezogene Zuwiderhandlung verwirklicht hat.

Anders als im Ordnungswidrigkeitenrecht (§ 30 IV 3 OWiG) stehen rechtliche Gründe, die die Verfolgung von Einzelpersonen hindern, einer Verbandsstrafe nach dem Verbandsstrafgesetzbuch grundsätzlich nicht entgegen.[74] Die Ausnahmen werden in § 3 III VerbStrG genannt.

d) Verbandssanktionen

§ 4 VerbStrG listet die möglichen Verbandssanktionen auf. Hierbei unterscheidet die Norm zwischen Verbandsstrafen (§ 4 I VerbStrG) und Verbandsmaßregeln (§ 4 II VerbStrG). Verbandsstrafen sind die Verbandsgeldstrafe (§ 6 VerbStrG), die Verbandsverwarnung mit Strafvorbehalt (§ 7 VerbStrG) und die öffentliche

---

72 Gesetzesentwurf, S. 51 f.

73 S. dazu *Mitsch*, NZWiSt 2014, 1, 3 f.; *Witte/Wagner*, BB 2014, 643, 645; *Zieschang*, GA 2014, 91, 100 f.; *Schmitt-Leonardy*, ZIS 2014, 11, 21 Fn. 93.

74 Gesetzesentwurf, S. 52 f.

Bekanntmachung der Verurteilung (§ 9 VerbStrG). Als Verbandsmaßregeln werden der Ausschluss von der Vergabe öffentlicher Aufträge (§ 10 VerbStrG), der Ausschluss von Subventionen (§ 11 VerbStrG) sowie die Verbandsauflösung (§ 12 VerbStrG) aufgezählt.

aa) Verbandsstrafen

Die Verbandsgeldstrafe ist in § 6 VerbStrG geregelt. § 6 I VerbStrG statuiert „in Anlehnung an § 40 StGB“[75] für die Verbandsgeldstrafe ein Tagessatzsystem. Die Geldstrafe beträgt zwischen fünf und 360 Tagessätzen (§ 6 I 2 VerbStrG). Bei der Zumessung der Tagessatzzahl nimmt das Gericht eine Gesamtabwägung vor (§ 6 III 1 VerbStrG). Die Kriterien hierzu liefert § 6 III 2 VerbStrG. Um dem Umstand Rechnung zu tragen, dass es um die Sanktionierung von Verbänden geht, wird anders als im Rahmen des § 46 StGB bzw. § 17 III OWiG insbesondere auf die Art, Schwere und Dauer des Organisationsmangels abgestellt.[76] Entscheidend für die Bemessung des Tagessatzes ist die Ertragslage sowie die sonstige wirtschaftliche Leistungsfähigkeit des Verbandes (§ 6 IV 1 VerbStrG). Der Tagessatz beträgt gem. § 6 IV 2 VerbStrG 1/360 des Jahresertrags, mindestens aber 100 €. Die Obergrenze der Verbandsgeldstrafe liegt bei 10 % des durchschnittlichen Gesamtumsatzes (§ 6 IV 3 VerbStrG). Letzterer kann geschätzt werden (§ 6 V 1 VerbStrG). Grundlage ist nach § 6 V 2 VerbStrG der weltweite Umsatz aller natürlichen und juristischen Personen der letzten drei Geschäftsjahre, soweit diese als wirtschaftliche Einheit operieren.

Sollte ein Schuldspruch erfolgen, kann das Gericht den Verband auch lediglich verwarnen und die Verhängung einer Geldstrafe vorbehalten sowie Auflagen und Weisungen erteilen (§§ 7, 8 VerbStrG). Voraussetzung für die Verwarnung mit Strafvorbehalt ist nach § 7 I VerbStrG, dass bei Gesamtwürdigung der Tat unter Berücksichtigung von Art und Ausmaß der Pflichtverletzung des Verbandes und der Verlässlichkeit der Entscheidungsträger eine Verhängung der Geldstrafe entbehrlich ist, zu erwarten ist, dass durch die Verhängung von Auflagen oder Weisungen Verbandsstraftaten in Zukunft vermieden werden und die Verteidigung der Rechtsordnung die Verurteilung zu Strafe nicht gebietet. Gem. § 7 II 1 VerbStrG kann neben der Verwarnung auf Verfall, Einziehung oder Unbrauchbarmachung (§§ 73 ff. StGB) erkannt werden.

Wenn eine große Zahl von Personen geschädigt worden ist, kann das Gericht gem. § 9 I VerbStrG die öffentliche Bekanntmachung der Verurteilung anordnen.

---

75 Gesetzesentwurf, S. 57.

76 Gesetzesentwurf, S. 58.

Die Verfasser des Gesetzesentwurfs zielten bei der Gestaltung dieser Norm auf eine Regelung ähnlich § 200 StGB bzw. § 12 III UWG ab.[77] Die Vorschrift greift den aus dem Strafgesetzbuch bekannten unbestimmten Rechtsbegriff der „großen Zahl“ auf.[78] Der BGH fordert diesbezüglich aufgrund der unterschiedlichen Regelungszusammenhänge eine tatbestandsbezogene Auslegung.[79] Der Begriff „Personen“ umfasst auch juristische Personen.[80] Die Art der Bekanntmachung kann variieren. Sie ist im Urteil zu bestimmen (§ 9 II VerbStrG).

bb) Verbandsmaßregeln

Im Falle einer Verurteilung des Verbandes wegen einer Straftat nach § 2 I VerbStrG zu einer Geldstrafe von mehr als 180 Tagessätzen kann das Gericht über die Geldstrafe hinaus noch Maßregeln anordnen. Die ausschließliche Anknüpfung an § 2 I VerbStrG und damit an die Zuwiderhandlung eines Entscheidungsträgers fußt auf der Annahme, nur in diesen Konstellationen seien gravierende Fälle von Verbandskriminalität zu erwarten.[81] Die §§ 10–12 VerbStrG sehen dabei ein nach Verhältnismäßigkeitsgesichtspunkten abgestuftes System von Maßregeln vor.[82] Zunächst kann der Verband gem. § 10 VerbStrG von der Vergabe öffentlicher Aufträge ausgeschlossen werden. Ist die Zuwiderhandlung des Entscheidungsträgers vorsätzlich erfolgt, ermöglicht § 11 VerbStrG den Ausschluss von Subventionen für mindestens ein Jahr. Wird eine Straftat im Sinne des § 2 I VerbStrG beharrlich wiederholt und lässt die Gesamtwürdigung der Tatumstände und der Organisation des Verbandes die Gefahr erkennen, dass bei Fortbestand des Verbandes dessen Entscheidungsträger weiter erhebliche rechtswidrige Zuwiderhandlungen der bezeichneten Art begehen werden, kann das Gericht sogar als ultima ratio die Auflösung des Verbandes anordnen, soweit diese nach bürgerlichem Recht vorgesehen ist (§ 12 VerbStrG). Politische Parteien, öffentliche Gebietskörperschaften sowie Religions- und Weltanschauungsgesellschaften sind demnach ausgenommen.[83]

---

77 Gesetzesentwurf, S. 60.

78 Vgl. §§ 263 III Nr. 2, 306b I, 308 II, 309 III, 312 III, 315 III Nr. 2, 318 III, 330 II Nr. 1, 330a I StGB.

79 BGHSt 44, 175, 177 = NJW 1999, 299, 300.

80 Gesetzesentwurf, S. 60.

81 Gesetzesentwurf, S. 62 f.

82 Gesetzesentwurf, S. 61.

83 Gesetzesentwurf, S. 64.

e) *Absehen von Sanktionen*

Die Erfüllung der Straftatbestände des § 2 VerbStrG hat nicht zwingend eine Sanktionierung zur Folge. Der Gesetzesentwurf versetzt mit der Schaffung des § 5 VerbStrG das zuständige Gericht in die Lage, im Einzelfall auf Verbandssanktionen zu verzichten. Hierzu kann der Verband durch eigene Maßnahmen beitragen.

Um zukunftsbezogene Investitionen in Compliance-Systeme zu belohnen,[84] kann das Gericht von einer Verbandssanktion absehen, wenn der Verband ausreichende organisatorische oder personelle Maßnahmen getroffen hat, um vergleichbare Verbandsstraftaten in Zukunft zu vermeiden und wenn ein bedeutender Schaden nicht entstanden oder dieser zum überwiegenden Teil wieder gut gemacht ist (§ 5 I VerbStrG).

§ 5 II VerbStrG verlangt ebenfalls den Aufbau eines hinreichenden Compliance-Systems als Reaktion auf die begangene verbandsbezogene Zuwiderhandlung. Daneben muss der Verband durch freiwilliges Offenbaren einen wesentlichen Anteil daran haben, dass eine Verbandsstraftat aufgedeckt werden konnte und den Ermittlungsbehörden Beweismittel zur Verfügung gestellt haben, die geeignet sind, die Tat nachzuweisen. Hierdurch soll in Anlehnung an die kartellrechtliche Bonusregelung ein Anreiz zur Mitwirkung des Verbandes bei der Aufklärung der Straftat geschaffen werden.[85] Ein Absehen von Strafe nach § 5 II VerbStrG ist jedoch ausgeschlossen, wenn der Verband die zum Tatnachweis geeigneten Beweismittel erst offenbart, nachdem die Eröffnung des Hauptverfahrens (§ 207 StPO) beschlossen worden ist (§ 5 IV VerbStrG).

2. Verfahrensregelungen

Die verfahrensrechtlichen Grundsätze ergeben sich aus § 13 VerbStrG. Für das Strafverfahren gegen Verbände im Sinne des Verbandsstrafgesetzbuchs gelten die Vorschriften der allgemeinen Gesetze über das Strafverfahren, namentlich die Strafprozessordnung und das Gerichtsverfassungsgesetz, sinngemäß, es sei denn, dass sie ausschließlich auf natürliche Personen angewendet werden können[86] oder dass das Verbandsstrafgesetzbuch etwas anderes bestimmt (§ 13 I VerbStrG). Für die Beteiligung des Verletzten am Verfahren finden die

84 Gesetzesentwurf, S. 54.

85 Gesetzesentwurf, S. 55.

86 Als Beispiele nennt der Gesetzesentwurf die körperliche Untersuchung eines Beschuldigten, die Untersuchungshaft, die einstweilige Unterbringung oder das Absehen von Vollstreckung in Ansehung einer Erkrankung (S. 65).

Vorschriften des 5. Buchs der Strafprozessordnung (§§ 374–406 StPO) in Ansehung der verbandsbezogenen Zuwiderhandlung entsprechend Anwendung (§ 13 II VerbStrG).

Anders als im Ordnungswidrigkeitenrecht (§ 47 OWiG) gilt im Bereich des Verbandsstrafgesetzbuchs das Legalitätsprinzip (§ 14 VerbStrG). Folglich ist die Staatsanwaltschaft (§ 14 I VerbStrG), soweit nicht gesetzlich ein anderes bestimmt ist, verpflichtet, wegen aller verfolgbaren Verbandsstraftaten einzuschreiten, sofern zureichende tatsächliche Anhaltspunkte vorliegen (§ 14 II VerbStrG).

Die gerichtliche Zuständigkeit ist in § 15 VerbStrG geregelt. Hier ergibt sich eine Abweichung zu den allgemeinen Vorschriften. § 15 VerbStrG statuiert neben den Gerichtsständen des Tat- und Erfolgsorts (§ 7 StPO i.V.m. § 13 I VerbStrG) einen eigenen Gerichtsstand in dem Bezirk, in dem der Verband seinen Sitz oder eine Zweigniederlassung hat. Die Verfahren gegen den Verband und den Entscheidungsträger können aus verfahrensökonomischen Gründen verbunden werden (§ 15 II VerbStrG).

§ 16 VerbStrG bestimmt die Voraussetzungen für den Ausschluss von Richterinnen und Richtern. Er greift auf Regelungen des § 41 ZPO zurück, da die über die Verweisungsnorm des § 13 I VerbStrG anwendbaren Ausschlussgründe der §§ 22, 74 I StPO nicht auf das Verhältnis von Richterinnen, Richtern und Sachverständigen zu den Verbandspersonen übertragen werden können.[87] Gem. § 16 I VerbStrG ist ein Richter von der Ausübung des Richteramtes kraft Gesetzes ausgeschlossen, wenn er selbst, sein Ehegatte oder sein Lebenspartner zu dem Verband in dem Verhältnis eines Mitberechtigten oder Mitverpflichteten steht, auch wenn die Ehe oder Lebenspartnerschaft nicht mehr besteht; wenn eine Person, mit der er in gerader Linie verwandt oder verschwägert, in der Seitenlinie bis zum dritten Grad verwandt oder bis zum zweiten Grad verschwägert ist oder war, zu dem Verband in dem Verhältnis eines Mitberechtigten oder Mitverpflichteten steht; wenn er in der Sache als Prozessbevollmächtigter oder Beistand des Verbandes bestellt oder als gesetzlicher Vertreter des Verbandes aufzutreten berechtigt ist oder gewesen ist oder wenn er als Entscheidungsträger für den Verband tätig ist oder tätig gewesen ist.

Für Fragen der Prozessvertretung und der Zustellung orientiert sich § 17 VerbStrG ebenfalls an der Zivilprozessordnung. So wird der Verband im Verfahren nach Maßgabe des § 51 ZPO vertreten (§ 17 I 1 VerbStrG). Beschuldigte der Zuwiderhandlung oder einer Unterlassung nach § 2 II VerbStrG sind

87 Gesetzesentwurf, S. 70.

ausgeschlossen (§ 17 I 2 VerbStrG). Die Zustellung der Entscheidung erfolgt an die gesetzlichen Vertreter (§ 17 II 1 VerbStrG).

Die Beschuldigtenrechte kommen nicht nur dem Verband zugute, sondern auch den Personen, denen die verbandsbezogene Zuwiderhandlung vorgeworfen wird (§ 18 I VerbStrG). Dadurch wird verhindert, dass die zuwiderhandelnden Personen zu einer Aussage gezwungen werden, die eine eigene strafrechtliche Verurteilung fördern könnte.[88] Eine gemeinschaftliche Verteidigung des Verbandes wegen der Verbandsstraftat und einer natürlichen Person wegen der verbandsbezogenen Zuwiderhandlung oder einer Unterlassung nach § 2 II VerbStrG ist zulässig (§ 18 II VerbStrG). Das Verbot der Mehrfachverteidigung des § 146 StPO gilt somit nicht. Hintergrund dieser Entscheidung der Entwurfsverfasser ist, dass § 146 StPO der abstrakten Gefahr von Interessenkollisionen vorbeugen soll.[89] Im Verbandsstrafverfahren würden die Interessen des Verbandes und der zuwiderhandelnden bzw. aufsichtspflichtigen natürlichen Person aber regelmäßig deckungsgleich sein,[90] da das Fehlverhalten der natürlichen Person Voraussetzung für eine Verbandsstrafe ist. Eine Entlastung der natürlichen Person führe zwangsläufig zur Entlastung des Verbandes.[91] Folglich ließe sich der Grundgedanke des § 146 StPO nicht auf das Verbandsstrafverfahren übertragen.

§ 19 VerbStrG regelt den Fall eines vertretungslosen Verbandes.[92] Hat der Verband keinen gesetzlichen Vertreter oder sind alle gesetzlichen Vertreter des Verbandes wegen der verbandsbezogenen Zuwiderhandlung beschuldigt, so wird ihm auf Antrag der Staatsanwaltschaft oder eines Mitglieds des Verbandes zur Beseitigung des vertretungslosen Zustands ein Pflichtverteidiger als besonderer Vertreter für das Verfahren bestellt, falls mit dem vertretungslosen Zustand Gefahr verbunden ist, § 19 I 1 VerbStrG. Hierbei handelt es sich aber nur um eine vorübergehende Lösung, denn der besondere Vertreter hat unverzüglich die erforderlichen Maßnahmen zu ergreifen, um eine ordnungsgemäße Vertretung des Verbandes im Verfahren sicherzustellen. Dazu gehört auch die Beseitigung des handlungslosen Zustands durch die eigene Bestellung eines handlungsfähigen Vertreters.[93] Sobald ein geeigneter Vertreter bestellt ist, endet die Beiordnung (§ 19 II 2 VerbStrG).

---

88 Gesetzesentwurf, S. 75.

89 BeckOK-StPO/*Wessing*, § 146 Vor. Rn. 1.

90 Dies gilt vor allem für kleine Verbände und Ein-Mann-Gesellschaften, s. Gesetzesentwurf, S. 77.

91 Gesetzesentwurf, S. 77.

92 Gesetzesentwurf, S. 79.

93 Gesetzesentwurf, S. 79 f.

§ 20 VerbStrG sieht „verfahrenssichernde Maßnahmen" vor. Eine ordnungsgemäße Hauptverhandlung und gegebenenfalls eine Vollstreckung der verhängten Geldstrafe sollen nicht durch eine Vermögensverschiebung oder eine Verbandsauflösung vereitelt werden.[94] Besteht aber der dringende Verdacht, dass eben dies geschehen wird und zudem eine Verbandsstraftat vorliegt, so kann gem. § 20 I 1 VerbStrG bis zur Höhe von insgesamt 10 % des durchschnittlich erzielten Gesamtumsatzes des Verbandes der dingliche Arrest angeordnet werden. Darüber hinaus kann unter den gleichen Voraussetzungen eine Registersperre ausgesprochen werden (§ 20 III VerbStrG).

Der gesetzliche Vertreter repräsentiert den Verband in der Hauptverhandlung. Die Hauptverhandlung kann jedoch auch ohne den gesetzlichen Vertreter des Verbandes durchgeführt werden, wenn er ordnungsgemäß geladen und in der Ladung darauf hingewiesen worden ist, dass in seiner Abwesenheit verhandelt werden kann (§ 21 I 1 VerbStrG). Etwas anderes gilt nur dann, wenn das Gericht das persönliche Erscheinen des gesetzlichen Vertreters zur Aufklärung des Sachverhalts für erforderlich hält (§ 21 IV 1 VerbStrG).

Abschließend legt § 22 VerbStrG die Regeln über die Vollstreckung der Verbandssanktionen fest.

94 Gesetzesentwurf, S. 80.

3. Kapitel: Kritische Betrachtung der Entwurfsbegründung

Der Gesetzesentwurf beinhaltet eine ausführliche Begründung.[95] Unter der Überschrift „Allgemeines“ liefert er Beweggründe für die Einführung des Verbandsstrafgesetzbuchs und versucht, rechtliche Bedenken auszuräumen. Die Entwurfsverfasser widmen sich in diesem Zusammenhang nicht nur rein juristischen Fragestellungen, sondern analysieren darüber hinaus rechtstatsächliche Gegebenheiten und Entwicklungen. Im Folgenden soll zum besseren Verständnis der Hintergründe und damit zur genaueren Konturierung des Gesetzesvorhabens dieser Abschnitt der Entwurfsbegründung näher beleuchtet werden. Dabei wird der Frage nachgegangen, ob die vorgebrachten Erwägungen überzeugen können.

I. Polizeiliche Kriminalstatistik

Zur Begründung eines gesetzgeberischen Handlungsbedarfs in tatsächlicher Hinsicht versucht die Entwurfsbegründung eingangs, eine negative Entwicklung der Wirtschaftskriminalität in Deutschland darzulegen.[96] Hierzu wird die polizeiliche Kriminalstatistik in Sachen Wirtschaftskriminalität bemüht.[97]

Bereits ohne eine inhaltliche Auseinandersetzung mit den statistischen Befunden erscheint von vornherein die Methode, von der polizeilichen Kriminalstatistik – bezogen auf den Bereich Wirtschaftskriminalität – auf die Notwendigkeit eines Verbandstrafgesetzbuchs zu schließen, angreifbar.

Dies ergibt sich zunächst daraus, dass die polizeiliche Kriminalitätsstatistik nur bedingt aussagekräftig ist.[98] So existiert für den Begriff der Wirtschaftskriminalität keine allgemeingültige trennscharfe Definition.[99] Je nach Definition ergeben

---

95 Gesetzesentwurf, S. 20 ff.

96 Gesetzesentwurf, S. 20 ff.

97 Gesetzesentwurf, S. 21 verweist an dieser Stelle auf das Bundeslagebild Wirtschaftskriminalität, das u.a. auf Grundlage der polizeilichen Kriminalstatistik erstellt wird.

98 Kritisch etwa *Schmitt-Leonardy*, Unternehmenskriminalität ohne Strafrecht?, Rn. 54; umfassend *Bannenberg*, S. 51 ff.

99 Zweiter Periodischer Sicherheitsbericht 2006, S. 219 m.w.N., http://www.bka.de/nn_193490/SharedDocs/Downloads/DE/Publikationen/JahresberichteUndLagebilder/PeriodischerSicherheitsberi cht/psb02Lang,templateId=raw,property=publicationFile.pdf/psb02Lang.pdf, zuletzt abgerufen am 10.03.2016.

sich andere Feststellungen. Zudem werden Delikte, die direkt von den Schwerpunktstaatsanwaltschaften und/oder Finanzbehörden, also ohne Beteiligung der Polizei, bearbeitet werden, nicht erfasst.[100] Damit sind einige der Wirtschaftskriminalität zuzuordnende Delikte (z.B. Arbeitsdelikte und Subventionsbetrug)[101] nicht in der Statistik aufgeführt. Ferner wird nur die polizeilich registrierte Kriminalität aufgenommen. Es verbleibt ein großes Dunkelfeld,[102] so dass die Entwicklung der Kriminalität in den einzelnen Bereichen nur unvollständig wiedergegeben wird. Der Gesetzesentwurf leugnet die angeführten Unklarheiten jedoch nicht, sondern nutzt sie sogar zur Unterstützung der Argumentation. Er sieht in der Existenz des erheblichen Dunkelfelds den Beleg dafür, dass die Wirtschaftskriminalität in Deutschland eine im Vergleich zu sonstigen Delikten noch größere Rolle spielt als es die polizeiliche Kriminalstatistik auszudrücken vermag.[103] Da aber auch bezüglich der anderen Kriminalitätsgebiete nur das sog. „Hellfeld", also die polizeilich registrierten Delikte, statistisch erfasst ist, liefert allein die Feststellung eines Dunkelfelds im Bereich der Wirtschaftskriminalität keinen Beweis für eine gegenüber anderen Delikten noch größere Bedeutung. Vielmehr müsste nachgewiesen werden, dass in anderen Deliktsbereichen kein derart signifikantes Dunkelfeld vorherrscht.[104] Diesen Nachweis bleibt die Entwurfsbegründung aber schuldig.

Über die Ungenauigkeiten der Statistik ließe sich noch hinwegsehen, schließlich muss eine Grundlage zur Beurteilung der Kriminalitätsentwicklung gefunden werden und die polizeiliche Kriminalstatistik kann unter Berücksichtigung der die Aussagekraft begrenzenden Faktoren jedenfalls ausschnitthaft die Kriminalitätsentwicklung abbilden. Alternativ ließe sich noch der Periodische Sicherheitsbericht[105] heranziehen. Dieser zeichnet sich gegenüber der polizeilichen Kriminalstatistik dadurch aus, dass er nicht bloß das gesammelte Datenmaterial wiedergibt, sondern dieses systematisiert und bewertet. Der gegenwärtige,

---

100 Bundeslagebild Wirtschaftskriminalität 2013, S. 5, http://www.bka.de/nn_193376/SharedDocs/ Downloads/DE/Publikationen/JahresberichteUndLagebilder/Wirtschaftskriminalitaet/wirtschaftskr iminalitaetBundeslagebild2013,templateId=raw,property=publicationFile.pdf/wirtschaftskriminalit aetBundeslagebild2013.pdf, zuletzt abgerufen am 10.03.2016.

101 Bundeslagebild Wirtschaftskriminalität 2013, S. 5.

102 Bundeslagebild Wirtschaftskriminalität 2013, S. 5 spricht von einem „in Teilbereichen gering ausgeprägten Anzeigeverhalten".

103 Gesetzesentwurf, S. 21.

104 *Löffelmann*, JR 2014, 185, 197.

105 S. Fn. 99.

namentlich der Zweite Periodische Sicherheitsbericht datiert jedoch aus dem Jahr 2006. Mangels aktueller Statistiken eignet er sich somit nicht als Argumentationsbasis für einen gesetzgeberischen Handlungsbedarf zum jetzigen Zeitpunkt.

Das Hauptproblem der Vorgehensweise der Entwurfsverfasser im hier angesprochenen Kontext liegt vielmehr darin begründet, dass eine nachvollziehbare Verknüpfung zwischen der Kriminalstatistik und der sog. Unternehmenskriminalität, die die Notwendigkeit einer Verbandsstrafe zum Vorschein bringt, fehlt. Der polizeilichen Kriminalstatistik lassen sich keine Aussagen zur Häufigkeit von Straftaten gegenüber Dritten (Privatpersonen, andere Unternehmen, Staat) entnehmen. Es wird nicht zwischen Straftaten aus der Mitte des Unternehmens gegen externe Rechtsgüter (Unternehmenskriminalität) und kriminellem Verhalten von Unternehmensmitarbeitern zum Nachteil des Unternehmens selbst (sog. Betriebskriminalität) differenziert.[106] Der erforderliche Zusammenhang zwischen Wirtschafts- und Unternehmenskriminalität wird auch nicht durch den Hinweis zu Beginn der Entwurfsbegründung, die Zahl der als juristische Person oder Personengesellschaft organisierten Unternehmen steige kontinuierlich,[107] hergestellt. Denn ein Automatismus zwischen dieser Entwicklung und einem künftigen Anstieg der Wirtschaftskriminalität ist nicht dargelegt.[108] Als wenig ertragreich in Bezug auf diese Fragestellung erweisen sich ferner die Ausführungen zu Studien des Wirtschaftsprüfungs- und Beratungsunternehmens KPMG sowie der Universität Halle-Wittenberg in Zusammenarbeit mit der Wirtschaftsprüfungsgesellschaft PricewaterhouseCoopers. Die Entwurfsbegründung entnimmt diesen Untersuchungen Zahlen darüber, wie oft die befragten Unternehmen von Wirtschaftskriminalität „betroffen" waren.[109] Das Betroffensein weist die jeweiligen Unternehmen aber nur als Opfer des Verhaltens ihrer Mitarbeiter aus. Inwieweit unternehmensexterne Rechtsgüter geschädigt wurden und damit Fälle der Unternehmenskriminalität vorlagen, wird nicht deutlich.

Die Entwurfsbegründung ließe sich anhand dieser Aussagen auch dahingehend deuten, dass Fälle der Betriebskriminalität – in Bezug auf eine Strafe gegen den Verband – ebenso sanktionswürdig seien wie Fälle der Unternehmenskriminalität. Abgesehen von dem ohnehin schon entstandenen Schaden für den Verband müsste dann der Verband noch die Folgen der Sanktion tragen.[110] Sollten die angesprochenen Ausführungen in der Entwurfsbegründung tatsächlich

106 DAV-Stellungnahme, S. 10.

107 Gesetzesentwurf, S. 20.

108 DAI-Stellungnahme, S. 6.

109 Gesetzesentwurf, S. 21 f.

110 Vgl. zu diesem Verständnis die Ausführungen von *Schünemann*, ZIS 2014, 1, 14.

in diesem Sinne gemeint sein, wäre jedoch eine entsprechende Begründung zu erwarten gewesen. Schließlich wäre die Intention, Verbände auch für Betriebskriminalität sanktionieren zu wollen, nicht ohne Weiteres nachvollziehbar. An anderer Stelle erfolgt in der Begründung dementsprechend die Klarstellung, dass „solche Zuwiderhandlungen als Anlasstat einer Verbandssanktion ausgeschlossen [sind], die sich ausschließlich *gegen* den betroffenen Verband gerichtet haben“[111]. Folglich ist von einer unbewussten Vermengung der Begriffe der Unternehmens- und Betriebskriminalität durch die Entwurfsverfasser auszugehen.

Selbst wenn man trotz der geäußerten Bedenken auf die polizeiliche Kriminalstatistik rekurrieren wollte, blieben Zweifel an der Argumentation der Entwurfsbegründung, denn die statistischen Befunde zeigen keine negative Entwicklung im Bereich der Wirtschaftskriminalität.

Insgesamt – und dies spricht die Entwurfsbegründung selbst an[112] – ist zuletzt ein Rückgang der registrierten Fälle von Wirtschaftskriminalität zu verzeichnen. Im Jahr 2013 sind die Fallzahlen auf 71.663 und damit um 12 % im Vergleich zum Vorjahr gesunken. Sie liegen erheblich unter dem Mittelwert der letzten fünf Jahre (87.425).[113] Diese Erkenntnisse widerlegen die im Gesetzesentwurf suggerierte Kohärenz von Wirtschaftskriminalität und Anzahl der am Markt tätigen juristischen Personen sowie Personengesellschaften endgültig. Trotz der im Entwurf angemerkten stetigen Zunahme an Unternehmen, die als juristische Person oder Personengesellschaft organisiert sind, und somit an Verbänden i.S.d. Verbandsstrafgesetzbuchs sinken die Fallzahlen.

Hinzu kommt eine mit 92 % (Vorjahr: 91 %) vergleichsweise hohe Aufklärungsquote. Die Aufklärungsquote der Gesamtkriminalität liegt demgegenüber nur bei 55 %.[114]

Der registrierte Gesamtschaden war im Jahr 2013 zwar knapp 2 % höher als im Vorjahr, lag aber unter dem Mittelwert der letzten fünf Jahre.[115] Allerdings ist zuzugeben, dass die Wirtschaftskriminalität im Hinblick auf die Schadenssumme gegenüber anderen Delikten von außerordentlichem Gewicht ist. Regelmäßig sind fast 50 % des Gesamtschadensvolumens aller in der polizeilichen Kriminalstatistik erfassten Straftaten den Delikten der Wirtschaftskriminalität geschuldet.[116] Hierbei handelt es sich jedoch um ein bekanntes Phänomen, das

111 Gesetzesentwurf, S. 41.
112 Gesetzesentwurf, S. 21.
113 Bundeslagebild Wirtschaftskriminalität 2013, S. 5.
114 Bundeslagebild Wirtschaftskriminalität 2013, S. 7.
115 Bundeslagebild Wirtschaftskriminalität 2013, S. 6.
116 Bundeslagebild Wirtschaftskriminalität 2013, S. 6.

seit Jahren diskutiert wird.[117] Eine negative Entwicklung ist nicht erkennbar. Die Statistik zur Schadensentwicklung nimmt zudem keine Differenzierung dahingehend vor, bei wem der Schaden eingetreten ist. Aussagen zur Schadensentwicklung im Bereich der Unternehmenskriminalität lassen sich folglich nicht treffen.

Letztlich offenbart die Entwurfsbegründung keine nachvollziehbaren Erkenntnisse zur Entwicklung der Unternehmenskriminalität, die ein gesetzgeberisches Handeln in Form der Einführung eines Verbandsstrafgesetzbuchs notwendig erscheinen lassen.[118]

II. Fehlende Präventivwirkung bestehender Regelungen?

Antrieb für die Schaffung eines Verbandsstrafgesetzbuchs sind für die Verfasser des Gesetzesentwurfs insbesondere die aus ihrer Sicht unzureichenden Sanktionsmöglichkeiten de lege lata.[119] Die Entwurfsbegründung kritisiert die mangelnde Präventivwirkung des geltenden Rechts.[120] Diese Einschätzung ist vielfach auf Ablehnung gestoßen.[121]

1. „Organisierte Unverantwortlichkeit"

Zutreffend weist die Entwurfsbegründung darauf hin, dass nach den §§ 30, 130 OWiG der Verband nicht sanktioniert werden kann, wenn – im Falle des § 30 OWiG – die Straftat bzw. Ordnungswidrigkeit eines Individualtäters oder – im Falle des § 130 OWiG – eine Aufsichtspflichtverletzung einer Aufsichtsperson i.S.d. § 9 OWiG nicht nachgewiesen werden kann.[122] Diese Lücken soll nun das

---

117 *Schmitt-Leonardy*, ZIS 2015, 11, 12 m.w.N.

118 Ebenso *Löffelmann*, JR 2014, 185, 197 f.; DAV-Stellungnahme, S. 10 f.; DAI-Stellungnahme, S. 6.; BRAK-Stellungnahme 2013, S. 4 f.; BRAK-Stellungnahme 2014, S. 5.

119 Vgl. zu den Sanktionsmöglichkeiten von Unternehmen de lege lata bereits Kapitel 1.

120 Gesetzesentwurf, S. 23 ff.

121 DAI-Stellungnahme, S. 6 ff.; BDI-BDA-Stellungnahme, S. 2 ff.; DAV-Stellungnahme, S. 30 f.; Stellungnahme der Clearingstelle Mittelstand, S. 22; *Leipold*, NJW-Spezial 2013, 696; *ders.*, ZRP 2013, 34 f.; BRAK-Stellungnahme 2013, S. 5 ff.; BRAK-Stellungnahme 2014, S. 5 f.; *Willems*, DRiZ 2013, 354, 355.

122 Gesetzesentwurf, S. 23 f.; wobei die Zuwiderhandlung bzw. Aufsichtspflichtverletzung nicht auf eine konkrete Person zurückgeführt werden muss, solange feststeht, dass jemand aus dem entsprechenden Personenkreis die Zuwiderhandlung bzw. Aufsichtspflichtverletzung begangen hat (sog. anonyme Verbandsgeldbuße), s. dazu statt vieler KK-OWiG/*Rogall*, § 30 Rn. 119 ff.

Verbandsstrafgesetzbuch schließen.[123] Die Erforderlichkeit dieser Lückenschließung begründet der Gesetzesentwurf mit dem „Phänomen der ‚organisierten Unverantwortlichkeit'"[124]. Dieser Begriff beschreibt den Fall, dass in Unternehmen mit komplexen Verbandsstrukturen infolge Arbeitsteilung und Delegation das Unrecht nicht auf einen Einzeltäter zurückgeführt werden kann.[125] *Schünemann* kritisiert, eine „organisierte Unverantwortlichkeit" sei nur ausnahmsweise in Verbänden anzutreffen. Dieses Vorkommnis rechtfertige daher noch kein flächendeckendes Verbandsstrafrecht.[126] Der Gesetzesentwurf behauptet jedoch nicht, dass eine „organisierte Unverantwortlichkeit" regelmäßig oder gar häufig auftritt. Zur Verbreitung äußern sich die Entwurfsverfasser nicht. Vielmehr stellen sie nur fest, die Organisation in Verbänden *könne* dazu führen, dass eine zeitlich, örtlich und gegenständlich bestimmbare Haftungssituation nicht mehr herausgearbeitet werden kann.[127] Es wird also lediglich auf die Möglichkeit des Eintritts dieses von den §§ 30, 130 OWiG nicht erfassten Falls hingewiesen. Zudem stellt die ausgemachte Lücke nicht den einzigen Beweggrund der Entwurfsverfasser für die Einführung des Verbandsstrafgesetzbuchs dar, so dass nicht allein von diesem Aspekt auf die Notwendigkeit eines flächendeckenden Verbandsstrafgesetzbuchs geschlossen wird.

Problematisch an den Erwägungen an dieser Stelle der Entwurfsbegründung ist nicht der Befund, dass im Einzelfall begangenes Unrecht niemandem zugerechnet werden kann, sondern dass der Vorwurf mitschwingt, dies geschehe bewusst. Der Begriff der „organisierten Unverantwortlichkeit" unterstellt jedenfalls en passant, dass komplexe Verbandsstrukturen gerade auch auf einen Mangel an Zurechenbarkeit abzielen.[128] Dies bleibt jedoch eine Behauptung. Empirische Beweise enthält die Entwurfsbegründung nicht.[129]

Trotz dieses begrifflichen Einwands lässt sich nicht von der Hand weisen, dass eine – wenn auch nur in Einzelfällen relevante – Lücke besteht, die das Verbandsstrafgesetzbuch schließen würde.

---

123 Gesetzesentwurf, S. 43, 46.

124 Gesetzesentwurf, S. 24.

125 *Schünemann*, Unternehmenskriminalität und Strafrecht, S. 30 ff., *Wessing*, ZWH 2012, 301, 302.

126 *Schünemann*, ZIS 2014, 1, 13.

127 Gesetzesentwurf, S. 24.

128 *Wessing*, ZWH 2012, 301, 302 schlägt daher vor, von „desorganisierter Unverantwortlichkeit" zu sprechen.

129 Kritisch auch DAV-Stellungnahme, S. 3, 11.

2. Höhe der Geldbuße

Streitpunkt ist nicht erst seit kurzem die Bußgeldhöhe. Nach Ansicht der Entwurfsverfasser entfalten die Bußgelder „keine hinreichende Präventivwirkung“[130]. Es handele sich vielmehr um ein „kalkulierbares Risiko“[131].

Wie gesehen, ist der Bußgeldrahmen der §§ 30, 130 OWiG erst kürzlich durch das Achte Gesetz zur Änderung des Gesetzes gegen Wettbewerbsbeschränkungen vom 26.06.2013 erhöht worden.[132] Der Gesetzgeber ging davon aus, die Anhebung der Bußgeldobergrenze auf zehn bzw. fünf Millionen Euro ermögliche eine „angemessene Ahndung der Ordnungswidrigkeit“[133]. Sie trage dem Anliegen Rechnung, die Bußgeldobergrenze auf ein Niveau zu heben, das „wirksam, verhältnismäßig und abschreckend“[134] ist. Ob eine Geldbuße von zehn Millionen Euro auch für einen Dax-Konzern wie etwa *Volkswagen* mit einem vor Steuern und Zinsen erwirtschafteten Gewinn von 12,7 Milliarden Euro im Jahr 2014[135] als wirksam und abschreckend bezeichnet werden kann, darf freilich bezweifelt werden. Die Möglichkeit der Vorteilsabschöpfung (§ 17 IV OWiG) führt zu keiner anderen Beurteilung. Zwar ergaben sich auf diesem Wege in den letzten Jahren schon Geldbußen im dreistelligen Millionenbereich.[136] Da der Vorteilsabschöpfung aber das Nettoprinzip zugrunde liegt, wurde nur der wirtschaftliche Vorteil aus der Tat unter Abzug der Aufwendungen abgeschöpft. Der Verband wird nur in die Lage zurückversetzt, die ohne die Zuwiderhandlung bestehen würde. Im schlimmsten Fall droht somit unter dem Strich ein Verlust von 10 Millionen Euro. Ein solcher Betrag allein würde bei der Aufstellung einer Kosten-Nutzen-Rechnung einen großen Konzern mit erheblichem Gewinn nicht zusätzlich[137] zu einem regelkonformen Verhalten motivieren.[138]

Etwas anderes dürfte für die Verbandsgeldstrafe nach § 6 VerbStrG gelten. Gem. § 6 IV 3 VerbStrG liegt die Obergrenze der Verbandsgeldstrafe bei 10 %

---

130 Gesetzesentwurf, S. 2, 28.

131 Gesetzesentwurf, S. 2, 28.

132 S. Kapitel 1, I.

133 BT-Drs. 17/11053, 21.

134 BT-Drs. 17/11053, 21.

135 http://www.sueddeutsche.de/wirtschaft/deutsche-unternehmen-so-viel-verdienen-die-dax-konzerne-1.2402107, zuletzt abgerufen am 10.03.2016.

136 S. die in Kapitel 1, I. genannten Fälle.

137 Neben anderen Faktoren wie Reputationsverlusten sowie weiteren Sanktionsmöglichkeiten de lege lata, s. dazu Kapitel 1.

138 Vgl. *Leipold*, ZRP 2013, 34, 37, der daher eine Erhöhung des Bußgeldrahmens als „nicht schädlich“ bezeichnet.

des Gesamtumsatzes. Dies stellt eine empfindliche Strafe für jeden Verband dar, die einen weiteren Anreiz liefern würde, auf rechtskonformes Verhalten im Unternehmen hinzuwirken.

3. Verfallsregelungen

Die Präventivwirkung der bestehenden Bußgeldregelungen kann jedoch nicht unabhängig von der Möglichkeit der Verfallsanordnung (§§ 29a OWiG, 73 ff. StGB) betrachtet werden. Beide Instrumentarien sind sich ergänzend, als Teile eines Sanktionensystems zu verstehen.[139] Dies lässt die Entwurfsbegründung außer Acht.

So stellt sich die Frage, ob die im Einzelfall fehlende Abschreckungswirkung aufgrund eines unzureichenden Bußgeldrahmens durch eine Verfallsanordnung kompensiert werden kann. Entgegen den Ausführungen der Entwurfsverfasser[140] gilt nicht nur im Rahmen des § 73 StGB sondern auch für § 29a OWiG nach h.M. das Bruttoprinzip.[141] Damit sind anders als bei der Vorteilsabschöpfung die Aufwendungen für die Tat nicht in Abzug zu bringen. Unternehmen werden durch die zusätzliche Verfallsanordnung noch empfindlicher getroffen. Dennoch droht de lege lata nur das Risiko, neben dem „Ahndungsanteil" von höchstens 10 Millionen Euro das Erlangte zu verlieren und die Tatmittel einzubüßen.[142] Ein solcher Nachteil dürfte zwar vor allem für viele kleine und mittelständische Unternehmen schwer zu verkraften sein, er kann jedoch nicht in allen Fällen eine hinreichende Präventivwirkung gewährleisten. Insofern sind die Sorgen der Entwurfsverfasser auch unter Berücksichtigung der Verfallsregelungen begründet.

4. Auflösung von Gesellschaften

Die gerichtliche Auflösung von Gesellschaften[143] ist – wie die Entwurfsbegründung richtig hervorhebt – nur „fragmentarisch" geregelt.[144] Darüber hinaus haben die Normen (§§ 396 AktG, 62 GmbHG, 81 GenG) keine praktische Bedeutung

139 S. Ausführungen im 1. Kapitel.
140 Gesetzesentwurf, S. 51.
141 S. Kapitel 1, I.
142 Vgl. *Hirsch*, ZStW 107 (1995), 285, 306.
143 S. Kapitel 1, III.
144 Gesetzesentwurf, S. 51.

erlangt.[145] Entsprechende Verfahren sind bislang nicht bekannt geworden.[146] Ferner kann der Verfahrenszweck verfehlt werden, indem eine Nachfolgegesellschaft an die Stelle der aufgelösten Gesellschaft tritt.[147] Eine disziplinierende Wirkung geht von diesen Vorschriften daher nicht aus.

Mit § 12 VerbStrG soll nun eine einheitliche Regelung für die gerichtliche Auflösung von Verbänden in besonders gravierenden Fällen der Verbandskriminalität statuiert werden.[148] Eine Gemeinwohlgefährdung wird anders als bei den §§ 396 AktG, 62 GmbHG, 81 GenG nicht verlangt. Es genügt die beharrliche Wiederholung einer Straftat im Sinne des § 2 I VerbStrG und eine negative Zukunftsprognose. Zudem erschweren die Rechtsnachfolgeregelungen (§§ 1 IV, 2 IV VerbStrG) eine Umgehung erheblich. In Bezug auf die Möglichkeit der gerichtlichen Auflösung von Verbänden wird die Rechtslage somit bedeutend verschärft. Gleichwohl wird vereinzelt bestritten, dass sich § 12 VerbStrG zur Bekämpfung der Unternehmenskriminalität eignet.[149] Da die Kriminalstrafe eben nur den Verband und nicht die natürlichen Personen treffe, könnten die zuwiderhandelnden Entscheidungsträger einen neuen Verband mit derselben Attitüde gründen. Diese Erwägungen lassen jedoch zum einen Fragen der Organhaftung unbeachtet. Angesichts der drohenden Schäden wird eine Verbandsauflösung nicht spurlos an den verantwortlichen Entscheidungsträgern vorüberziehen. Dessen werden sich die Verantwortlichen bewusst sein. Zum anderen wird die Gefahr einer Verbandsauflösung andere, an den Zuwiderhandlungen nicht beteiligte Entscheidungsträger frühzeitig zur Wachsamkeit animieren, sollten sie den aus einer Verbandsauflösung resultierenden eigenen Arbeitsplatzverlust abwenden wollen. Käme es zu einer Sanktion nach § 12 VerbStrG, dürfte dies ferner die Entscheidungsträger anderer Verbände nicht unbeeindruckt lassen. Es sind demnach auch Auswirkungen auf die Organisation und das Geschäftsgebaren anderer Verbände zu erwarten. Eine völlige Ungeeignetheit zur Bekämpfung von Unternehmenskriminalität kann man der Regelung des § 12 VerbStrG nicht vorwerfen.

---

145 Hüffer/*Koch*, § 396 Rn. 1; K. Schmidt/Lutter/*Oetker*, § 396 Rn. 1; MüKo-AktG/*Schürnbrand*, § 396 Rn. 2; Spindler/Stilz/*Spindler*, § 396 Rn. 1; KK-OWiG/*Rogall*, § 30 Rn. 128; Henssler/Strohn/ *Arnold*, § 62 GmbHG Rn. 1.

146 MüKo-AktG/*Schürnbrand*, § 396 Rn. 2; Hölters/*Müller-Michaels*, § 396 Rn. 3.

147 MüKo-AktG/*Schürnbrand*, § 396 Rn. 2.

148 Gesetzesentwurf, S. 62.

149 *Schünemann*, Zur Frage der Verfassungswidrigkeit und der Folgen eines Strafrechts für Unternehmen – Rechtsgutachten für die Stiftung Familienunternehmen, S. 29; *ders.*, ZIS 2014, 1, 16 f.; *Leipold*, ZRP 2013, 34, 37.

Bedenklich ist eher, dass die bislang vorgebrachten Erwägungen gegen eine Verbandsauflösung[150] von dem Gesetzesentwurf nicht aufgegriffen und daher auch nicht ausgeräumt werden. Verfassungsrechtliche Bedenken gegen die bereits bestehenden Normen haben sich zwar nicht durchgesetzt.[151] Es bleibt aber die Frage nach der Tragbarkeit der sozialen, arbeits- und wirtschaftspolitischen Konsequenzen.[152] Eine Verbandsauflösung hätte auch weitreichende Folgen für Arbeitnehmer, Gesellschafter, Gläubiger und Kunden, namentlich den Verlust von Arbeitsplätzen, Anteilen und Ansprüchen.[153] Inwieweit trotz dieser mitunter gravierenden Effekte die Regelung des § 12 VerbStrG neben den übrigen fünf möglichen Verbandssanktionen erforderlich ist, lässt die Entwurfsbegründung unbeantwortet.

5. Benennung der Sanktion als „Strafe"

Einen Mangel der Verbandssanktionen de lege lata sieht die Entwurfsbegründung ferner darin, dass diese „kein eindeutiges Unrechtsurteil"[154] aussprächen. „Nur mit der Durchführung eines Strafverfahrens ist ein autoritatives, sozialethisches Unwerturteil über die Verbandsorganisation und das ihr anzulastende Verhalten verbunden, während die an eine Ordnungswidrigkeit geknüpfte Geldbuße nach wie vor eher als ‚Ermahnung' angesehen und empfunden wird, die keine ins Gewicht fallende Beeinträchtigung des Ansehens und des Leumunds des Betroffenen zur Folge hat. […] Je öffentlicher, je tadelnder Rechtsfolgen gegen Verbände ausgestaltet sind, umso eher werden diese gehalten sein, sich normgetreu zu verhalten, um schädliche Auswirkungen auf ihre Reputation zu vermeiden."[155] Die Ansicht, dass die Bezeichnung der Sanktion als Strafe zu einem größeren Renommeeverlust führe und daher von Bedeutung sei, wird von manchen Stimmen in der Literatur geteilt.[156]

Ob der Name der Sanktion einen derartigen Einfluss auf ihre Präventionswirkung hat, dass schon allein hierin ein Mangel des geltenden Rechts ausgemacht werden kann, ist fraglich. Zunächst einmal dürfte für die betroffenen Verbände

---

150 KK-OWiG/*Rogall*, § 30 Rn. 128 m.w.N.

151 K. Schmidt/Lutter/*Oetker*, § 396 Rn. 2; Spindler/Stilz/*Spindler*, § 396 Rn. 2; Hüffer/*Koch*, § 396 Rn. 1; MüKo-GmbHG/*Limpert*, § 62 Rn 1.

152 *Witte/Wagner*, BB 2014, 643, 646; DAI-Stellungnahme, S. 15; Stellungnahme der Clearingstelle Mittelstand, S. 7; BDI-BDA-Stellungnahme, S. 12.

153 Stellungnahme der Clearingstelle Mittelstand, S. 7.

154 Gesetzesentwurf, S. 25.

155 Gesetzesentwurf, S. 25 f.

156 *Kubiciel*, ZRP 2014, 133, 135; *Modlinger*, S. 79.

nicht der Name, sondern vielmehr die Höhe oder Schwere der Sanktion, die Entdeckungswahrscheinlichkeit und das Strafrisiko entscheidend sein.[157] Diese Faktoren finden in eine Kosten-Nutzen-Rechnung Eingang, nicht die Bezeichnung der Sanktion.[158] Zwar ist davon auszugehen, dass auch die Auswirkungen eines möglichen Reputationsverlustes berücksichtigt werden. Für das Ansehen des Verbandes in der Öffentlichkeit ist jedoch der Sanktionsname unerheblich. Dies ergibt sich für juristisch gebildete Beobachter daraus, dass diese den hinter der Sanktion stehenden Unwert erkennen, indem ihnen die Voraussetzungen für die Sanktion bekannt sind. Im Hinblick auf den juristisch nicht geschulten Teil der Bevölkerung ist es äußerst zweifelhaft, dass sich ihre Wahrnehmung davon beeinflussen lässt, ob in einer Schlagzeile anstatt von „Geldbuße" von „Geldstrafe" die Rede ist. Bedeutsam in diesem Zusammenhang ist allein die Veröffentlichung der Sanktion, unabhängig von ihrer Bezeichnung.[159]

Des Weiteren ist ungewiss, ob Verbandssanktionen – gleichgültig welcher Art – überhaupt für einen Reputationsverlust von wesentlicher Bedeutung sind. So ergab eine kürzlich in den USA durchgeführte Studie folgenden Befund: „Since the psychology of punishment is more fitting to assess the culpability of individuals, corporations as collective entities are deemed as less responsible and less culpable compared with individuals when conducting equivalent wrongdoings, particularly those that demand intent. At the same time, corporate entities are also seen as less deserving of constitutional rights."[160] Vor dem Hintergrund dieser Erkenntnisse erscheint es wirksamer, weil aufmerksamkeitserregender und für das öffentliche Ansehen eines Verbandes relevanter, Einzelpersonen strafrechtlich zu belangen. Dies geschieht bereits aufgrund des Individualstrafrechts. Es ist deshalb unwahrscheinlich, dass eine Verbandssanktion bezüglich des Reputationsverlustes des Verbandes einen derart großen Mehrwert gegenüber dem Individualstrafrecht hat, wie es die Entwurfsbegründung vorgibt.

157 Ebenso *Ransiek*, NZWiSt 2012, 45, 46 f.; *Leipold*, ZRP 2013, 34, 37; vgl. in Bezug auf kartellrechtliche Verstöße und deren Sanktionierung *Monopolkommission*, Hauptgutachten XX 2012/ 2013, Rn. 214, http://www.monopolkommission.de/index.php/de/gutachten/hauptgutachten/271-hauptgutachten-xx, zuletzt abgerufen am 10.03.2016.

158 *Leipold*, ZRP 2013, 34, 37.

159 Vgl. *Monopolkommission*, Hauptgutachten XX 2012/2013, Rn. 214.

160 *Mentovich/Cerf*, Regulating Corporate Criminal Liability, 33.

6. Zwischenergebnis

Einerseits lassen sich auch unter Berücksichtigung der genannten Einwände Defizite des derzeitigen Verbandssanktionenrechts und dessen Präventionswirkung ausmachen, verursacht durch den zu niedrigen Bußgeldrahmen sowie die Lücken der §§ 30, 130 OWiG. Andererseits läuft der Gesetzesentwurf Gefahr, teilweise über das Ziel hinauszuschießen und Drittinteressen nicht ausreichend zu würdigen.

III. Europäische bzw. internationale Vorgaben – „Konvergenzdruck“?

Erörterungsbedürftig ist ferner, ob sich aus dem EU-Recht oder sonstigen internationalen Regelungen eine Pflicht zur Einführung einer Verbandsstrafbarkeit ergibt. Es existieren zahlreiche internationale Vorgaben, die eine Verbandsverantwortlichkeit vorsehen.[161] In der Entwurfsbegründung werden konkret die Empfehlungen der OECD an Deutschland aus dem Jahr 2011[162] im Anschluss an das Übereinkommen zur Bekämpfung von Bestechung von ausländischen Amtsträgern im internationalen Geschäftsverkehr vom 17. Dezember 1997[163] sowie das Zweite Protokoll aufgrund von Artikel K.3 des Vertrags über die Europäische Union zum Übereinkommen über den Schutz der finanziellen Interessen der Europäischen Gemeinschaften vom 19. Juni 1997[164] genannt.[165] Der Gesetzesentwurf behauptet nicht ausdrücklich, dass eine internationale Verpflichtung zur Einführung einer Verbandsstrafbarkeit besteht. Die Entwurfsverfasser gehen aber von einem Handlungsbedarf aufgrund internationaler Vorgaben aus.[166] Dies wird deutlich, indem sie sich an den „Vorgaben des Unionsrechts“[167] orientieren, auf die Empfehlungen der OECD hinweisen und

161 S. Nachweise bei *Pieth*, KJ 2014, 276 Fn. 3; *Rönnau/Wegner*, ZRP 2014, 158, 162 f.; *Kirch-Heim*, S. 106 ff; S/S/*Heine/Weißer*, Vor. §§ 25 ff. Rn. 125 f; zusammenfassend *Trüg*, wistra 2010, 241, 245; *Böse*, Jahn/Schmitt-Leonardy/Schoop, 88 ff.

162 OECD, Prüfbericht vom 17. März 2011 über die Phase-3-Prüfung Deutschlands.

163 S. BT-Drs. 13/10428, 9 ff.

164 http://eur-lex.europa.eu/legal-content/DE/TXT/PDF/?uri=CELEX:31997F0719(02)&from=DE, zuletzt abgerufen am 10.03.2016.

165 Gesetzesentwurf, S. 2 ff., 27, 34 ff., 40 ff., 54 f., 61.

166 Vgl. *Löffelmann*, JR 2014, 185, 198.

167 Gesetzesentwurf, S. 4.

feststellen, mit dem Verbandsstrafgesetzbuch werde erstmals eine „vollständige Europarechtskonformität“[168] erreicht.

1. OECD-Übereinkommen und -Empfehlungen

Das im Entwurf genannte OECD-Übereinkommen betrifft nur die Bekämpfung der Bestechung ausländischer Amtsträger im internationalen Geschäftsverkehr. Die Pflicht zur Einführung eines flächendeckenden Verbandsstrafrechts kann sich aus ihm nicht ergeben. Möglicherweise genügen die geltenden strafrechtlichen und außerstrafrechtlichen Sanktionen den Vorgaben ohnehin.[169] Gem. Art. 2 des Übereinkommens treffen die Vertragsparteien die erforderlichen Maßnahmen, um die Verantwortlichkeit juristischer Personen für die Bestechung eines ausländischen Amtsträgers zu begründen. Dabei ist es nach Art. 3 II des Übereinkommens unerheblich, ob die juristische Person strafrechtlich oder nicht strafrechtlich zur Verantwortung gezogen wird. Entscheidend ist, dass eine wirksame, angemessene und abschreckende Sanktion möglich ist, wobei eine pekuniäre Sanktion vorgesehen sein muss. Die Voraussetzungen für die Zurechnung der Tat werden von dem jeweiligen Vertragsstaat festgesetzt.[170] Diesen Anforderungen wird das deutsche Recht grundsätzlich gerecht. Ein Defizit kann erneut lediglich darin gesehen werden, dass der Bußgeldrahmen des Ordnungswidrigkeitenrechts nicht in jedem Fall eine abschreckende Sanktionierung erlaubt.[171]

Diese Ansicht teilte die OECD in ihren Empfehlungen an Deutschland im Frühjahr 2011.[172] Darauf weist auch die Entwurfsbegründung hin, indem sie darlegt, die OECD habe die Empfehlung an Deutschland gerichtet, eine Verschärfung der Strafen für Korruption durch Unternehmen vorzusehen.[173] Unausgesprochen bleibt, dass sich der OECD-Bericht auf die Rechtslage vor der 8. GWB-Novelle bezog und der deutsche Gesetzgeber auf die Empfehlung des Prüfberichts, „das Höchstmaß des Sanktionsanteils der Geldbuße für juristische

---

168 Gesetzesentwurf, S. 37.

169 Bejahend: DAI-Stellungnahme, S. 9 f.; *Löffelmann*, JR 2014, 185, 198; vgl. auch BT-Drs. 13/ 10428, 21; a.A. *Pieth*, KJ 2014, 276, 278.

170 BT-Drs. 13/10428, 21.

171 S. in diesem Kapitel II., 2.

172 OECD, Prüfbericht vom 17. März 2011 über die Phase-3-Prüfung Deutschlands, S. 45.

173 Gesetzesentwurf, S. 2.

Personen anzuheben“[174], inzwischen reagiert hat.[175] Ob die OECD in zukünftigen Berichten der hier und in der Entwurfsbegründung vertretenen Meinung[176] zustimmen und zu einer weiteren Anhebung des Bußgeldrahmens raten wird, ist ungewiss.

Nicht nachgekommen ist der deutsche Gesetzgeber hingegen der Empfehlung, den Gerichten weitere Sanktionen gegen juristische Personen zur Verfügung zu stellen.[177] Da die Empfehlungen der OECD nicht bindend sind und das Übereinkommen über die Bekämpfung der Bestechung ausländischer Amtsträger im internationalen Geschäftsverkehr weitere Sanktionen neben einer Geldbuße nicht zwingend vorsieht, lässt sich hieraus aber keine gesetzgeberische Handlungspflicht ableiten.

Die Vorgaben der OECD verpflichten den deutschen Gesetzgeber somit nicht zur Einführung eines Verbandsstrafrechts. Die Inhalte der Konvention wurden berücksichtigt.[178] Es bleibt aber abzuwarten, ob Deutschland mit der 8. GWB-Novelle aus Sicht der OECD Art. 3 II des Übereinkommens hinreichend Rechnung trägt.

2. Europarecht

Auch das Unionsrecht sieht keine einheitliche Regelung zur Sanktionierung von Verbänden vor. Zwar gibt es zahlreiche Rechtsakte, die eine Verantwortlichkeit juristischer Personen statuieren.[179] Diese beziehen sich jedoch nur auf

---

174 OECD, Prüfbericht vom 17. März 2011 über die Phase-3-Prüfung Deutschlands, S. 45.

175 S. Kapitel 1, I.; vgl. BT-Drs. 17/11053, 21.

176 Gesetzesentwurf, S. 28.

177 OECD, Prüfbericht vom 17. März 2011 über die Phase-3-Prüfung Deutschlands, S. 46; insofern zutreffend Gesetzesentwurf, S. 4.

178 Festgehalten werden kann zudem, dass Deutschland bei der Korruptionsbekämpfung hinsichtlich der Anzahl eingeleiteter Verfahren international eine Vorreiterstellung zukommt, s. OECD, Working Group on Bribery, 2012, Data on Enforcement of the Anti-Bribery Convention, 2013, S. 4, http://www.oecd.org/daf/anti-bribery/WorkingGrouponBribery_2012EnforcementData.pdf, zuletzt abgerufen am 10.03.2016; s. ferner die Statistiken von Transparency International http:// www.transparency.de/fileadmin/pdfs/Themen/Internationales/Exporting_Corruption_web.pdf, zuletzt abgerufen am 10.03.2016.

179 S. Nachweise bei *Rönnau/Wegner*, ZRP 2014, 158, 162 f.

ausgewählte Delikte (wie z. B. Terrorismus[180], Bestechung im privaten Sektor[181], Drogenhandel[182]). Vielen dieser Rechtsakte ist gemein, dass sie sich hinsichtlich der Verantwortlichkeit von juristischen Personen und deren Sanktionierung an dem Zweiten Protokoll aufgrund von Artikel K.3 des Vertrags über die Europäische Union zum Übereinkommen über den Schutz der finanziellen Interessen der Europäischen Gemeinschaften vom 19. Juni 1997 orientieren. Das Zweite Protokoll hat dadurch Modellcharakter erlangt.[183] Es diente auch den Entwurfsverfassern als Vorbild.[184]

Obwohl die Einführung eines umfassenden Verbandsstrafrechts für die Mitgliedsstaaten aufgrund der lediglich fragmentarischen Regelungen zur Verbandsverantwortlichkeit nicht verpflichtend ist, stellt sich doch die Frage, ob das Zweite Protokoll wenigstens für seinen Anwendungsbereich Kriminalstrafen für Verbände fordert. Nach Art. 4 I des Zweiten Protokolls trifft jeder Mitgliedsstaat die erforderlichen Maßnahmen, um sicherzustellen, dass gegen eine im Sinne des Art. 3 I verantwortliche juristische Person wirksame, angemessene und abschreckende Sanktionen verhängt werden können, zu denen strafrechtliche oder nichtstrafrechtliche Sanktionen und andere Sanktionen gehören können. Art. 4 II des Zweiten Protokolls verlangt für eine nach Art. 3 II verantwortliche juristische Person ebenfalls nur, dass wirksame, angemessene und abschreckende Sanktionen oder Maßnahmen verhängt werden können. Damit bleibt es den Mitgliedsstaaten überlassen, ob sie zur Sanktionierung von juristischen Personen das Strafrecht bemühen.

Der deutsche Gesetzgeber hat sich zulässigerweise – jedenfalls bislang – für einen anderen Weg entschieden. Fraglich ist dennoch, inwieweit die Verantwortlichkeit juristischer Personen im deutschen Recht den Vorgaben des Zweiten Protokolls genügen. Nach Art. 3 I des Zweiten Protokolls müssen juristische Personen für bestimmte unternehmensbezogene Straftaten einer Führungsperson verantwortlich gemacht werden können. Dem entspricht das deutsche Recht durch § 30 OWiG. Art. 3 II des Zweiten Protokolls fordert darüber hinaus, dass

---

180 Rahmenbeschluss des Rates vom 13. Juni 2002 zur Terrorismusbekämpfung, ABl. L 164, 3.

181 Rahmenbeschluss des Rates vom 22. Juli 2003 zur Bekämpfung der Bestechung im privaten Sektor, ABl. L 192, 54.

182 Rahmenbeschluss des Rates vom 25. Oktober 2004 zur Festlegung von Mindestvorschriften über die Tatbestandsmerkmale strafbarer Handlungen und die Strafen im Bereich des illegalen Drogenhandels, ABl. L 335, 8.

183 *Rönnau/Wegner*, ZRP 2014, 158.

184 Gesetzesentwurf, S. 3, 27.

eine Verantwortlichkeit juristischer Personen begründet werden kann, wenn eine mangelnde Überwachung oder Kontrolle einer Führungsperson die Straftat ermöglicht hat. Damit ist eine Verantwortlichkeit für Aufsichtspflichtverletzungen angesprochen. Dieser Forderung wird überwiegend durch § 30 OWiG i.V.m. §§ 130, 9 OWiG Rechnung getragen. Sie ist aber noch weitergehend, denn anders als bei § 130 OWiG wird eine den Inhaber des Unternehmens als solchen treffende betriebsbezogene Pflicht nicht vorausgesetzt.[185] § 130 OWiG ist demnach etwas zu restriktiv ausgestaltet.

3. Zwischenergebnis

Weder europäische noch sonstige internationale Vorgaben verpflichten den deutschen Gesetzgeber, ein umfassendes oder auf bestimmte Deliktsbereiche beschränktes Verbandsstrafrecht einzuführen.[186] Den supranationalen Maßgaben bezüglich der Verantwortlichkeit und Sanktionierung juristischer Personen wird das deutsche Recht im Wesentlichen gerecht. Die wenigen Defizite des geltenden Rechts (die Restriktion in § 130 OWiG und möglicherweise der Bußgeldrahmen) könnten ebenso durch eine Reformierung des Ordnungswidrigkeitenrechts beseitigt werden.

IV. Rechtsvergleichende Betrachtung

Nicht nur die internationalen Vorgaben scheinen die Entwurfsverfasser zum Handeln bewogen zu haben, sondern auch ein Blick auf die Rechtsordnungen anderer europäischer Länder.[187] Dieser Eindruck wird durch Aussagen wie die des nordrhein-westfälischen Justizministers *Kutschaty* („Deutschland debattiert, der Rest Europas handelt", „Deutschland beschreitet [...] einen Sonderweg")[188] oder der Justizministerinnen und Justizminister in der Begründung der Beschlussvorlage vom 09. November 2011 („international in einer Insellage")[189] erhärtet.

185 *Trüg*, wistra 2010, 241, 245; DAV-Stellungnahme, S. 20; *Kirch-Heim*, S. 112.

186 Ebenso *Böse*, Jahn/Schmitt-Leonardy/Schoop, 88, 102; a.A. in Bezug auf europarechtliche Vorgaben *Behrens*, EuZW 2011, 161.

187 Vgl. Gesetzesentwurf, S. 26 f.

188 *Kutschaty*, DRiZ 2013, 16.

189 BRAK-Stellungnahme 2013, S. 7.

1. Das Unternehmensstrafrecht in anderen europäischen Staaten

Tatsächlich hat die Mehrheit der europäischen Staaten eine Verantwortlichkeit jedenfalls von juristischen Personen für Straftaten eingeführt. Der Entwurf nennt neben dem angelsächsischen Rechtskreis in chronologischer Reihenfolge „die Niederlande [(1950/1976)] [...], Island (1972), Portugal (1984), Schweden (1986), Norwegen (1991), Frankreich (1994), Finnland (1995), Belgien (1999), Slowenien (1999), Estland (2001), [Italien (2001),] Malta (2002), die Schweiz (2003), Litauen (2003), Kroatien (2003), Ungarn (2004), Mazedonien (2004), Lettland (2005), Österreich (2006), Rumänien (2006), Luxemburg (2010), Spanien (2010), die Slowakei (2010), Liechtenstein (2011) und die Tschechische Republik (2012)“[190]. Ob in all den aufgeführten Staaten aber „genuin strafrechtliche Modelle“[191] vorherrschen, wie die Entwurfsbegründung glauben machen will, ist zweifelhaft. In einige Staaten wird der Begriff der „Strafe“ anders verstanden als im deutschen Recht.[192] Es wird nicht zwischen Strafrecht und Ordungswidrigkeitenrecht o.Ä. unterschieden, weil dort letzteres nicht existiert. Diesem Umstand ist es geschuldet, dass teilweise von „Strafe“ gesprochen wird, die Regelungen jedoch ausgehend von der deutschen Systematik eher dem Ordungswidrigkeitenrecht zuzuordnen sind.[193]

2. „Erfolgreiche Vorbilder“?

Ohne nähere Erläuterung bezeichnen die Entwurfsverfasser die Kodifikationen anderer europäischer Länder als „[e]rfolgreiche Vorbilder“[194]. Abgesehen von den Ausführungen zum österreichischen Verbandsverantwortlichkeitsgesetz (VbVG)[195] werden weder die konkreten Ausgestaltungen noch die Auswirkungen der strafrechtlichen Sanktionen gegen Unternehmen in den betroffenen Staaten dargelegt.[196] Im Folgenden soll keine umfassende Rechtsvergleichung

---

190 Gesetzesentwurf, S. 26; auch weltweit lassen sich Tendenzen zu einem Unternehmensstrafrecht ausmachen, s. dazu *Kirch-Heim*, S. 128 ff. m.w.N.

191 Gesetzesentwurf, S. 26.

192 *Schünemann*, Zur Frage der Verfassungswidrigkeit und der Folgen eines Strafrechts für Unternehmen - Rechtsgutachten für die Stiftung Familienunternehmen, S. 18 f.

193 Siehe hierzu beispielsweise die Ausführungen zum schweizerischen und österreichischen Recht in diesem Kapitel, IV., 2., b) und c).

194 Gesetzesentwurf, S. 26.

195 Gesetzesentwurf, S. 26 f., 39, 51, 57 f., 65, 72, 76.

196 Kritisch auch *Römermann*, GmbHR 2014, 1, 4.

vorgenommen, sondern anhand dreier Beispiele untersucht werden, ob die Titulierung „[e]rfolgreiche Vorbilder" gerechtfertigt ist.

a) England

Der Gesetzesentwurf weist auf die Vorreiterstellung des angelsächsischen Rechtskreises hinsichtlich der strafrechtlichen Verantwortlichkeit von juristischen Personen und Personenvereinigungen hin.[197] Die Verbandsstrafbarkeit im englischen Recht hatte Mitte des 19. Jahrhunderts seinen Ursprung.[198] Ihr liegen zwei Modelle zugrunde: Die vicarious liability (stellvertretende Verantwortlichkeit) und die direct liability (direkte Verantwortlichkeit).[199] Erstere ist gekennzeichnet durch einen weiten personellen Anwendungsbereich. Jeder Angestellte des Unternehmens kann dessen strafrechtliche Verantwortlichkeit auslösen. Der sachliche Anwendungsbereich ist jedoch auf einzelne Delikte beschränkt.[200] Umgekehrt stellt sich die Ausgestaltung der direct liability dar. Danach kann das Unternehmen für nahezu alle Delikte strafrechtlich zur Verantwortung gezogen werden. Die Verantwortlichkeit beschränkt sich aber auf die Handlungen der absoluten Führungspersonen.[201]

Die Verbandsverantwortlichkeit nach § 30 OWiG gilt für alle Straftaten und Ordungswidrigkeiten. Durch den „Instrumentenkasten" der §§ 9, 30, 130 OWiG sind zudem alle Mitarbeiter in der Lage, eine Verantwortlichkeit des Unternehmensträgers zu begründen. Der Anwendungsbereich des deutschen Ordnungswidrigkeitenrechts geht daher weit über den der englischen Verbandsstrafbarkeit hinaus. Ferner muss der handelnde Vertreter im englischen Recht identifiziert werden,[202] während nach dem Ordnungswidrigkeitenrecht auch eine anonyme Verbandsgeldbuße möglich ist.[203] Doch – wie bereits gesehen[204] – wird sogar dieser Zustand im deutschen Recht von den Entwurfsverfassern als nicht ausreichend empfunden. Dementsprechend ist die englische Konzeption insoweit noch weiter von dem gewünschten Ergebnis entfernt als das deutsche Verbandssanktionenrecht de lege lata. Vor diesem Hintergrund sowie angesichts des begrenzten Anwendungsbereichs kann der englische Ansatz nicht als erfolgreiches

---

197 Gesetzesentwurf, S. 26.
198 *Wells*, Corporations, S. 94 ff.
199 *Haeusermann*, S. 58.
200 *Wells*, ZStW 107 (1995), 676, 680.
201 MüKo-StGB/*Radtke*, § 14 Rn. 138.
202 MüKo-StGB/*Radtke*, § 14 Rn. 140.
203 S. Fn. 122.
204 S. in diesem Kapitel II.

Vorbild bezeichnet und gleichzeitig von strukturellen Mängeln des deutschen Verbandssanktionenrechts gesprochen werden.

b) Schweiz

In der Schweiz trat das Unternehmensstrafrecht am 01.10.2003 in Kraft.[205] Art. 102 SchwStGB lautet:

> (1) Wird in einem Unternehmen in Ausübung geschäftlicher Verrichtung im Rahmen des Unternehmenszwecks ein Verbrechen oder Vergehen begangen und kann diese Tat wegen mangelhafter Organisation des Unternehmens keiner bestimmten natürlichen Person zugerechnet werden, so wird das Verbrechen oder Vergehen dem Unternehmen zugerechnet. In diesem Fall wird das Unternehmen mit Busse bis zu 5 Millionen Franken bestraft.
>
> (2) Handelt es sich dabei um eine Straftat nach den Artikeln 260ter, 260^{quinquies}, 305bis, 322ter, 322^{quinquies} oder 322^{septies} Absatz 1 oder um eine Straftat nach Artikel 4*a* Absatz 1 Buchstabe a des Bundesgesetzes vom 19. Dez. 1986 gegen den unlauteren Wettbewerb, so wird das Unternehmen unabhängig von der Strafbarkeit natürlicher Personen bestraft, wenn dem Unternehmen vorzuwerfen ist, dass es nicht alle erforderlichen und zumutbaren organisatorischen Vorkehren getroffen hat, um eine solche Straftat zu verhindern.
>
> (3) Das Gericht bemisst die Busse insbesondere nach der Schwere der Tat und der Schwere des Organisationsmangels und des angerichteten Schadens sowie nach der wirtschaftlichen Leistungsfähigkeit des Unternehmens.
>
> (4) Als Unternehmen im Sinne dieses Titels gelten:
> a) juristische Personen des Privatrechts;
> b) juristische Personen des öffentlichen Rechts mit Ausnahme der Gebietskörperschaften;
> c) Gesellschaften;
> d) Einzelfirmen.

Inwieweit diese Regelung als Vorbild für den deutschen Gesetzgeber dienen soll, ist bei genauerer Betrachtung fraglich. Art. 102 SchwStGB enthält zwei Straftatbestände. Absatz 1 regelt eine subsidiäre Unternehmensstrafbarkeit für Delikte jeglicher Art, wenn die Tat aufgrund mangelhafter Organisation des Unternehmens keiner bestimmten natürlichen Person zugerechnet werden kann. Art. 102 II SchwStGB sieht demgegenüber eine kumulative Unternehmensstrafbarkeit für bestimmte Anknüpfungstaten vor. Im Unterschied zum schweizerischen Ansatz kommt § 30 OWiG nicht nur subsidiär zum Tragen. Ferner erfolgt eine

205 KK-OWiG/*Rogall*, § 30 Rn. 274.

kumulative Sanktionierung des Unternehmensträgers bei allen Deliktsarten. Das Ordnungswidrigkeitenrecht geht insofern also noch weiter als das schweizerische Unternehmensstrafrecht. Zudem verlangt § 30 OWiG anders als Art. 102 SchwStGB im Falle der Zuwiderhandlung durch Leitungspersonen keinen zusätzlichen Organisationsmangel. Die Straftat bzw. Ordnungswidrigkeit wird dem Unternehmensträger zugerechnet. Hinzu kommt, dass nach Art. 102 I SchwStGB die Buße höchstens 5 Millionen Franken betragen kann. Im deutschen Recht ist die Abschöpfung eines nicht begrenzten Betrags möglich.[206] Die Ausgestaltung der Unternehmenssanktionierung in Deutschland und der Schweiz ist somit verschieden. Es ist nicht ersichtlich, dass der schweizerische Ansatz effektiver und dem deutschen gegenüber vorzugswürdig wäre. Vielmehr zeigen die genannten Unterschiede, dass das deutsche Ordnungswidrigkeitenrecht in Teilen schärfer ist.

Bemerkenswert ist auch, dass § 2 VerbStrG den §§ 30, 130 OWiG ähnlicher ist als Art. 102 SchwStGB. Denn § 2 VerbStrG verzichtet auf eine nur subsidiäre Verantwortlichkeit des Unternehmens ebenso wie auf einen Deliktskatalog wie in Art. 102 II SchwStGB. Die Entwurfsverfasser halten offensichtlich selbst die normative Ausgestaltung des Ordnungswidrigkeitenrechts zur effektiven Unternehmenssanktionierung für geeigneter.

Zu denken gibt darüber hinaus folgende von *Schünemann*[207] angeführte Überlegung: Obwohl die Überschrift des Art. 102 SchwStGB „Strafbarkeit" lautet, legt die Norm als Sanktion nur eine Buße fest. Gem. Art. 103 SchwStGB sind Taten, die mit Buße bedroht sind, sog. „Übertretungen". Diese bilden in der Schweiz nach Verbrechen und Vergehen die 3. Deliktskategorie und damit die leichteste Form strafbaren Handelns. In Deutschland wurde diese Deliktsgruppe durch die Geldbußen des Ordnungswidrigkeitenrechts abgelöst.[208] Art. 102 SchwStGB ist folglich ausgehend von der deutschen Systematik dem Ordnungswidrigkeitenrecht zuzuordnen. Da der nordrhein-westfälische Gesetzesentwurf die Unternehmenssanktionierung gerade nicht dem Ordnungswidrigkeitenrecht überlassen will, sondern eine echte strafrechtliche Lösung bevorzugt, erweist sich die Vorbildsfunktion des Art. 102 SchwStGB für das vorgeschlagene Verbandsstrafgesetzbuch abermals als zweifelhaft.

---

206 Hierzu bereits *Leipold*, ZRP 2013, 34, 36.

207 Zum Folgenden *Schünemann*, Zur Frage der Verfassungswidrigkeit und der Folgen eines Strafrechts für Unternehmen – Rechtsgutachten für die Stiftung Familienunternehmen, S. 18.

208 Vgl. KK-OWiG/*Mitsch*, Einleitung Rn. 38, 43 f.

An dieser Sichtweise vermag die Anwendung des Unternehmensstrafrechts in der Schweiz nichts zu ändern. Nur sehr vereinzelt kommt es dort zu Verfahren gegen Unternehmen.[209] Die praktische Bedeutung des Art. 102 SchwStGB ist demnach überschaubar. Es kann mithin nicht einmal aufgrund der Auswirkungen und der Verfolgungsintensität von einem erfolgreichen Vorbild gesprochen werden.[210]

c) Österreich

Als Formulierungsvorbild für das Verbandsstrafgesetzbuch diente das Verbandsverantwortlichkeitsgesetz Österreichs (VbVG).[211] Insbesondere die beiden Straftatbestände des Verbandsstrafgesetzbuchs (§ 2 I und II VerbStrG) sind an § 3 VbVG angelehnt. Demnach können Verbände für Zuwiderhandlungen von Entscheidungsträgern und von Mitarbeitern verantwortlich gemacht werden. Als Zuwiderhandlung kommt grundsätzlich jede Straftat in Betracht. Zuwiderhandlungen durch Entscheidungsträger werden dem Verband zugerechnet, wenn die Tat zu seinen Gunsten begangen worden ist oder durch die Tat Pflichten verletzt worden sind, die den Verband treffen (§ 3 I Nr. 1 und Nr. 2, II VbVG).[212] Damit der Verband für eine Straftat eines Mitarbeiters zur Verantwortung gezogen werden kann, bedarf es allerdings einer Aufsichtspflichtverletzung durch einen Entscheidungsträger (§ 3 III Nr. 2 VbVG).[213] Die Verbandsverantwortlichkeit nach § 3 VbVG entspricht weitestgehend der Konstruktion des § 30 OWiG bzw. der Trias der §§ 9, 30, 130 OWiG, so dass sich hieraus kein Mehrwert für das deutsche Recht ergibt. Die Grundkonzeptionen stimmen überein.[214]

Zudem herrscht Streit über die Rechtsnatur der österreichischen Verbandshaftung.[215] Im Gesetzestext ist von einer „Verantwortlichkeit" des Verbandes „für eine Straftat" die Rede und nicht von einer „Strafbarkeit" oder „Straftat" des Verbandes.[216] Als Sanktion droht eine „Verbandsgeldbuße", keine „Strafe",[217] obwohl

---

209 *Hilf*, ZStW 2014, 73, 79 f.; *Zieschang*, GA 2014, 91, 96.

210 Ausführlich zu den Anwendungsproblemen des Verbandsstrafrechts in der Schweiz und mit einem „Plädoyer für eine umfassende Reform" *Pieth*, KSzW 2015, 223.

211 Gesetzesentwurf, S. 39, 51, 57 f., 65, 72, 76.

212 Vgl. dazu § 2 I VerbStrG.

213 Vgl. dazu § 2 II VerbStrG.

214 *Schmoller*, FS Küper, 519, 521 f.

215 KK-OWiG/*Rogall*, § 30 Rn. 271 m.w.N.

216 *Schünemann*, Zur Frage der Verfassungswidrigkeit und der Folgen eines Strafrechts für Unternehmen – Rechtsgutachten für die Stiftung Familienunternehmen, S. 18.

217 *Löffelmann*, JR 2014, 185, 198 Fn. 76; KK-OWiG/*Rogall*, § 30 Rn. 271.

sogar im Bereich der sog. Verwaltungsstraftaten, der dem deutschen Ordnungswidrigkeitenrecht vergleichbar ist, der Begriff der „Strafe" üblich ist.[218] Daher ist fraglich, ob überhaupt von einer strafrechtlichen Lösung durch den österreichischen Gesetzgeber gesprochen werden kann.[219]

Auch die Auswirkungen des Verbandsverantwortlichkeitsgesetzes in der Praxis werden unterschiedlich beurteilt.[220] Eine Studie des Instituts für Rechts- und Kriminalsoziologie in Wien hat die praktische Anwendung und Wirksamkeit des Verbandsverantwortlichkeitsgesetzes im Jahr 2011 für den Zeitraum vom 01.01.2006 bis zum 31.12.2010 evaluiert.[221] Der Ergebnisbericht stellt fest: „Im Untersuchungszeitraum [...] wurde in mindestens 528 Geschäftsfällen der Strafjustiz zumindest phasenweise der Vorwurf einer Verfehlung gegen das VbVG und auch eine juristische Person verfolgt. [...] Für Verbände vom Typus Aktiengesellschaft und für Unternehmen aus dem Banken-, Finanz- und Versicherungswesen, aber auch für große Unternehmen der Verkehrs- und der Bauwirtschaft schafft das VbVG auch ein reales Verfahrensrisiko."[222] Trotz der beachtlichen Anzahl an Verfahren kam es aber nur zu zwölf Verurteilungen in fünf Jahren.[223] Ob die bislang zu beobachtenden präventiven Effekte des Verbandsverantwortlichkeitsgesetzes auf größere Unternehmen angesichts der geringen Verurteilungsquote aufrechterhalten werden können, ist zweifelhaft.[224] Bei kleineren Betrieben sind die erhofften Präventionseffekte von vornherein ausgeblieben.[225]

---

218 BRAK-Stellungnahme 2013, S. 7.

219 *Schmoller*, FS Küper, 519, 522 ff. etwa misst der Verbandsgeldbuße des VbVG dennoch aufgrund der Zuständigkeit der Strafgerichte (§§ 13 ff. VbVG) sowie der Bemessung nach dem strafrechtlichen Tagessatzsystem (§ 4 VbVG) den Charakter einer Kriminalstrafe zu.

220 Vgl. *Görtz*, WiJ 2014, 8; *Römermann*, GmbHR 2014, 1, 4; *Willems*, ZIS 2015, 40, 41; *Kutschaty*, ZRP 2013, 74, 75; Stellungnahme der Clearingstelle Mittelstand, S. 7 f.; *Schünemann*, Zur Frage der Verfassungswidrigkeit und der Folgen eines Strafrechts für Unternehmen – Rechtsgutachten für die Stiftung Familienunternehmen, S. 23; *ders.*, ZIS 2014, 1, 14; *Zieschang*, GA 2014, 91, 96; *Krems*, ZIS 2015, 5, 9; Gesetzesentwurf, S. 26 f.

221 Jahresbericht des Instituts für Rechts- und Kriminalsoziologie, Wien 2011, S. 41 ff., http:// www.irks.at/assets/irks/Publikationen/Jahresberichte/IRKS_JB_2010-11.pdf, zuletzt abgerufen am 10.03.2016.

222 Jahresbericht des Instituts für Rechts- und Kriminalsoziologie, Wien 2011, S. 41.

223 Vgl. Jahresbericht des Instituts für Rechts- und Kriminalsoziologie, Wien 2011, S. 42.

224 Zweifelnd auch *Schünemann*, ZIS 2014, 1, 14.

225 Jahresbericht des Instituts für Rechts- und Kriminalsoziologie, Wien 2011, S. 43.

d) *Zwischenergebnis*

In den europäischen Staaten wurden unterschiedliche Ausgestaltungen der Verbandsverantwortlichkeit für Straftaten der Angestellten vorgenommen. Die angeführten Beispiele verdeutlichen, dass in den anderen Staaten mit der abweichenden Kategorisierung der Verbandsverantwortlichkeit als Strafrecht nicht zwangsläufig auch eine effektivere, schärfere Konzeption gewählt wurde. Zwar geht die Aussage der BRAK, dass „das deutsche Recht (nach OWiG und unter Einbeziehung des Verfalls nach StGB) [...] im internationalen Vergleich als besonders streng und scharf [erscheint]“[226], zu weit. Nennenswerte Vorteile gegenüber dem deutschen Recht sind jedoch nicht ersichtlich. Die Kodifikationen anderer europäischer Länder können somit nicht pauschal als erfolgreiche Vorbilder bezeichnet werden.

V. Strafrechtsdogmatische und verfassungsrechtliche Fragen

Ferner werden strafrechtsdogmatische und verfassungsrechtliche Bedenken gegen die Einführung des Verbandsstrafgesetzbuchs geäußert. Diskutiert werden u.a. die Vereinbarkeit des Verbandsstrafgesetzbuchs mit dem Schuldprinzip und die Handlungsfähigkeit von Verbänden.[227] Es wurde bereits darauf hingewiesen, dass diesen Fragen hier nicht weiter nachgegangen werden soll. Angemerkt sei nur, dass es im Hinblick auf dogmatische Einwände lohnenswert sein könnte zu thematisieren, ob bzw. inwieweit Dogmatik als Hindernis für legislative Bestrebungen anzusehen ist, anstatt sich einzelnen dogmatischen Problemkreisen zu widmen.[228]

---

226 BRAK-Stellungnahme 2013, S. 7.

227 S. nur *Leipold*, ZRP 2013, 34, 35 f.; DAV-Stellungnahme, S. 14 ff.; Stellungnahme der Clearingstelle Mittelstand, S. 13; BDI-BDA-Stellungnahme, S. 4 f.; DAI-Stellungnahme, S. 10 f.; *Zieschang*, GA 2014, 91, 93 ff.; Zweifeln entgegentretend Gesetzesentwurf, S. 29 ff.; zur verfassungsrechtlichen Bewertung des Verbandsstrafgesetzbuchs s. *Jahn*, Jahn/Schmitt-Leonardy/Schoop, 53, 63 ff., der zu dem Ergebnis gelangt, dass die materiell-strafrechtlichen Regelungen des Verbandsstrafgesetzbuchs nicht konzeptionell gegen das Grundgesetz verstoßen.

228 Vgl. *Kubiciel*, ZRP 2014, 133, 134: „Dogmatik als Ausschlussgrund?“.

VI. Ergebnis

Die aufgeführten Beweggründe der Entwurfsverfasser überzeugen nur eingeschränkt. Weder rechtstatsächliche Entwicklungen noch strukturelle Mängel de lege lata oder internationale Vorgaben zwingen zur Einführung des Verbandsstrafgesetzbuchs. Den wenigen Unzulänglichkeiten des derzeitigen Verbandssanktionenrechts könnte auch durch Änderungen des Ordnungswidrigkeitenrechts begegnet werden.[229] Letztlich handelt es sich um eine rein politische Entscheidung.

229 Vgl. *Frank*, Ansprache anlässlich der Eröffnungsveranstaltung des 21. Deutschen Richter- und Staatsanwaltstages am 02.04.2014 in Weimar, S. 13 f.; der Reformvorschlag des Bundesverbandes der Unternehmensjuristen zu den §§ 30, 130 OWiG, der Compliance-Anstrengungen Rechnung tragen will, findet sich bei *Beulke/Moosmayer*, CCZ 2014, 146; zur Bewertung sowohl dieses Vorschlags als auch des nordrhein-westfälischen Gesetzesentwurfs s. *Grützner*, CCZ 2015, 56.

4. Kapitel: Der persönliche Anwendungsbereich des Verbandsstrafgesetzbuchs

Der persönliche Anwendungsbereich des Verbandsstrafgesetzbuchs verdeutlicht die Tragweite des Gesetzesentwurfs. Zwar kommen nicht Unternehmen als solche, sondern nur bestimmte Unternehmensträger als Sanktionsadressaten in Betracht.[230] Der Adressatenkreis wird jedoch um sonstige Verbände ohne Unternehmensträgereigenschaft erweitert, obwohl die Diskussion um den nordrhein-westfälischen Gesetzesentwurf gemeinhin unter dem Oberbegriff „Unternehmensstrafrecht" geführt wird.[231]

I. Sanktionsfähige Verbände

Gem. § 1 I VerbStrG sind Verbände im Sinne des Verbandsstrafgesetzbuchs juristische Personen, nicht rechtsfähige Vereine und rechtsfähige Personengesellschaften des privaten und öffentlichen Rechts.

1. Juristische Personen

Demnach fallen zunächst als juristische Personen der rechtsfähige Verein, die rechtsfähige Stiftung, die GmbH, die AG, die Europäische Aktiengesellschaft (Societas Europaea im Sinne des SE-Ausführungsgesetz [SEAG] v. 20.12.2004, BGBl. I S. 3675), die KGaA, die eingetragene Genossenschaft (eG) sowie der Versicherungsverein auf Gegenseitigkeit (VVaG) in den Anwendungsbereich des Verbandsstrafgesetzbuchs.[232]

Auch juristische Personen des öffentlichen Rechts (öffentlich-rechtliche Körperschaften, Anstalten und Stiftungen) sind gem. § 1 I VerbStrG sanktionsfähige

---

230 *Schünemann*, Zur Frage der Verfassungswidrigkeit und der Folgen eines Strafrechts für Unternehmen – Rechtsgutachten für die Stiftung Familienunternehmen, S. 7 ff.; *ders.*, ZIS 2014, 1, 8 ff. zur Vermengung dieser Begriffe und den sich daraus ergebenden Problemen.

231 Vgl. nur *Kutschaty*, ZRP 2013, 74: „Deutschland braucht ein Unternehmensstrafrecht"; *Rübenstahl/Tsambikakis*, ZWH 2014, 8: „Neues Unternehmensstrafrecht: Der NRW-Gesetzesentwurf zur Einführung der strafrechtlichen Verantwortlichkeit von Verbänden"; *Willems*, DRiZ 2013, 354: „Deutschland braucht kein Unternehmensstrafrecht"; Gesetzesentwurf, S. 2: „Daher muss das Unternehmen selbst in das Zentrum der Strafverfolgung rücken".

232 Gesetzesentwurf, S. 39.

Verbände. Der im Ordnungswidrigkeitenrecht herrschende Streit zu dieser Frage wird sich damit nicht auf das Verbandsstrafgesetzbuch ausweiten.[233] Die Entwurfsbegründung stellt klar, dass ferner politische Parteien, die traditionell als rechtsfähige oder nicht rechtsfähige Vereine organisiert sind,[234] aus Gründen der Gleichbehandlung vom Anwendungsbereich erfasst sind.[235]

2. Nicht rechtsfähige Vereine

Nach der Entwurfsbegründung können nicht rechtsfähige Vereine „unabhängig vom Vereinszweck als solche sanktioniert werden, soweit sie körperschaftlich organisiert und von einem wechselnden Mitgliederbestand unabhängig auftreten. Daher sind auch Gewerkschaften oder karitativ tätige Vereine nicht ausgenommen."[236]

Rechtsprechung und h.L. wenden auf den nicht rechtsfähigen Verein die Bestimmungen des rechtsfähigen Vereins an, die nicht die Rechtsfähigkeit voraussetzen.[237] Er wird somit als Körperschaft behandelt.[238] Etwas anderes gilt nach h.M., wenn die Haupttätigkeit auf einen wirtschaftlichen Geschäftsbetrieb gerichtet ist. Dann finden die Regeln des Gesellschaftsrechts Anwendung. Ein nicht rechtsfähiger Wirtschaftsverein ist somit kein nicht rechtsfähiger Verein sondern eine Gesellschaft.[239] Folglich erlangt § 1 I Var. 2 VerbStrG wie schon § 30 I Nr. 2 OWiG nur für den nicht rechtsfähigen Idealverein, dessen Hauptzweck nicht auf einen wirtschaftlichen Geschäftsbetrieb gerichtet ist,[240] Bedeutung.[241]

Gründe für die Einbeziehung des nicht rechtsfähigen Idealvereins in den Anwendungsbereich des Verbandsstrafgesetzbuchs liefern die Entwurfsverfasser nicht. Für den gewählten Ansatz spricht der Gesetzeszweck. Nicht rechtsfähige Vereine sind teilweise hinsichtlich ihrer Organisationsstruktur und Mitgliederzahl mit den anderen potentiellen Sanktionsadressaten vergleichbar. Zu denken ist etwa an größere Sportvereine. Auch hier kann es vorkommen, dass de lege lata eine Straftat überhaupt nicht sanktioniert werden kann, weil sie sich keinem

233 Zum Streitstand KK-OWiG/*Rogall*, § 30 Rn. 35.
234 BeckOK-BGB/*Schöpflin*, § 21 Rn. 60.
235 Gesetzesentwurf, S. 40.
236 Gesetzesentwurf, S. 39.
237 *Grunewald*, § 9 Rn. 2; *Saenger*, Rn. 473 m.w.N.
238 *Saenger*, Rn. 473; *K. Schmidt*, Gesellschaftsrecht, S. 736 ff.
239 BGHZ 22, 240, 242 = NJW 1957, 218, 219; *Grunewald*, § 9 Rn. 2; *Saenger*, Rn. 473; Staudinger/*Weick*, § 54 Rn. 29; Soergel/*Hadding*, § 54 Rn. 3.
240 BGHZ 85, 84, 89, 93 = NJW 1983, 569 ff.
241 Vgl. zum Ordnungswidrigkeitenrecht KK-OWiG/*Rogall*, § 30 Rn. 38 m.w.N.

Individualtäter zuordnen lässt. Eben dieses Problem soll durch das Verbandsstrafgesetzbuch gelöst werden, so dass die nicht rechtsfähigen Vereine folgerichtig vom Anwendungsbereich umfasst sind. Zudem werden auch in Idealvereinen Straftaten nicht selten zugunsten des Vereins und eben nicht zugunsten des Zuwiderhandelnden begangen.[242] Wenn die Früchte der Tat in diesen Fällen dem Vereinsvermögen zugute kommen, sollte sich die Sanktion auch an den finanziellen Möglichkeiten des Vereins orientieren anstatt an denen des Individualtäters.[243] Für eine Gleichbehandlung mit den übrigen Verbänden lässt sich ferner anführen, dass nicht rechtsfähige Vereine wie Arbeitgeberverbände, Gewerkschaften und die bereits angesprochenen größeren Sportvereine häufig über ein bedeutendes zweckgebundenes Vermögen verfügen und beachtliche wirtschaftliche Aktivitäten entwickeln.[244]

3. Rechtsfähige Personengesellschaften

Ferner „sind auch rechtsfähige Personengesellschaften, die im Sinne des § 14 Absatz 2 BGB mit der Fähigkeit ausgestattet sind, Rechte zu erwerben und Verbindlichkeiten einzugehen, grundsätzlich sanktionierbar." Beispielhaft werden „die offene Handelsgesellschaft, die Kommanditgesellschaft, auch in Form einer GmbH & Co. KG, die Europäische Wirtschaftliche Interessenvereinigung im Sinne des EWIV-Ausführungsgesetzes v. 14.04.1988 (BGBl. I S. 514), die Partnerschaftsgesellschaft oder die Reederei im Sinne des § 489 HGB" aufgeführt.[245]

Nicht genannt wird die BGB-Gesellschaft. Aufgrund der Anerkennung der Rechtsfähigkeit der am Rechtsverkehr teilnehmenden (Außen-) GbR durch die Rechtsprechung[246] ist diese gleichwohl von § 1 I Var. 3 VerbStrG umfasst. Hierfür spricht auch der Verweis der Entwurfsbegründung auf § 14 II BGB.[247]

---

242 BeckOK-OWiG/*Meyberg*, § 30 Rn. 25.

243 Vgl. KK-OWiG/*Rogall*, § 30 Rn. 39 mit dem entsprechenden Gedankengang zum OWiG.

244 *Többens*, NStZ 1999, 1, 6.

245 Gesetzesentwurf, S. 39.

246 Grundlegend BGHZ 146, 341 = NJW 2001, 1056.

247 Gesetzesentwurf, S. 39; dazu *Schünemann*, ZIS 2014, 1, 9.

4. Vorgründungsgesellschaften; Vorgesellschaften; fehlerhafte Gesellschaften

Ob auch Vorgründungsgesellschaften, Vorgesellschaften und fehlerhafte Gesellschaften als Sanktionsadressaten des Verbandsstrafgesetzbuchs in Betracht kommen, lässt die Entwurfsbegründung offen.

a) Vorgründungsgesellschaften

Eine Vorgründungsgesellschaft kommt mit Abschluss eines auf die Gründung einer Kapitalgesellschaft gerichteten Vertrags zustande.[248] Sie ist eine GbR, die – wenn sie am Rechtsverkehr teilnimmt – vom Anwendungsbereich des Verbandsstrafgesetzbuchs erfasst wird. Sollten die Voraussetzungen eines kaufmännischen Handelsgewerbes gegeben sein, handelt es sich um eine OHG.[249] Diese stellt ebenfalls eine rechtsfähige Personengesellschaft i.S.d. § 1 I Var. 3 VerbStrG dar. Die Vorgründungsgesellschaften sind damit ausgehend vom Gesetzeswortlaut potentielle Sanktionsadressaten. Gründe, sie von einer strafrechtlichen Verantwortlichkeit auszunehmen, sind nicht ersichtlich.

b) Vorgesellschaften

Von der Vorgründungsgesellschaft zu unterscheiden ist die Vorgesellschaft zur Gründung von Kapitalgesellschaften, die zwischen Errichtung der Gesellschaft und Eintragung besteht. Letztere ist anders als die Vorgründungsgesellschaft keine GbR (bzw. OHG), sondern eine Vereinigung eigener Art, auf die das Recht der zu gründenden juristischen Person anzuwenden ist, soweit dieses nicht gerade die Eintragung voraussetzt (sog. Sonderrechtstheorie).[250] Sie ist teilrechtsfähig.[251]

Im Ordnungswidrigkeitenrecht ist umstritten, ob § 30 OWiG auf Vorgesellschaften Anwendung findet.[252] Das entsprechende Problem stellt sich auch in Bezug auf § 1 I VerbStrG. Bei der Beantwortung der Frage gilt es, das im Strafrecht geltende, durch das Bestimmtheitsgebot (Art. 103 II GG) bedingte

248 *Saenger*, Rn. 60.

249 *Grunewald*, § 13 Rn. 35 f.

250 H.M., s. nur BGHZ 17, 385, 387 ff. = NJW 1955, 1229, 1230; BGHZ 20, 281, 285 ff. = NJW 1956, 946, 947; BGHZ 21, 242, 245 f. = NJW 1956, 1435; BGHZ 51, 30, 32 = NJW 1969, 509; BGHZ 80, 129 = NJW 1981, 1373; zu früheren Einordnungsveruchen Henssler/Strohn/*Schäfer*, GmbHG, § 11 Rn. 13 m.w.N.

251 BGHZ 117, 323, 326 = NJW 1992, 1824 f.

252 Göhler/*Gürtler*, § 30 Rn. 7; BeckOK-OWiG/*Meyberg*, § 30 Rn. 34; KK-OWiG/*Rogall*, § 30 Rn. 44; *Lemke*/Mosbacher, § 30 Rn. 19.

Analogieverbot zu beachten.[253] Vor allem ist die zulässige Tatbestandsauslegung von der unzulässigen Analogie abzugrenzen.[254] Die äußere Grenze der zulässigen Auslegung bildet dabei der noch mögliche Wortsinn.[255]

Der Wortlaut des § 1 I VerbStrG umfasst juristische Personen, nicht rechtsfähige Vereine und rechtsfähige Personengesellschaften. Zwar ist die Vorgesellschaft eine „werdende juristische Person“ und mit der künftigen juristischen Person identisch,[256] gleichwohl ist sie noch keine juristische Person. Die Norm spricht jedoch ohne Ergänzung nur von juristischen Personen. Eine juristische Person muss bereits existent sein, um als solche bezeichnet zu werden. Dafür sprechen auch der Gebrauch und das Verständnis dieses feststehenden Rechtsbegriffs in anderen Rechtsnormen.[257] Zukünftige juristische Personen sind daher vom Wortlaut nicht erfasst. Erst mit Entstehung der juristischen Person ist § 1 I Var. 1 VerbStrG einschlägig. Die Vorgesellschaft als Gesellschaft sui generis ist zudem keine Personengesellschaft.[258] Eine Subsumtion unter § 1 I Var. 3 VerbStrG ist daher nicht möglich. Nach der grammatischen Auslegung ist somit der Anwendungsbereich des Verbandsstrafgesetzbuchs für Vorgesellschaften nicht eröffnet.

Die systematische Auslegung führt vorliegend nicht weiter. § 1 VerbStrG steht im ersten Teil des Gesetzes mit der Überschrift „Verbandsstraftaten“. Die Norm soll gerade klären, welche Verbände eine Straftat begehen können.

Auch die subjektiv-historische Auslegung ist unergiebig. Dies liegt zunächst einmal daran, dass es sich nur um einen Gesetzesentwurf handelt und folglich die Vorstellungen des Gesetzgebers – Bundestag und Bundesrat – noch keinen Niederschlag in den Gesetzesmaterialien gefunden haben. Doch auch bei bereits in Kraft getretenen Gesetzen findet sich häufig kein Hinweis auf die Ansicht des Gesetzgebers, sondern nur auf die der Ministerialbeamten, die das Gesetz vorbereitet haben. Letztere lassen wenigstens Rückschlüsse auf den gesetzgeberischen Willen zu.[259] Das bedeutet, dass hier die Entwurfsbegründung zu Rate gezogen werden kann. Diese enthält jedoch keine Aussagen zu den Vorgesellschaften. Es wäre ferner möglich, das Ordnungswidrigkeitenrecht – als bedeutendes Element des derzeitigen Verbandssanktionenrechts – als Teil der

---

253 BeckOK-StGB/*von Heintschel-Heinegg*, § 1 Rn. 12.

254 MüKo-StGB/*Schmitz*, § 1 Rn. 61.

255 H.M., s. nur BVerfGE 126, 170, 197 = NJW 2010, 3209, 3211.

256 *K. Schmidt*, wistra 1990, 131, 134.

257 Vgl. etwa die einschlägigen Kommentierungen zu § 14 BGB, § 33 HGB, die ausnahmslos von einer bereits bestehenden juristischen Person ausgehen.

258 *Saenger*, Rn. 61.

259 MüKo-StGB/*Schmitz*, § 1 Rn. 78 f.

Entstehungsgeschichte des Verbandsstrafgesetzbuchs anzusehen. Sodann ließe sich auf den hinsichtlich des Anwendungsbereichs erkennbar in ähnlicher Weise ausgestalteten § 30 OWiG rekurrieren. Wie gesehen, ist dessen Anwendbarkeit auf die Vorgesellschaften aber streitig. Weiterführende Rückschlüsse aus dem Ordnungswidrigkeitenrecht sind damit ausgeschlossen. Das Außerachtlassen der Vorgesellschaften könnte ferner auf ein Redaktionsversehen zurückzuführen sein. Ein solches ist im Strafrecht jedoch bedeutungslos. Eine Korrektur wäre in diesem Fall dem Gesetzgeber vorbehalten, da ansonsten die Wortlautgrenze überschritten und der Rahmen der zulässigen Tatbestandsauslegung verlassen würde.[260]

Teleologische Erwägungen sprechen grundsätzlich für die Einbeziehung der Vorgesellschaft in den Anwendungsbereich des Verbandsstrafgesetzbuchs. Das Verbandsstrafgesetzbuch soll dem Fall entgegenwirken, dass die Sanktionierung einer Straftat scheitert, weil diese keinem Individualtäter zugeordnet werden kann. Diese Gefahr besteht auch im Hinblick auf Vorgesellschaften. Das Gesetzesvorhaben soll weiter einen effektiven Anreiz zur Einführung von Compliance-Systemen setzen.[261] Compliance-Strukturen zur Prävention und zur Aufklärung von Straftaten sind bereits in Vorgesellschaften ebenso wünschenswert wie in anderen Verbänden. Allein durch die Eintragung und die somit herbeigeführte Entstehung der juristischen Person erhöht sich nicht das Risiko der Begehung von Straftaten in der Gesellschaft. Insofern ist nicht erkennbar, warum die Vorgründungsgesellschaft und die identische juristische Person von § 1 I VerbStrG erfasst sind, jedoch die Vorgesellschaft als Entwicklungsstadium ausgelassen wird. Das Verbandsstrafgesetzbuch sollte demnach auch auf die Vorgesellschaft Anwendung finden. Auf diese Weise würde dem Gesetzeszweck Rechnung getragen. Eine Tatbestandsauslegung des § 1 I VerbStrG in diesem Sinne kommt jedoch nicht in Betracht. Die objektiv-teleologische Auslegung kann nur innerhalb des möglichen Wortsinns der Vorschrift als „unübersteigbare Grenze" erfolgen.[262]

Die Auslegung des § 1 I VerbStrG ergibt somit, dass das Verbandsstrafgesetzbuch nicht auf Vorgesellschaften anwendbar ist. Dieses dem Gesetzeszweck widerstrebende Ergebnis könnte teilweise korrigiert werden, wenn die Zuwiderhandlung der zukünftigen juristischen Person mit ihrer Entstehung zugerechnet (§§ 1 IV, 2 IV 1 VerbStrG) bzw. die Sanktion auf die juristische Person im Wege der Rechtsnachfolge (§§ 1 IV, 2 IV 2 VerbStrG) übergehen würde. So könnte in

260 MüKo-StGB/*Schmitz*, § 1 Rn. 80.

261 Gesetzesentwurf, S. 2.

262 BVerfGE 105, 135, 154 = wistra 2002, 175, 178 m.w.N.

den Fällen, in denen schließlich die juristische Person entsteht, immerhin diese sanktioniert werden. Ein Übergang der Sanktion im Wege der Rechtsnachfolge nach §§ 1 IV, 2 IV 2 VerbStrG scheidet jedoch aus, weil gegen die Vorgesellschaft schon keine Sanktion verhängt werden kann, die übergehen könnte. Für die Zurechnung einer Zuwiderhandlung nach § 1 IV, 2 IV 1 VerbStrG müsste die juristische Person Rechtsnachfolger i.S.d. § 1 IV VerbStrG der Vorgesellschaft sein können. Voraussetzung dafür ist gem. § 1 IV 1 VerbStrG, dass sie an die Stelle eines anderen Verbandes tritt. Da die Vorgesellschaft aber nicht als Verband i.S.d. § 1 I VerbStrG anzusehen ist, scheitert eine Sanktionierung der juristischen Person für Zuwiderhandlungen in der Vorgesellschaft. Folglich stellen die Rechtsnachfolgeregelungen der §§ 1 IV, 2 IV VerbStrG nicht einmal stellenweise ein Korrektiv für die Auslassung der Vorgesellschaften aus dem Anwendungsbereich des Verbandsstrafgesetzbuchs zur Verfügung.

Die Entwurfsverfasser haben ein bekanntes Problem aus dem Ordnungswidrigkeitenrecht übernommen. Ausgehend vom Gesetzeszweck wäre eine Einbeziehung der Vorgesellschaft in den Anwendungsbereich des Verbandsstrafgesetzbuchs konsequent und eine entsprechende Änderung des § 1 I VerbStrG angezeigt.

c) *Fehlerhafte Gesellschaften*

Nach der Lehre von der fehlerhaften Gesellschaft, die ursprünglich für das Recht der Kapitalgesellschaften entwickelt, später aber auf das Personengesellschaftsrecht übertragen wurde,[263] führt ein fehlerhafter Gesellschaftsvertrag nicht zwangsläufig zur Nichtexistenz der Gesellschaft. Ist die Gesellschaft bereits in Vollzug gesetzt worden und fehlt es an entgegenstehenden Interessen Einzelner oder der Allgemeinheit, bleibt sie bis zu ihrer Auflösung mit Wirkung ex-nunc wirksam. Fehlerhafte Gesellschaften sind privatrechtlich vollgültige Verbände.[264] Für sie gelten daher keine Besonderheiten im Hinblick auf § 1 I VerbStrG. Sie lassen sich als wirksame Gesellschaften der entsprechenden Variante des § 1 I VerbStrG zuordnen.[265] Bei anderer Ansicht ließe sich die Strafverfolgung durch eine bewusst herbeigeführte Fehlerhaftigkeit vereiteln.[266]

---

263 *Saenger*, Rn. 79 m.w.N.

264 *K. Schmidt*, Gesellschaftsrecht, S. 136 ff.

265 Vgl. zum Ordnungswidrigkeitenrecht BeckOK-OWiG/*Meyberg*, § 30 Rn. 30 ff.; KK-OWiG/*Rogall*, § 30 Rn. 45.

266 Vgl. *Ehrhardt*, S. 220.

5. Einzelunternehmer und Ein-Mann-Gesellschaft

Die Ein-Mann-Gesellschaft wird vom Anwendungsbereich des Verbandsstrafgesetzbuchs erfasst. Dies ergibt sich zum einen daraus, dass die Ein-Mann-Gesellschaft je nach Gesellschaftsform der entsprechenden Variante des § 1 I VerbStrG unterfällt.[267] Der Wortlaut der Norm klammert Ein-Mann-Gesellschaften nicht aus. Zum anderen nennt der Gesetzesentwurf ausdrücklich die Ein-Mann-GmbH als potentiellen Sanktionsadressaten.[268]

Demgegenüber findet das Verbandsstrafgesetzbuch keine Anwendung auf den Einzelunternehmer.[269] Eine Begründung für diese Differenzierung fehlt in den Ausführungen der Entwurfsverfasser. Im Hinblick auf den praktisch sehr bedeutsamen Fall einer Ein-Mann-Gesellschaft als Konzerntochter wäre dies auch nicht zu erwarten gewesen, schließlich kann es nach der Idee des Gesetzesentwurfs keinen Unterschied machen, ob alle Anteile des Verbandes in der Hand einer juristischen Person liegen oder nicht. Die fehlende Erläuterung der vorgenommenen Differenzierung ist vielmehr insofern verwunderlich, als dass der einzige Unterschied zwischen einem Einzelunternehmer und einer sog. kleinen GmbH mit einer natürlichen Person als Alleingesellschafter, die zugleich Geschäftsführer und damit alleiniger Entscheidungsträger ist, in einer zivilrechtlichen Konstruktion besteht.[270] Entschließt sich ein Einzelunternehmer, zum Zwecke der Haftungsbeschränkung seinen kleinen Betrieb in Form einer GmbH zu organisieren, überschreitet er trotz der in tatsächlicher Hinsicht unveränderten Unternehmensstruktur die Schwelle zur Anwendbarkeit des Verbandsstrafgesetzbuchs. Hintergrund und Relevanz der Ungleichbehandlung von Ein-Mann-Gesellschaft und Einzelunternehmer liegen demnach nicht auf der Hand und hätten angesichts der zu erwartenden Auswirkungen auf die

267 In rechtstatsächlicher Hinsicht dürfte dies vor allem für die häufiger auftretende Ein-Mann-GmbH relevant sein. Ein-Mann-Personengesellschaften gibt es dagegen grundsätzlich nicht; s. dazu und zu möglichen Ausnahmen *K. Schmidt*, Gesellschaftsrecht, S. 209 f., 1312 f.

268 Gesetzesentwurf, S. 73, 77.

269 Anders ist die Rechtslage in der Schweiz. Gem. Art. 102 IV d) SchwStGB sind auch Einzelunternehmen sanktionsfähig. Diese gesetzgeberische Entscheidung ist heftig umstritten: S. nur *Pieth*, FS Jung, 717, 723; *Hilf*, ZStW 2014, 73, 89 m.w.N.

270 *Schmitt-Leonardy*, ZIS 2015, 11, 22 Fn. 98; *Schünemann*, Zur Frage der Verfassungswidrigkeit und der Folgen eines Strafrechts für Unternehmen – Rechtsgutachten für die Stiftung Familienunternehmen, S. 8; *ders.*, ZIS 2014, 1, 9; zur Forderung der Sanktionsfähigkeit von Einzelunternehmern nach dem Ordnungswidrigkeitenrechts bereits *Müller*, S. 57 f.

Rechtsformwahl wegen der mitunter gravierenden drohenden Sanktionen des Verbandsstrafgesetzbuchs einer Erläuterung bedurft.[271]

Auch in Anbetracht des Gesetzeszwecks ist die Unterscheidung zweifelhaft. Anreize zu effektiven Compliance-Strukturen können für Einzelunternehmen je nach Größe, Branche und Risikoprofil genauso erstrebenswert sein wie für Ein-Mann-Gesellschaften. So ist etwa fraglich, warum für ein Einzelunternehmen in der Größe von *Schlecker* vor seiner Auflösung keine Compliance-Anreize geschaffen werden sollten, für einen kleinen als GmbH organisierten Handwerksbetrieb mit zwei Angestellten hingegen schon. Zudem lässt sich die in der Entwurfsbegründung geäußerte Befürchtung, de lege lata würden nur einzelne „Bauernopfer", die im Unternehmensinteresse eine Straftat begangen haben, bestraft, die Verantwortung der Organisation bliebe aber häufig „verschleiert"[272], auf das Einzelunternehmen übertragen. Die Einstellung der Entscheidungsträger zu Straftaten im Unternehmensinteresse hängt nicht von der Rechtsform ab. Die Gefahrenlage ist daher vergleichbar.

Umgekehrt ist der Gesetzeszweck nicht damit vereinbar, dass auch eine Ein-Mann-Gesellschaft ohne weitere Mitarbeiter und mit nur einer natürlichen Person als handelnder Figur sanktionsfähig ist.[273] Eine „organisierte Unverantwortlichkeit" scheidet dann von vornherein aus; eine Installation von Compliance-Strukturen ist weder sinnvoll noch möglich.

Die Entwurfsbegründung selbst unterscheidet stellenweise entgegen dem Wortlaut des § 1 I VerbStrG nicht zwischen Verbänden und Einzelunternehmen. So führen die Entwurfsverfasser an, das „Unternehmen" müsse in das Zentrum der Strafverfolgung rücken.[274] Als Beweggründe für den Gesetzesentwurf nennen sie das große Machtpotential der Wirtschafts-„unternehmen" sowie die in der modernen Gesellschaft zu beobachtende Entwicklung, dass sich immer mehr gesellschaftliche Bereiche als „Unternehmen" organisieren.[275] Diese Ausführungen zeigen, dass nach Ansicht der Entwurfsverfasser letztlich die Unternehmensrealität entscheidend ist und nach einem Einschreiten des Gesetzgebers verlangt, nicht bestimmte Rechtsformen des Unternehmensträgers.

---

271 *Schünemann*, ZIS 2014, 1, 9.

272 Gesetzesentwurf, S. 1 f.

273 *Löffelmann*, JR 2014, 185, 195 f.; vgl. ferner *Kubiciel/Hoven*, Jahn/Schmitt-Leonardy/Schoop, 160, 168, die darauf verweisen, dass „von der übergroßen Mehrzahl der Kleinstverbände und kleiner Idealvereine […] keine ‚systemischen Risiken' durch eine fehlende ‚Compliance-Kultur' aus[gehen]."

274 Gesetzesentwurf, S. 2.

275 Gesetzesentwurf, S. 20.

Gegen eine Gleichbehandlung von Ein-Mann-Gesellschaften und Einzelunternehmen ließe sich einwenden, dass bezüglich letzterer von dem Individualstrafrecht bereits eine hinreichende Präventionswirkung ausgeht. Der Einzelunternehmer kann individualstrafrechtlich belangt werden, sollte er im Unternehmensinteresse Straftaten begehen. Der von § 2 II VerbStrG erfasste Fall, dass nicht ein Entscheidungsträger sondern eine sonstige Person unterhalb der Ebene der Entscheidungsträger eine Straftat verübt, ist dadurch jedoch nicht abgedeckt, es sei denn der Einzelunternehmer ist im Einzelfall als mittelbarer Täter (§ 25 I Alt. 2 StGB), Mittäter (§ 25 II StGB), Teilnehmer (§§ 26, 27 StGB) oder Unterlassungstäter (§ 13 I StGB) strafbar. Folglich wird die in Bezug auf Verbände durch das Verbandsstrafgesetzbuch beabsichtigte Präventivwirkung für Einzelunternehmen nicht bereits durch das Individualstrafrecht herbeigeführt.

Zusammenfassend lässt sich festhalten, dass der Gesetzeszweck des Verbandsstrafgesetzbuchs für eine Gleichbehandlung von Ein-Mann-Gesellschaften und Einzelunternehmen spricht. Die Einbeziehung der Ein-Mann-Gesellschaften mit einer natürlichen Person als Gesellschafter in den Kreis der Sanktionsadressaten bei gleichzeitiger Ausschließung der Einzelunternehmer erscheint aufgrund fehlender Begründung für die gewählte Konzeption willkürlich.

6. Sanktionierung bei Rechtsnachfolge

Der Gesetzesentwurf ermöglicht unter bestimmten Voraussetzungen auch eine Sanktionierung des Rechtsnachfolgers. Es soll verhindert werden, „dass der strafbare Verband die Sanktion durch die Herbeiführung eines Rechtsnachfolgetatbestandes vermeidet oder deren Höhe vermindert“[276]. Die Verfasser des Verbandsstrafgesetzbuchs reagieren damit auf die Entwicklungen im Ordnungswidrigkeitenrecht und die dortigen Bemühungen des Gesetzgebers, der zu beobachtenden Bußgeldflucht durch Umstrukturierungen einen Riegel vorzuschieben. Ein Beispiel aus jüngster Vergangenheit bildet der Fall der Zur-Mühlen-Töchter *Böklunder* und *Könecke*.[277] Wegen illegaler Preisabsprachen verhängte das *Bundeskartellamt* Geldbußen in Höhe von insgesamt ca. 338 Millionen Euro gegen 21 Wursthersteller sowie gegen 33 verantwortlich handelnde Personen.[278] Davon wurden 70 Millionen der *Böklunder Plumrose* GmbH & Co.

276 Gesetzesentwurf, S. 42.

277 S. nur Wirtschaftswoche vom 02.02.2015, S. 40 ff.

278 Meldung des Bundeskartellamts vom 15.07.2015, http://www.bundeskartellamt.de/SharedDocs /Meldung/DE/Pressemitteilungen/2014/15_07_2014_Wurst.html, zuletzt abgerufen am 10.03.2016.

KG und 50 Millionen der *Könecke Fleischwarenfabrik* GmbH & Co. KG auferlegt. Infolge von Umstrukturierungen existieren die Unternehmensträger, gegen die sich die Bußgeldbescheide richteten, nun nicht mehr. Die Bußgeldbescheide gehen somit ins Leere. Auch die Rechtsnachfolger müssen die Bußgelder im vorliegenden Fall trotz der Neuregelungen durch die 8. GWB-Novelle nicht bedienen.

a) Die Sanktionierung von Rechtsnachfolgern nach dem OWiG

aa) Vor der 8. GWB-Novelle

Dabei sollten im Rahmen der 8. GWB-Novelle bestehende Ahndungslücken weitgehend geschlossen werden.[279] Zuvor konnte ein nach § 30 OWiG gegen einen Verband festzusetzendes Bußgeld grundsätzlich nicht gegen den Rechtsnachfolger verhängt werden. In zwei wegweisenden Entscheidungen des BGH vom 10.08.2011[280] wurde ausgeführt, das im Ordnungswidrigkeitenrecht geltende Rechtsträgerprinzip lasse eine allgemeine Ausdehnung der bußgeldrechtlichen Verantwortlichkeit auf den Rechtsnachfolger nicht zu. Vielmehr hänge die Sanktionierung grundsätzlich vom Fortbestand des Rechtsträgers ab, für den das Organ oder der leitende Mitarbeiter zum Tatzeitpunkt gehandelt hat. Ausnahmsweise sei jedoch eine Erstreckung der bußgeldrechtlichen Haftung auf den Gesamtrechtsnachfolger der Person, für die der Täter gehandelt hat, möglich, wenn zwischen der früheren und der neuen Vermögensverbindung nach wirtschaftlicher Betrachtungsweise Identität oder nahezu Identität bestehe. Eine solche wirtschaftliche Identität sei gegeben, wenn das „haftende Vermögen" weiterhin vom Vermögen des gem. § 30 OWiG Verantwortlichen getrennt, in gleicher oder in ähnlicher Weise wie bisher eingesetzt werde und in der neuen juristischen Person einen wesentlichen Teil des Gesamtvermögens ausmache. An einer wirtschaftlichen Identität fehle es hingegen, wenn Unternehmen mit annähernd gleicher Größe und fast identischen Marktanteilen fusionierten und deren Geschäftsbereiche zusammengeführt würden.[281] Diese Rechtslage erlaubte es den Unternehmen, durch gesellschaftsrechtliche Gestaltungen die Festsetzung einer Geldbuße zu vermeiden. Das Analogieverbot (Art. 103 II GG) hinderte den BGH an einer weiteren Lückenschließung.[282]

---

279 Vgl. BT-Drs. 17/11053, 21 ff.; ausführlich zur Entwicklung *Löbbe*, ZHR 177 (2013), 518 ff.

280 BGH NJW 2012, 164 ff. (Versicherungsfusion) m. Anm. *Reichling*; BGH BeckRS 2011, 26167 (Transportbeton).

281 BGH NJW 2012, 164 f.

282 BGH NJW 2012, 164, 166.

bb) *Nach der 8. GWB-Novelle*

Der Gesetzgeber reagierte mit der Einführung des § 30 IIa OWiG, der eine ausdrückliche Rechtsgrundlage für die Festsetzung einer Geldbuße gegen den Rechtsnachfolger enthält.[283] Die Regelung sieht vor, dass die Geldbuße im Falle einer Gesamtrechtsnachfolge oder einer partiellen Gesamtrechtsnachfolge durch Aufspaltung nach § 123 I UmwG gegen den oder die Rechtsnachfolger festgesetzt werden kann. Damit werden zwei wichtige Schutzlücken geschlossen:[284] Bei der Verschmelzung und der Aufspaltung nach § 123 I UmwG erlischt jeweils der übertragende Rechtsträger, so dass das Haftungssubjekt wegfällt. Die neue Gesetzeslage erlaubt nun in diesen Fällen eine Sanktionierung des Rechtsnachfolgers. Die Rechtsnachfolgeregelung des § 30 IIa OWiG gilt demgegenüber nicht für Fälle der Abspaltung, Ausgliederung oder Einzelrechtsnachfolge. Dort bleibt der übertragende Rechtsträger als Zuordnungssubjekt der ordnungswidrigkeitenrechtlichen Verantwortlichkeit bestehen und kann somit weiterhin sanktioniert werden.[285] Ebenso wenig greift die Neuregelung ein, wenn eine natürliche Person die Rechtsnachfolge einer juristischen Person oder Personenvereinigung antritt.[286]

b) *Die Sanktionierung von Rechtsnachfolgern nach dem Verbandsstrafgesetzbuch*

In seiner Stellungnahme zum Regierungsentwurf zur 8. GWB-Novelle kritisierte das *Bundeskartellamt* die geplante Neuregelung mit dem Verweis auf naheliegende Umgehungsmöglichkeiten.[287] Auch die Verfasser des nordrhein-westfälischen Gesetzesentwurfs weisen darauf hin, dass sich nicht nur durch eine Verschmelzung oder Aufspaltung die Haftung des Verbandes verhindern lasse. Vielmehr

---

283 KK-OWiG/*Rogall*, § 30 Rn. 53.

284 *Löbbe*, ZHR 177 (2013), 518, 536 spricht von den „beiden wichtigsten unter Sanktionsgesichtspunkten bestehenden Schutzlücken“.

285 KK-OWiG/*Rogall*, § 30 Rn. 58; *Altenburg/Peukert*, BB 2014, 649, 652 f.

286 BT-Drs. 17/11053, 22.

287 Stellungnahme des Bundeskartellamts zum Regierungsentwurf zur 8. GWB-Novelle vom 22.06.2012, 12 ff.; http://www.bundeskartellamt.de/SharedDocs/Publikation/DE/Stellungnahmen/ Stellungnahme-Regierungsentwurf_GWB8.html, zuletzt abgerufen am 10.03.2016; in seiner Stellungnahme zum Referentenentwurf hatte das Bundeskartellamt auf Seite 12 bereits eine Annäherung an das europäische Kartellrecht und damit die Erfassung weiterer Rechtnachfolgetatbestände befürwortet, http://www.bundeskartellamt.de/SharedDocs/Publikation/DE/Stellungnahmen/Stellungnahme-Referentenent-wurf_GWB8.html, zuletzt abgerufen am 10.03.2016.

könnten im Wege der Abspaltung und Ausgliederung sowie durch Einzelrechtsnachfolge in Form des so genannten „asset deals" letztlich ebenso Bußgelder vermieden werden.[288] Dies veranschaulicht der Fall *Böklunder*:[289] Die Produktion der *Böklunder Plumrose* GmbH & Co. KG wurde auf die neu gegründete *Böklunder Wurstfabrikation* GmbH & Co. KG abgespalten. Übrig blieb der Werksverkauf als Vermögensteil. *Böklunder*-Manager *Axel Knau* trat als alleiniger Kommanditist in die *Böklunder Plumrose* GmbH & Co. KG ein, die Altgesellschafter traten aus, wodurch die ursprüngliche Bußgeldadressatin erlosch. Der Werksverkauf wird nun von *Axel Knau* als eingetragenem Kaufmann fortgeführt. Da § 30 IIa OWiG weder die Abspaltung noch die Rechtsnachfolge durch eine natürliche Person erfasst, entfällt die Bebußung.

Um die Umgehung von Verbandssanktionen einzudämmen, ist die Rechtsnachfolgeregelung des Verbandsstrafgesetzbuchs (§ 1 IV VerbStrG) weiter gefasst als § 30 IIa OWiG. Gem. § 1 IV 2 VerbStrG sind andere Arten der Umwandlung sowie die Einzelrechtsnachfolge der Gesamtrechtsnachfolge gleichgestellt, wenn der Erwerber alle wesentlichen Wirtschaftsgüter des Rechtsvorgängers übernimmt und die übernommenen Wirtschaftsgüter in im Wesentlichen gleicher Weise einsetzt. Abspaltung, Ausgliederung und asset deal sind daher mit einbezogen. Hätte es sich im Fall *Böklunder* nicht um einen Kartellverstoß sondern um eine Verbandsstraftat gehandelt, wäre der übernehmende Rechtsträger des abgespaltenen Produktionsgeschäfts als Rechtsnachfolger i.S.d. § 1 IV VerbStrG sanktionierbar gewesen. Weiterhin nicht erfasst ist die Konstellation, dass eine natürliche Person ein ursprünglich als juristische Person bzw. Personenvereinigung geführtes Unternehmen fortführt, da Rechtsnachfolger i.S.d. Verbandsstrafgesetzbuchs nur ein „Verband" sein kann, vgl. § 1 IV 1 VerbStrG. In diesen Fällen kann jedoch als verfahrenssichernde Maßnahme gem. § 20 I 1 VerbStrG bis zur Höhe von insgesamt 10 % des durchschnittlich erzielten Gesamtumsatzes des Verbandes der dingliche Arrest angeordnet werden, so dass in einem gewissen Umfang die Sicherung des Vermögens möglich bleibt.

Einerseits ist aufgrund der Ausweitung der Rechtsnachfolgetatbestände eine Verschärfung der Rechtslage gegenüber dem Ordnungswidrigkeitenrecht zu beobachten. Andererseits soll nach den Ausführungen im Gesetzesentwurf der Rechtsnachfolger „nicht ohne Weiteres für Versäumnisse des Rechtsvorgängers verantwortlich gemacht werden." Vielmehr gehe es darum zu verhindern, dass durch Umwandlung oder Einzelrechtsnachfolge Verbandssanktionen gezielt

288 Gesetzesentwurf, S. 42.

289 S. Schaubild in Wirtschaftswoche vom 02.02.2015, S. 44.

umgangen werden.[290] § 30 IIa OWiG verlangt kein vorwerfbares Verhalten des Rechtsnachfolgers, um diesen zu sanktionieren. Er lässt es genügen, dass der Rechtsnachfolgetatbestand erfüllt ist. Die Sanktionierung eines Rechtsnachfolgers nach dem Verbandsstrafgesetzbuch erfolgt gem. § 2 IV 1 VerbStrG hingegen nur dann, wenn diesem im Zeitpunkt des Rechtsübergangs die Zuwiderhandlung ganz oder zum Teil bekannt oder aus Leichtfertigkeit nicht bekannt war. Durch eine angemessene Compliance Due Diligence – wie sie im Vorfeld einer Unternehmenstransaktion heute übliche Praxis ist[291] – kann sich der Rechtsnachfolger somit vor Verbandssanktionen schützen. In Übereinstimmung mit Sinn und Zweck des Umwandlungsgesetzes, das eine Vereinfachungsfunktion erfüllen soll,[292] werden Unternehmenstransaktionen erleichtert und Transaktionskosten gesenkt, indem eine undifferenzierte Sanktionierung des Rechtsnachfolgers abgelehnt und lediglich eine sorgfältige Prüfung dahingehend verlangt wird, „ob die Strukturen und das Personal des Rechtsvorgängers eine Einhaltung der Gesetze ausreichend gewährleistet haben und auch in Zukunft gewährleisten werden“[293]. Damit setzt der Gesetzesentwurf die bereits im Zusammenhang mit der 8. GWB-Novelle laut gewordenen Forderungen nach einer Missbrauchsklausel[294] um.

II. „Entscheidungsträger“

Voraussetzung für die Verhängung einer Verbandssanktion ist das Fehlverhalten eines Entscheidungsträgers, sei es, dass dieser selbst eine verbandsbezogene Zuwiderhandlung begeht (§ 2 I VerbStrG) oder dass er zumutbare Aufsichtsmaßnahmen unterlässt, durch die eine verbandsbezogene Zuwiderhandlung einer anderen Person verhindert oder wesentlich erschwert worden wäre (§ 2 II VerbStrG). Der Begriff des Entscheidungsträgers wird in § 1 III VerbStrG definiert. Demnach sind Entscheidungsträger i.S.d. Verbandsstrafgesetzbuchs

---

290 Gesetzesentwurf, S. 50.

291 Vgl. *von Busekist/Timmerbeil*, CCZ 2013, 225, 226; *Göpfert/Mayer*, NZA, 2011, 486; *Böttcher*, NZG 2005, 49, 54; *Kiethe*, NZG 1999, 976; *von Falkhausen*, NZG 2015, 1209.

292 *Löbbe*, ZHR 177 (2013), 518, 524 m.w.N.; kritisch daher in Bezug auf § 30 IIa OWiG *Altenburg/Peukert*, BB 2014, 649, 653.

293 Gesetzesentwurf, S. 51.

294 Vgl. *Altenburg/Peukert*, BB 2014, 649, 653; *Dück/Schultes*, WM 2014, 9, 14; BRAK-Stellungnahme 2012, S. 9, http://www.brak.de/zur-rechtspolitik/stellungnahmen-pdf/stellungnahmen-deutschland/2012/oktober/stellungnahme-der-brak-2012-46.pdf, zuletzt abgerufen am 10.03.2016; ablehnend hingegen *Eisele*, Eisele/Koch/Theile, 153, 165.

(a) vertretungsberechtigte Organe einer juristischen Person oder Mitglieder solcher Organe, (b) der Vorstand eines nicht rechtsfähigen Vereins oder Mitglieder eines solchen Vorstandes, (c) vertretungsberechtigte Gesellschafter einer rechtsfähigen Personengesellschaft oder (d) Personen, die in einem Betrieb oder einem Unternehmen einer juristischen Person oder Personenvereinigung eine Leitungsfunktion verantwortlich wahrnehmen, wozu auch die Überwachung der Geschäftsführung oder die Ausübung von Kontrollbefugnissen in leitender Stellung gehört.[295]

1. Vertretungsberechtigte Organe einer Juristischen Person oder Mitglieder solcher Organe

Das vertretungsberechtigte Organ eines rechtsfähigen Vereins (§§ 21, 22 BGB) ist der Vorstand (§ 26 BGB). Bei den einzelnen Vorstandsmitgliedern handelt es sich somit um Entscheidungsträger i.S.d. § 1 III a) VerbStrG. Ferner sind die besonderen Vertreter i.S.d. § 30 BGB vertretungsberechtigte Organe des rechtsfähigen Vereins.[296] Sie zählen ebenso zu den Entscheidungsträgern.

Gem. § 86 BGB sind u.a. die §§ 26, 30 BGB auf die rechtsfähige Stiftung anwendbar. Die Ausführungen zum rechtsfähigen Verein gelten daher entsprechend.

Vertretungsberechtigte Organe der GmbH sind nach den §§ 6, 35 GmbHG die Geschäftsführer. Weitere mögliche Entscheidungsträger sind die Stellvertreter der Geschäftsführer (§ 44 GmbHG), wegen der analogen Anwendbarkeit des § 30 BGB auf die GmbH die besonderen Vertreter[297] sowie im Falle der Auflösung die Liquidatoren (§§ 66, 70 S. 1 BGB).

Die AG wird gem. § 78 I 1 AktG gerichtlich und außergerichtlich durch den Vorstand als Organ vertreten. Dessen Mitglieder sind daher Entscheidungsträger. Gleiches gilt für stellvertretende (§ 94 AktG) sowie gerichtlich bestellte Vorstandsmitglieder (§ 85 AktG). Sollte die Gesellschaft aufgelöst werden, vertreten während der dann folgenden Abwicklung gem. § 269 I AktG die Abwickler die Gesellschaft. Grundsätzlich besorgen die Vorstandsmitglieder die Abwicklung

---

295 Vgl. zum Folgenden die Darstellungen bei KK-OWiG/*Rogall*, § 30 Rn. 61 ff.; BeckOK-OWiG/*Meyberg*, § 30 Rn. 47 ff. zum Täterkreis der Bezugstaten im Rahmen des § 30 OWiG.

296 Staudinger/*Weick*, § 30 Rn. 1; BGH wistra 1989, 144; KG WuW/E OLG 4108, 4111; *K. Schmidt*, wistra 1990, 131, 136.

297 MüKo-BGB/*Arnold*, § 30 Rn. 16; Staudinger/*Weick*, § 30 Rn. 10; BeckOK-BGB/*Schöpflin*, § 30 Rn. 2; Soergel/*Hadding*, § 30 Rn. 2.

(§ 265 I AktG), es können jedoch auch andere Personen als Abwickler bestellt werden (§ 265 II, III AktG), die dann ebenso als Entscheidungsträger anzusehen sind.

Bei der SE ist zu differenzieren: Wurde sie nach dem dualistischen System errichtet, sind die Vorstandsmitglieder (§§ 15 ff. SEAG) die Entscheidungsträger. Im Falle eines monistischen Systems leitet der Verwaltungsrat (§§ 20 ff. SEAG) die Gesellschaft.

In der KGaA nehmen die Komplementäre als Organ eine vorstandsähnliche Funktion wahr.[298] Jeder Komplementär ist gem. § 125 I HGB grundsätzlich allein zur Vertretung der Gesellschaft berechtigt (Einzelvertretung).

Die eG wird gem. § 24 GenG durch den Vorstand vertreten. Dieser setzt sich zusammen aus ordentlichen und stellvertretenden Mitgliedern (§ 35 GenG). Als Entscheidungsträger kommen zudem die besonderen Vertreter in Betracht. § 30 BGB ist auf die eG entsprechend anzuwenden.[299]

Vertretungsberechtigtes Organ des VVaG ist der Vorstand (§ 34 S. 2 VAG i.V.m. §§ 76 ff. AktG).

Im Hinblick auf juristische Personen des öffentlichen Rechts richtet sich die Organschaft nach dem jeweiligen Organisationsrecht, das sich aus dem Gesetz oder der Satzung ergibt.[300]

2. Vorstände oder Vorstandsmitglieder eines nicht rechtsfähigen Vereins

Nach § 1 III b) VerbStrG sind die Vorstände oder Vorstandsmitglieder (§ 54 i.V.m. § 26 BGB) die Entscheidungsträger eines nicht rechtsfähigen Vereins. Fraglich ist, ob auch die besonderen Vertreter (§ 30 BGB) als Entscheidungsträger i.S.d. § 1 III b) VerbStrG anzusehen sind. Nach dem Wortlaut der Norm kommt es anders als im Rahmen des § 1 III a) VerbStrG nicht auf die Eigenschaft als vertretungsberechtigtes Organ an. Vielmehr sind ausdrücklich nur der Vorstand und seine Mitglieder als Entscheidungsträger genannt. Die besonderen Vertreter sind jedoch weder Vorstände noch Vorstandsmitglieder.[301] Daher

298 *Saenger*, Rn. 712.

299 MüKo-BGB/*Arnold*, § 30 Rn. 16; Staudinger/*Weick*, § 30 Rn. 10; BeckOK-BGB/*Schöpflin*, § 30 Rn. 2; Soergel/*Hadding*, § 30 Rn. 2.

300 KK-OWiG/*Rogall*, § 30 Rn. 70; BeckOK-OWiG/*Meyberg*, § 30 Rn. 48.1; S/S/*Perron*, § 14 Rn. 16/17.

301 Staudinger/*Weick*, § 30 Rn. 5.

ist die Anwendung des § 1 III b) VerbStrG auf sie ausgeschlossen.[302] Möglich ist hingegen eine Einordnung als faktische Entscheidungsträger i.S.d. § 1 III d) VerbStrG. Dies richtet sich nach den Umständen des konkreten Falls.

3. Vertretungsberechtigte Gesellschafter einer rechtsfähigen Personengesellschaft

Gem. § 1 III c) VerbStrG muss ein Gesellschafter einer rechtsfähigen Personengesellschaft vertretungsberechtigt sein, um als Entscheidungsträger angesehen zu werden. Der Wortlaut der Norm verlangt dabei lediglich, dass der Gesellschafter überhaupt vertretungsberechtigt ist. Auf diese Weise wird der Kreis der Entscheidungsträger durch eine Abgrenzung zu anderen Gesellschaftern gezogen, die vollständig von der Vertretung der Gesellschaft ausgeschlossen sind. Die Eigenschaft als Entscheidungsträger nach § 1 III c) VerbStrG hängt somit nicht davon ab, ob die Person im Rahmen ihrer oder in Ausübung ihrer Vertretungsmacht gehandelt hat. Auch der Ausschluss von der Vertretungsmacht für bestimmte Geschäfte schadet nicht. Unerheblich ist zudem, ob der Gesellschaftsvertrag im Einzelfall vorsieht, dass alle oder mehrere Gesellschafter nur gemeinsam (echte Gesamtvertretung) bzw. nur zusammen mit einem Prokuristen die Gesellschaft vertreten können (unechte oder gemischte Gesamtvertretung). Der Kreis der Entscheidungsträger kann demnach nicht durch eine Beschränkung der Vertretungsmacht eingeengt werden.[303]

Für die sanktionsfähige Außen-GbR sieht die Auslegungsregel des § 714 BGB im Zweifel einen Gleichlauf von Geschäftsführungsbefugnis und Vertretungsmacht vor. Da § 709 I BGB eine gemeinschaftliche Geschäftsführung zugrunde legt, gilt der Grundsatz der Gesamtvertretung. Nach dem gesetzlichen Grundmodell sind damit alle Gesellschafter der GbR Entscheidungsträger i.S.d. § 1 III c) VerbStrG. Abweichende Vereinbarungen sind jedoch zulässig und auch verbreitet.[304]

Bei der OHG sind gem. § 125 I HGB grundsätzlich alle Gesellschafter vertretungsberechtigt. Durch den Gesellschaftsvertrag kann etwas anderes geregelt werden. Gleiches gilt gem. § 7 III PartGG i.V.m. § 125 I HGB für die Partnerschaftsgesellschaft sowie gem. § 1 EWIVAG i.V.m. § 125 I HGB für die EWIV.

---

302 Vgl. zu § 30 I Nr. 2 KK-OWiG/*Rogall*, § 30 Rn. 71 m.w.N.

303 Vgl. zu diesem Problem im Rahmen von § 30 I Nr. 3 OWiG BeckOK-OWiG/*Meyberg*, § 30 Rn. 48.3; KK-OWiG/*Rogall*, § 30 Rn. 73, 85; *Müller*, S. 61 f.

304 *Saenger*, Rn. 170.

Als Entscheidungsträger i.S.d. § 1 III c) VerbStrG der KG kommen gem. § 161 II i.V.m. § 125 HGB nur die persönlich haftenden Gesellschafter (Komplementäre) in Betracht. Die Gesellschafter, deren Haftung auf eine bestimmte Vermögenseinlage begrenzt ist (Kommanditisten), sind hingegen gem. § 170 HGB von der organschaftlichen Vertretung der Gesellschaft ausgeschlossen. Ihnen kann jedoch jede andere Form der Vertretungsmacht erteilt werden (§§ 164 ff. BGB), auch eine Prokura (§ 49 HGB) oder eine Handlungsvollmacht (§ 54 HGB).[305] In diesem Fall können die Kommanditisten als Entscheidungsträger i.S.d. § 1 III d) VerbStrG einzuordnen sein. Wird die Gesellschaft aufgelöst, erfolgt die anschließende Liquidation grundsätzlich durch sämtliche Gesellschafter, einschließlich der Kommanditisten, als Liquidatoren, § 161 II i.V.m. § 146 I 1 HGB. Die Liquidatoren vertreten die Gesellschaft, § 149 S. 2 HGB. Die Rechtsnatur der Vertretungsmacht der Liquidatoren ist umstritten; mittlerweile hat sich weitgehend die Ansicht durchgesetzt, es handele sich um eine organschaftliche Vertretungsmacht.[306] In der Liquidation können somit auch die Kommanditisten in den Kreis der Entscheidungsträger nach § 1 III c) VerbStrG fallen.

Der allein vertretungsberechtigte Gesellschafter der GmbH & Co. KG ist keine natürliche Person, sondern die GmbH. Diese wird durch ihren Geschäftsführer vertreten (§ 35 I 1 GmbHG). Damit handelt der Geschäftsführer der GmbH zwar mittelbar für die KG, deren Gesellschafter ist er jedoch nicht.[307] Mithin erfüllt er nicht die Voraussetzungen des § 1 III c) VerbStrG. Doch ebenso wenig wie im Ordnungswidrigkeitenrecht[308] bewegt sich die GmbH & Co. KG im Hinblick auf das Verbandsstrafgesetzbuch in einem sanktionsfreien Raum. Denn der Geschäftsführer der GmbH nimmt eine Leitungsfunktion wahr, welche ihn zu einem Entscheidungsträger nach § 1 III d) VerbStrG macht.

4. Sonstige Leitungspersonen

Nach § 1 III d) VerbStrG sind in Übereinstimmung mit § 30 I Nr. 5 OWiG[309] auch solche Personen Entscheidungsträger, die in einem Betrieb oder einem Unternehmen einer juristischen Person oder Personenvereinigung eine

305 Baumbach/Hopt/*Roth*, § 170 Rn. 3; BGHZ 17, 392, 395.

306 MüKo-HGB/*K. Schmidt*, § 146 Rn. 49; Ebenroth/Boujong/Joost/Strohn/*Hillman*, § 146 Rn. 22; Henssler/Strohn/*Klöhn*, § 146 Rn. 18; Heidel/Schall/*Anissimov*, § 146 Rn. 16.

307 *Müller*, S. 65; *K. Schmidt*, wistra 1990, 131, 136; KK-OWiG/*Rogall*, § 30 Rn. 75.

308 Dort wird anstelle von § 30 I Nr. 3 OWiG auf § 30 I Nr. 5 OWiG zurückgegriffen, s. BeckOK-OWiG/*Meyberg*, § 30 Rn. 48.3.; KK-OWiG/*Rogall*, § 30 Rn. 75; *Eidam*, wistra 2003, 447, 450.

309 Gesetzesentwurf, S. 41.

Leitungsfunktion verantwortlich wahrnehmen, wozu auch die Überwachung der Geschäftsführung oder die Ausübung von Kontrollbefugnissen in leitender Stellung gehört. Entscheidend ist nicht die Verantwortlichkeit aus formalen Gründen, sondern die faktische Übernahme der Leitungsfunktion. Voraussetzung für die Einordnung als Entscheidungsträger ist „die Ausübung eines selbstständigen Pflichtenkreises aus den Bereichen ‚Leitung' oder ‚Überwachung' in einem Betrieb oder Unternehmen"[310]. Es sind demnach zwei Gruppen von faktischen Entscheidungsträgern zu unterscheiden: Auf der einen Seite gibt es die Personen mit Leitungsbefugnissen. Hierzu zählt neben den bereits erwähnten Geschäftsführern der Komplementär-GmbH in einer GmbH & Co. KG sowie den besonderen Vertretern eines nicht rechtsfähigen Vereins auch der faktische Geschäftsführer.[311] Auf der anderen Seite sind die Personen mit Kontroll- und Überwachungsfunktionen zu nennen. Hiervon sind vor allem die Aufsichtsratsmitglieder einer AG oder die Mitglieder eines fakultativen Aufsichtsrats einer GmbH erfasst. Es genügt jedoch, wenn die Kontroll- und Überwachungsbefugnisse nur für Teilbereiche des Unternehmens ausgeübt werden.[312] Die Entwurfsbegründung führt beispielhaft die Rechnungsprüfer, mit Weisungsbefugnissen ausgestattete Umwelt- oder Datenschutzbeauftragte, Leiter einer Innenrevision und Compliance-Beauftragte an.[313] Diese Aufzählung zeigt das weite Verständnis, das die Entwurfsverfasser dem Begriff des (faktischen) Entscheidungsträgers zugrunde legen.

Kritische Stimmen halten die Regelung des § 1 III d) VerbStrG für zu unbestimmt[314] und/oder die Auslegung durch die Entwurfsverfasser für zu weitgehend.[315] Würde es sich um bislang nicht verwendete, neu eingeführte Rechtsbegriffe handeln, ließe sich insbesondere über die hinreichende Bestimmtheit des Ausdrucks „Ausübung von Kontrollbefugnissen" womöglich streiten. Die Formulierung des § 1 III d) VerbStrG entspricht jedoch im Wesentlichen dem Wortlaut des § 30 I Nr. 5 OWiG. Mithin wurden aus dem Ordnungswidrigkeitenrecht bekannte Begrifflichkeiten übernommen, die in Schrifttum

310 Gesetzesentwurf, S. 41.

311 Gesetzesentwurf, S. 42.

312 Gesetzesentwurf, S. 42.

313 Gesetzesentwurf, S. 42.

314 Stellungnahme der Clearingstelle Mittelstand, S. 15; BDI-BDA-Stellungnahme, S. 7.

315 *Mansdörfer*, ZIS 2015, 23, 26; *Willems*, ZIS 2015, 40, 43; BDI-BDA-Stellungnahme, S. 7.

und Rechtsprechung bereits ausführlich behandelt und konkretisiert wurden.[316] Auch die Gesetzesbegründung zu § 30 I Nr. 5 OWiG hat ebenso wie die Aufzählung in der Entwurfsbegründung zum Verbandsstrafgesetzbuch die Bestimmtheit der Rechtsbegriffe erhöht.[317] Es geht folglich nicht um eine – freilich umstrittene[318] – nachträgliche „Heilung" eines zu unbestimmten Rechtsbegriffs. Vielmehr determinieren die genannten Quellen das Verständnis der in § 1 III d) VerbStrG verwendeten Rechtsbegriffe bereits vor Einführung des Verbandsstrafgesetzbuchs. An der hinreichenden Bestimmtheit der Norm bestehen somit keine Zweifel.

Eine andere Frage ist, ob die beispielhafte Aufzählung in der Entwurfsbegründung und damit der Entscheidungsträgerbegriff des Verbandsstrafgesetzbuchs inhaltlich nicht zu weit geht, weil die genannten Personen möglicherweise zum Teil keine Leitungspersonen, sondern solchen unterstellt sind und der entscheidende Organisationsfehler, der eine Sanktionierung nach dem Verbandsstrafgesetzbuch ermöglicht, genau genommen in der Regel bei letzteren liegt.[319]

Ein Blick auf die Compliance-Zuständigkeiten in einer AG verdeutlicht das Problem: Es ist allg.M., dass Compliance zu den Leitungsaufgaben des Vorstands gehört.[320] Diese Einordnung hat zunächst zur Folge, dass Compliance eine Aufgabe des Gesamtvorstands ist.[321] Es ist unbestritten, dass Leitungsaufgaben i.S.d. § 76 I AktG den Vorstand als Gesamtorgan treffen.[322] Dies ergibt sich bereits

---

316 S. etwa zum Compliance-Beauftragten BeckOK-OWiG/*Meyberg*, § 30 Rn. 53; KK-OWiG/*Rogall*, § 30 Rn. 84; Göhler/*Gürtler*, § 30 Rn. 14a; *Theile/Petermann*, JUS 2011, 496, 500; *Trüg*, ZWH 2011, 6, 8; *Hauschka*, BB 2004, 1178; zum externen Rechnungsprüfer sowie zum Umweltschutzbeauftragten KK-OWiG/*Rogall*, § 30 Rn. 84; BeckOK-OWiG/*Meyberg*, § 30 Rn. 52; *Trüg*, ZWH 2011, 6, 8; *Achenbach*, wistra 2002, 441, 443; allgemein zum faktischen Geschäftsführer BGH NJW 1966, 2225; BGH NJW 2013, 624.

317 BT-Drs. 14/8998, 10 f.

318 BVerfGE 45, 363, 371 f. = NJW 1977, 1815; BVerfGE 86, 288, 311 = NJW 1992, 2947, 2948; BeckOK-GG/*Radtke/Hagemeier*, Art. 103 Rn. 27 ff.; Maunz/Dürig/*Schmidt-Aßmann*, Art. 103 Rn. 225; MüKo-StGB/*Schmitz*, § 1 Rn. 47; Jarass/*Pieroth*, Art. 103 Rn. 52.

319 Kritisch daher *Mansdörfer*, ZIS 2015, 23, 26.

320 *Reichert/Ott*, ZIP 2009, 2173; *Kort*, FS Hopt, Band 1, 983; *Schneider*, ZIP 2003, 645, 647 f.; *Bachmann*, VGR 2008, 65, 73; *Spindler*, WM 2008, 905, 909; *Bergmoser/Theusinger/Gushurst*, BB-Special 5/2008, 1, 6; *Fleischer*, BB 2008, 1070; *ders.*, CCZ 2008 1, 3; *Lösler*, WM 2007, 676, 679; *Krieger/Günther*, NZA 2010, 367; Henssler/Strohn/*Dauner-Lieb*, § 76 Rn. 7; LG München I, Urt. v. 10.12.2013 – 5 HKO 1387/10, juris Rn. 100 f.

321 S. nur LG München I, Urt. v. 10.12.2013 – 5 HKO 1387/10, juris Rn. 103.

322 Statt vieler Spnidler/Stilz/*Fleischer*, § 76 Rn. 8; Hüffer/*Koch*, § 76 Rn. 1.

aus dem Wortlaut des § 76 I AktG, der dem Vorstand als solchem und damit als Kollegialorgan die Leitung zuweist. Hierfür spricht ferner das historische Verständnis der Norm. So wurde bereits der Vorgängernorm § 70 I AktG a.F. entnommen, dass Leitung stets „Gesamtleitung" bedeutet.[323] Diese Sichtweise überzeugt auch inhaltlich: Die Gesamtzuständigkeit bewirkt eine Vergrößerung des Sachverstands und einen Austausch von Spezialkenntnissen. Weiter schützt die gegenseitige Kontrolle vor unüberlegten „Alleingängen"[324]. Zudem führt die Anerkennung als Leitungsaufgabe dazu, dass zumindest eine vollständige Entäußerung der Compliance-Pflichten nicht möglich ist.[325] Das Schrifttum versteht unter Leitung einen nicht delegierbaren, herausgehobenen Teil der Geschäftsführung.[326] Die Geschäftsführung (§ 77 AktG) umfasst jedwede tatsächliche oder rechtsgeschäftliche Tätigkeit für die Gesellschaft. Leitung (§ 76 AktG) meint demgegenüber die Führungsfunktion des Vorstands.[327] Diese Leitung ist als originäre Aufgabe in § 76 I AktG explizit dem Vorstand zugewiesen. Er „hat" die Gesellschaft zu leiten. Ferner folgt aus der Einordnung als Leitungsaufgabe, dass sich der Vorstand als Gesamtorgan der Compliance-Verantwortung nicht vollständig entledigen kann. Es gilt der Grundsatz der Gesamtverantwortung.[328] Dieser Grundsatz ist allgemein anerkannt, nur seine dogmatische Verankerung ist streitig.[329] Er besagt, dass die Vorstandsmitglieder für die Erfüllung der Leitungsaufgaben gemeinsam verantwortlich sind.[330] Die Gesamtverantwortung steht nicht zur Disposition der Vorstandsmitglieder, sie ist vielmehr unteilbar und nicht delegierbar.[331] Dies hat damit auch für die Compliance-Verantwortung Gültigkeit.

Dennoch geht die überwiegende Auffassung in der Literatur von der Zulässigkeit einer Delegation von Compliance-Aufgaben auf Führungsebenen unterhalb des Vorstandes aus, wie etwa auf den Compliance-Beauftragten (sog. vertikale

---

323 *Schlegelberger/Quassowski*, AktG, § 70 Anm. 1; Großkomm-AktG/*W. Schmidt*, § 70 Anm. 10.

324 *Fleischer*, ZIP 2003, 1, 7.

325 *Kort*, FS Hopt, Band 1, 983, 986.

326 Hölters/*Weber*, § 76 Rn. 8 m.w.N.

327 Hüffer/*Koch*, § 76 Rn. 8.

328 *Fleischer*, NZG 2003, 449; *ders.*, HdB d. VR, § 8 Rn. 5 ff.; *Goette*, ZHR 175 (2011), 388, 394.

329 Grundlegend RGZ 98, 100; zur dogmatischen Einordnung *Fleischer*, NZG 2003, 449.

330 *Schmidt-Husson*, Hauschka, § 7 Rn. 2.

331 *Schmidt-Husson*, Hauschka, § 7 Rn. 8; BGHZ 133, 370, 377; BGH NJW 2001, 969, 971.

Delegation).[332] Denn es ist zu beachten, dass der Vorstand aus Gründen der eigenen Arbeitskapazitäten regelmäßig nicht alle Compliance-Aufgaben selbst erfüllen kann.[333] Wegen Ressourcenknappheit (insbesondere Zeit und Fachkenntnisse) wird man daher zumindest von der Erforderlichkeit und Zulässigkeit der vertikalen Delegation von Einzelaspekten ausgehen müssen.[334] Dies gilt vor allem für unterstützende und vorbereitende Maßnahmen für die Wahrnehmung der Leitungsaufgabe.[335] Je nach Größe und Komplexität des Unternehmens kann darüber hinaus aber auch eine stets höchstpersönliche Ausführung der Leitungsaufgabe selbst nicht erwartet werden.[336] Um eine Überforderung des Vorstands zu vermeiden, darf die Delegationsfeindlichkeit der Leitungsaufgaben nicht dahingehend verstanden werden, dass der Vorstand in vollem Umfang alle Leitungsaufgaben höchstpersönlich zu erledigen hat.[337] Vielmehr muss die Entscheidungsverantwortung ausschlaggebend sein.[338] Sie ist das nicht delegierbare Element der Leitung. Sofern er letztlich eigenverantwortlich entscheidet, kann der Vorstand die Ausführung der Aufgabe an nachgeordnete Unternehmensebenen vergeben. Er gibt damit die unveräußerbare Leitungsmacht nicht aus der Hand. Dabei hat der Vorstand die eingesetzten Personen sorgfältig auszuwählen, einzuweisen und zu überwachen, um der ihm gem. § 93 I AktG obliegenden Sorgfalt gerecht zu werden.[339] Ferner muss er im Falle einer Fehlentwicklung einschreiten und die Aufgabe an sich ziehen können.[340]

Die Entscheidungsverantwortung bleibt damit beim Vorstand. Sie geht nicht auf den in der Entwurfbegründung genannten Compliance-Beauftragten über. Sollte der Vorstand die eingesetzten Personen nicht ordnungsgemäß überwacht bzw. die Aufgabe nicht rechtzeitig an sich gezogen haben, kann hierin eine Verbandsstraftat nach § 2 II VerbStrG bestehen. Den Compliance-Beauftragten zusätzlich zum Entscheidungsträger zu erklären, wird dagegen den Wertungen des

332 *Kremer/Klahold*, ZGR 2010, 113, 125 f.; *Müller*, NZA-Beilage 2014, 30, 34 f.; *Fleischer*, ZIP 2003, 1, 8 f.; *Goette*, ZHR 175 (2011), 388, 395; *Schmidt-Husson*, Hauschka, § 7 Rn. 6; *Froesch*, DB 2009, 722, 723; *Krieger/Günther*, NZA 2010, 367, 369; *Bürkle*, CCZ 2010, 4, 5 f.

333 *Kort*, FS G. H. Roth, 407, 409.

334 *Seibt*, FS K. Schmidt, 1463, 1472.

335 *Fleischer*, ZIP 2003, 1, 6.

336 *Müller*, NZA-Beilage 2014, 30, 35.

337 MüKo-AktG/*Spindler*, § 76 Rn. 18.

338 *Fleischer*, ZIP 2003, 1, 6; *Kort*, FS Hopt, Band 1, 983, 988 f.

339 *Krause*, BB 2009, 1370, 1373; *Krieger/Günther*, NZA 2010, 367, 369.

340 KölnKomm-AktG/*Mertens/Cahn*, § 76 Rn. 45.

Gesellschaftsrechts nicht gerecht. Auch hinsichtlich der weiteren nach Ansicht der Entwurfsverfasser ohne Vorbehalt erfassten Fälle (Rechnungsprüfer, mit Weisungsbefugnissen ausgestattete Umwelt- oder Datenschutzbeauftragte, der Leiter einer Innenrevision) bleiben Fragen offen. So müsste anstelle einer allgemeingültigen Festlegung des Personenkreises im Einzelfall geklärt werden, ob die genannten Personen nach den tatsächlichen Gegebenheiten lediglich in Absprache mit der Unternehmensführung bzw. nach bestimmten Vorgaben handeln.[341] Ob dann noch von der „Ausübung eines selbstständigen Pflichtenkreises“[342], mithin von Entscheidungsträgern gesprochen werden kann, ist äußerst zweifelhaft. Es ist daher vor einer Überdehnung des Entscheidungsträgerbegriffs im Rahmen des § 1 III d) zu warnen.

341 *Mansdörfer*, ZIS 2015, 23, 26.
342 Gesetzesentwurf, S. 41.

5. Kapitel: Konzeptionelle Erwägungen zu den Verbandsstraftatbeständen unter Berücksichtigung der Unternehmenshaftung im Deliktsrecht

§ 2 VerbStrG enthält als „Kernvorschrift“[343] des Gesetzesentwurfs die beiden Straftatbestände des Verbandsstrafgesetzbuchs. Die Ausgestaltung der Straftatbestände steht im Mittelpunkt der Debatte um ein Unternehmens- oder Verbandsstrafrecht.[344] Die bislang diskutierten Ansätze divergieren je nachdem, welche Strafgründe bzw. Anknüpfungspunkte die Autoren zugrunde legen.[345] Es stellt sich nun die Frage, ob die für das Verbandsstrafgesetzbuch gewählte Konzeption die Erwägungen der Entwurfsverfasser konsequent umsetzt. Sollten die in der Entwurfsbegründung aufgeführten Gründe für eine Verbandsstrafbarkeit im geplanten Gesetzestext keinen Niederschlag gefunden haben und damit die eigenen Vorgaben verfehlt worden sein, ist weiter zu untersuchen, wie den angestellten Überlegungen konzeptionell Geltung verschafft werden kann. Möglicherweise müssen hierzu keine von Grund auf neuen strafrechtlichen Modelle entwickelt werden, die neben den bereits bestehenden Strömungen stehen. Vielmehr könnten im Rahmen einer intradisziplinären Betrachtung womöglich Wertungen und Konstruktionen der deliktsrechtlichen Unternehmenshaftung bemüht werden, um den Grundgedanken und Zielen des Gesetzesentwurfs Rechnung zu tragen.

I. Das Verhältnis des Deliktsrechts zum Strafrecht

Dabei sollen zivilrechtliche Wertungen nicht unbesehen auf das Strafrecht übertragen werden.[346]

---

343 Gesetzesentwurf, S. 43.

344 S. zur bisherigen Entwicklung Kapitel 2, I.; Ausführliche Darstellung der aktuellen Konzepte bei *Schmitt-Leonardy*, Unternehmenskriminalität ohne Strafrecht?, Rn. 552 ff.

345 *Tiedemann*, Wirtschaftsstrafrecht AT, Rn. 369 ff.

346 Vor einer undifferenzierten Heranziehung zivilrechtlicher Haftungsprinzipien zur Bestimmung strafrechtlicher Verantwortlichkeit warnend BGHSt 37, 106, 115.

1. Aufgaben

Diese Vorgehensweise würde auch befremdlich erscheinen, verfolgen die beiden Rechtsgebiete doch zumindest teilweise unterschiedliche Ziele und erfüllen grundsätzlich verschiedene Aufgaben.

Im strafrechtlichen Theorienstreit zu Sinn und Zweck der Strafe[347] haben sich mittlerweile in Rechtsprechung und Literatur weitgehend die sog. Vereinigungstheorien durchgesetzt.[348] Diese verbinden mit differierender Schwerpunktsetzung sämtliche Strafzwecke von der Vergeltung begangenen Unrechts bis hin zur Prävention.[349] Das Strafrecht geht somit sowohl vom Vergeltungs- als auch vom Präventionsprinzip aus und versucht, diese in ein ausgewogenes Verhältnis zu bringen.

Dem Deliktsrecht liegt demgegenüber vornehmlich der Ausgleichs- oder Kompensationsgedanke zugrunde.[350] Dieser besagt, dass der Geschädigte so zu stellen ist, wie er ohne das die Ersatzpflicht des Schädigers begründende Ereignis stehen würde. Der rechtlich zu verantwortende Schaden soll grundsätzlich in vollem Umfang ausgeglichen werden. Diese Ausgleichfunktion, die das gesamte zivile Schadensersatzrecht beherrscht,[351] hat in erster Linie durch § 249 I BGB Eingang in das Gesetz gefunden.[352]

Dass dem Deliktsrecht daneben auch eine gewisse Präventionsfunktion immanent ist, lässt sich nicht völlig von der Hand weisen. Schließlich wird der Einzelne bestrebt sein, sich so zu verhalten, dass er Schadensersatzansprüche nach Möglichkeit vermeidet.[353] Der Präventionsgedanke greift jedoch nur dort Platz, wo eine Steuerungswirkung tatsächlich möglich ist, weil der Normadressat durch sein Verhalten eine Ersatzpflicht auch ausschließen kann. Dies ist bei der Verschuldenshaftung uneingeschränkt der Fall. Im Rahmen der Gefährdungshaftung kann hingegen nur in einem bestimmten Umfang durch Vorkehrungen

---

347 Überblick bei *Roxin*, AT I, § 3 Rn. 1 ff.

348 BVerfGE 45, 187, 253 f.; BGHSt 28, 318, 326; *Roxin*, AT I, § 3 Rn. 33 ff.; *Wessels/Beulke/Satzger*, Rn. 12; MüKo-StGB/*Joecks*, Einl. Rn. 70 ff.; *Kühl*/Heger, § 46 Rn. 2; Kindhäuser/Neumann/Paeffgen/*Hassemer/Neumann*, Vor. § 1 Rn. 286.

349 BVerfGE 45, 187, 253 f.; *Wessels/Beulke/Satzger* Rn. 12.

350 *Larenz/Canaris*, SchuldR II/2, S. 354; *Larenz*, SchuldR I, S. 424 f.; Staudinger/*Hager*, Vor. §§ 823 ff. Rn. 9; *Lange/Schiemann*, S. 9 ff.; *Heck*, S. 438; a.A. MüKo-BGB/*Wagner*, Vor. § 823 Rn. 38 ff.

351 *Kleindiek*, S. 198.

352 *Larenz*, SchuldR I, S. 424.

353 Staudinger/*Hager*, Vor. §§ 823 ff. Rn. 10.

das Risiko eines Schadenseintritts minimiert werden.[354] Zudem wird im Einzelfall die Präventionswirkung durch die Überwälzung des Schadens auf die Versicherung herabgesetzt.[355] Mithin ist eine abschreckende Wirkung nicht in allen Bereichen des Deliktsrechts zu verzeichnen. Den Präventionsgedanken gleichberechtigt neben den Aspekt des Schadensausgleichs oder gar in den Vordergrund zu stellen, geht daher zu weit.[356] Anders als im Strafrecht ist die Präventionsfunktion im Deliktsrecht kein Hauptzweck, aber doch zumindest ein „erwünschtes Nebenprodukt".[357] Der Streit um den Stellenwert des Präventionsgedankens ändert jedoch nichts daran, dass dieser im Deliktsrecht mittlerweile allgemein anerkannt ist. Insofern lässt sich teilweise eine Annäherung der Zwecke des Delikts- und des Strafrechts feststellen.[358]

Eine weitergehende Übereinstimmung der Zweckgrundlage dieser Rechtsgebiete ist abzulehnen. Mag der Schädiger seine Ersatzpflicht nicht selten auch als Strafe empfinden, so ist der Gedanke der Vergeltung begangenen Unrechts dem Deliktsrecht jedoch fremd.[359] Dies ergibt sich bereits aus der Entstehungsgeschichte der §§ 249 ff. BGB. Die Verfasser des BGB lehnten eine „aufgeteilte Abstufung des Umfangs der Schadensersatzpflicht je nach Art oder dem Grade des Verschuldens"[360] ab. Sie führten aus, dass „die Heranziehung moralisierender oder strafrechtlicher Gesichtspunkte, worauf jene Abstufung beruht, [...] bei der Bestimmung der zivilrechtlichen Folgen unerlaubten, widerrechtlichen Verhaltens durchaus fern gehalten werden [muss]"[361]. Zwar werden mitunter der Genugtuungsfunktion des Schmerzensgelds auch pönale Elemente zugesprochen.[362] Ob diese aber den – freilich umstrittenen – Aspekt der Vergeltung,

---

354 *Larenz*, SchuldR I, S. 423.

355 RGRK-BGB/*Steffen*, Vor. § 823 Rn. 6; vgl. auch *Laufs*, FS Gernhuber, 245, 257.

356 So aber *Brüggemeier*, FS Jahr, 223, 224 ff; *Kötz*, FS Steindorff, 643 ff.; MüKo-BGB/*Wagner*, Vor. § 823 Rn. 40 f.; Soergel/*Spickhoff*, Vor. § 823 Rn. 31 ff.

357 *Larenz*, SchuldR I, S. 423; s. ferner *Deutsch*, Rn. 18; Staudinger/*Hager*, Vor. §§ 823 ff. Rn. 10; *Kleindiek*, S. 198; *Lange/Schiemann*, S. 11; RGRK-BGB/*Steffen*, Vor § 823 Rn. 6.

358 Soergel/*Spickhoff*, Vor. § 823 Rn. 37.

359 *Lange/Schiemann*, S. 13; MüKo-BGB/*Wagner*, Vor. § 823 Rn. 44; *Larenz*, SchuldR I, S. 423; *Kleindiek*, S. 199.

360 Mot. II, S. 17.

361 Mot. II, S. 17 f.

362 *Deutsch*, FS Wahl, 339, 340; Soergel/*Spickhoff*, Vor. § 823 Rn. 37; Staudinger/*Hager*, Vor. §§ 823 ff. Rn. 11; *Lange/Schiemann*, S. 13; vgl. auch BGHZ (GS) 18, 149, 155: „Wenn auch den Schadensersatzansprüchen aus unerlaubter Handlung, auch denen auf Entschädigung wegen immaterieller Schäden, kein unmittelbarer Strafcharakter

wie man ihn aus dem Strafrecht kennt, zu einem Ziel des Deliktsrechts emporheben, darf bezweifelt werden.[363] Indem die Genugtuungsfunktion lediglich bei immateriellen Schäden Berücksichtigung findet, nicht dagegen bei den weitaus öfter anzutreffenden Fällen des Vermögensschadens, ist ihr Geltungsbereich von vornherein begrenzt.[364] Häufig wird das Vergeltungsinteresse zudem ohnehin nicht befriedigt, da eine Versicherung für den Schaden aufkommt und nicht der Schädiger mit seinem Privatvermögen.[365] Unterstützt wird die Grundentscheidung des deutschen Deliktsrechts gegen den pönalen Gesichtspunkt der Vergeltung vorwerfbar begangenen Unrechts ferner durch die Wertung des Art. 40 III Nr. 1 und 2 EGBGB.[366] Demnach können Ansprüche, die dem Recht eines anderen Staates unterliegen, nicht geltend gemacht werden, soweit sie (1.) wesentlich weiter gehen als zur angemessenen Entschädigung des Verletzten erforderlich oder (2.) offensichtlich anderen Zwecken als einer angemessenen Entschädigung des Verletzten dienen. Die Vorschrift soll übermäßig hohe Schadensersatzansprüche nach ausländischem Recht beschränken, insbesondere für Fälle des Strafschadensersatzes (punitive damages[367]) nach US-amerikanischem Recht.[368] Art. 40 III Nr. 2 EGBGB meint vor allem Situationen, in denen es den ausländischen Rechtsvorschriften in einem nach inländischen Rechtsvorstellungen nicht mehr tolerierbaren Maß um Bestrafung, Abschreckung oder Erziehung geht.[369] Dadurch wird deutlich, dass das Deliktsrecht primär die Kompensation eingetretener Schäden intendiert, obwohl ihm der Präventionsgedanke und in seinen Auswirkungen auch pönale Elemente nicht unbekannt sind. Im Grundsatz unterscheiden sich damit die Aufgaben und Funktionen des Delikts- und des Strafrechts.

2. Historische Entwicklung und Synergieeffekte

Trotz dieser Erkenntnis sind die beiden Rechtsgebiete nicht völlig losgelöst voneinander zu betrachten.

---

mehr innewohnt, so schwingt doch in dem Ausgleichsgedanken auch heute noch etwas vom Charakter der Buße […] mit."

363 Staudinger/*Hager*, Vor. §§ 823 ff. Rn. 11.

364 MüKo-BGB/*Wagner*, Vor. § 823 Rn. 44.

365 *Wagner*, AcP 206 (2006), 352, 362 f.

366 Krit. *Hay*, FS Stoll, 521, 527 ff.

367 Dazu *Schmitz*, JuS 1999, 941.

368 MüKo-BGB/*Junker*, Art. 40 EGBGB Rn. 113.

369 MüKo-BGB/*Junker*, Art. 40 EGBGB Rn. 113.

Historisch sind sie der gleichen Wurzel entsprungen und entwickelten sich erst später auseinander.[370] In den Rechtsordnungen einiger anderer Staaten ist bis heute keine strikte Trennung von Delikts- und Strafrecht durchgeführt worden.[371] Obwohl die deutsche Rechtsordnung heutzutage im Hinblick auf die Funktionen und im Verfahren zwischen beiden Rechtsgebieten unterscheidet, sind diese auch im deutschen Recht nach wie vor verklammert.[372] Diese Verklammerung erfolgt – ungeachtet seiner immer noch geringen Bedeutung für die deutsche Praxis[373] – im Prozessrecht durch das Adhäsionsverfahren (§§ 403 ff. StPO).[374] Dieses eröffnet dem Verletzten oder dessen Erbe die Möglichkeit, gegen den Beschuldigten einen aus der Straftat erwachsenen vermögensrechtlichen Anspruch, der zur Zuständigkeit der ordentlichen Gerichte gehört und noch nicht anderweitig gerichtlich anhängig gemacht worden ist, im Strafverfahren geltend zu machen (§ 403 StPO). Materiell-rechtlich sind das Delikts- und das Strafrecht auf der einen Seite durch die Transmissionsnorm des § 823 II BGB verbunden.[375] Voraussetzung für einen Schadensersatzanspruch nach § 823 II BGB ist die Verletzung eines Schutzgesetzes. Als solches kommen vor allem die Individualrechtsgüter schützenden Normen des Strafrechts in Betracht.[376] Durch die Hintertür des § 823 II BGB erlangt damit das Strafrecht im Deliktsrecht Bedeutung. Das gilt auch für § 823 I BGB. Trotz der mitunter bestehenden Unterschiede in der dogmatischen Erfassung der Tatbestände von § 823 I BGB und vergleichbaren strafrechtlichen Erfolgsdelikten[377] werden teilweise strafrechtliche Ergebnisse auf ersteren übertragen.[378] Auf der anderen Seite sind strafrechtliche Regelungen (z.B. Diebstahl (§ 242 StGB), Betrug (§ 263 StGB) oder Untreue (§ 266 StGB)) häufig bestimmt von zivilrechtlichen Begriffen und Vorfragen.[379]

---

370 *Heck*, S. 437 f.; *Deutsch*, FS Wahl, 339, 340 f.; MüKo-BGB/*Wagner*, Vor. § 823 Rn. 2; *Kötz/Wagner*, Deliktsrecht, Rn. 13 ff.; speziell zur Entwicklung des Schmerzensgelds aus dem Strafrecht BGHZ (GS) 18, 149, 155.

371 Soergel/*Spickhoff*, Vor. § 823 Rn. 36 zu den romanischen Rechten; MüKo-BGB/*Wagner*, Vor. § 823 Rn. 62 zu den Rechtsordnungen des common law.

372 MüKo-BGB/*Wagner*, Vor. § 823 Rn. 62.

373 Vgl. Dölling/Duttge/Rössner/*Weiner*, § 403 StPO Rn. 2; *Haller*, NJW 2011, 970.

374 Soergel/*Spickhoff*, Vor. § 823 Rn. 36; MüKo-BGB/*Wagner*, Vor. § 823 Rn. 62.

375 MüKo-BGB/*Wagner*, Vor. § 823 Rn. 62.

376 S. Übersicht bei Staudinger/*Hager*, § 823 Rn. G 24.

377 S. zu Einzelfragen (z.B. zum Fahrlässigkeitsmaßstab oder zur Garantenstellung) *Ransiek*, ZGR 1992, 203, 206 f. m.w.N.

378 Diese Entwicklung feststellend aber ablehnend *Ransiek*, ZGR 1992, 203, 205 ff., 225 ff.

379 *Lutter*, NZG 2010, 601.

Bereits wegen des Bestimmtheits- und Vorhersehbarkeitsgrundsatzes (Art. 103 II GG) verbietet sich in diesen Konstellationen eine zum Zivilrecht widersprüchliche Auslegung im Strafrecht. Auch der dem Übermaßverbot entstammende ultima-ratio-Gedanke des Strafrechts[380] steht einer strafrechtsautonomen Auslegung entgegen.[381] Das Strafrecht darf die zivilrechtlichen Wertungen somit nicht außer Acht lassen.[382]

Das skizzierte Zusammenspiel der beiden Rechtsgebiete zeigt, dass zwischen ihnen, obgleich sie ansonsten strikt getrennt sind, de lege lata Synergieeffekte zu beobachten sind. Wegen der grundsätzlich differierenden Funktionen ist bei Wertungsübertragungen aber Vorsicht geboten.[383] Es muss im Einzelfall analysiert werden, ob sich Grundsätze und Wertungen des einen in das System des jeweils anderen Rechtsbereichs eingliedern lassen.

Der Grundgedanke, deliktsrechtliche Entwicklungen heranzuziehen, um eine strafrechtliche Verantwortlichkeit von Unternehmen bzw. Verbänden zu statuieren, wurde in den USA bereits vollzogen. Dort wurde die zivilrechtliche Kausalhaftung des Prinzipals für Angestellte auf das Strafrecht übertragen.[384] Möglicherweise bietet sich diese Vorgehensweise auch für das deutsche Recht an. Vereinzelt wurden zivilrechtliche Erwägungen schon im Zusammenhang mit der Frage nach einem deutschen Unternehmens- oder Verbandsstrafrecht angestellt und Wertungsübertragungen angedacht.[385] Obwohl letztere in der Regel rasch wieder verworfen wurden, ist dennoch fraglich, ob die Unternehmenshaftung im Deliktsrecht – jedenfalls in Teilen – für konzeptionelle Überlegungen zu den Verbandsstraftaten fruchtbar gemacht werden kann.

II. Die Unternehmenshaftung im Deliktsrecht

Dazu soll zunächst ein Blick auf die Unternehmenshaftung im Deliktsrecht geworfen werden.

---

380 Vgl. dazu nur BVerfGE 39, 1, 47.

381 *Seibt/Schwarz*, AG 2010, 301, 304.

382 *Lutter*, NZG 2010, 601, 603.

383 Vgl. *Ransiek*, ZGR 1992, 203, 227 f.

384 *Beale*, ZStW 2014, 27; *Pieth*, KJ 2014, 276, 279 m.w.N.

385 Vgl. nur *Ehrhardt*, S. 223 f.; *Ransiek*, Kempf/Lüderssen/Volk, 285, 302 f.; *ders.*; Unternehmensstrafrecht, S. 435 (zusammenfassend); *Schroth*, S. 186 f. zur Interpretation des § 31 BGB aus strafrechtlicher Sicht; KK-OWiG/*Rogall*, § 30 Rn. 287: „Eine Unternehmenshaftung nach dem Modell des § 831 BGB kommt jedenfalls nicht in Betracht."; *K. Schmidt*, Gesellschaftsrecht, S. 283 zum Zurechnungsgedanken des § 31 BGB im Ordnungswidrigkeitenrecht; *Tiedemann*, NJW 1988, 1169, 1173; BGHSt 5, 28, 31.

1. Die Grundkonzeption

Das BGB hält keine Regelungen, die spezifisch die Haftung von Unternehmen als solchen zum Inhalt haben, bereit.[386] Vielmehr sind nach dem Wortlaut des Gesetzes zunächst nur Geschäftsherren (§ 831 BGB) sowie Vereine (§ 31 BGB), Stiftungen (§ 86 BGB i.V.m. § 31 BGB) und juristische Personen des öffentlichen Rechts (§ 89 BGB i.V.m. § 31 BGB) als Haftungsadressaten vorgesehen. Während der Geschäftsherr nach § 831 BGB für Delikte seiner Verrichtungsgehilfen einzustehen hat, ist der Verein gem. § 31 BGB für den Schaden verantwortlich, den der Vorstand, ein Mitglied des Vorstands oder ein anderer verfassungsmäßig berufener Vertreter durch eine in Ausführung der ihm zustehenden Verrichtungen begangene, zum Schadensersatz verpflichtende Handlung einem Dritten zufügt.

2. Der „pointillistische" Ansatz des § 831 BGB

Anders als das im Bereich des common law vorherrschende Prinzip des respondeat superior rechnet § 831 dem Geschäftsherrn das Delikt des Gehilfen nicht einfach zu, sondern verlangt ein eigenes Verschulden des Geschäftsherrn,[387] das vermutet wird. Die Norm statuiert dabei keine umfassenden Organisationspflichten zur Schadensvermeidung, sondern einzelne konkrete Verkehrssicherungspflichten.[388] So ist der Geschäftherr stets zur Auswahlsorgfalt verpflichtet und, sofern er Vorrichtungen oder Gerätschaften zu beschaffen oder die Ausführung der Verrichtung zu leiten hat, treffen ihn ferner Beschaffungs- und Leitungspflichten (§ 831 I 2 BGB). Geschäftsherrenpflichten unabhängig vom Gehilfeneinsatz haben hingegen in § 831 BGB ebenso wenig Eingang gefunden wie die Erkenntnis, dass zur Schadensverhütung die Organisation des Produktionsprozesses in Gänze erforderlich ist und nicht nur die Begleitung einzelner Produktionsschritte. § 831 BGB liegt somit keine ganzheitliche Betrachtungsweise zugrunde, weshalb sein Konzept als „pointillistisch"[389] bezeichnet wird.

386 MüKo-BGB/*Wagner*, § 823 Rn. 76.
387 *Kötz/Wagner*, Deliktsrecht, Rn. 310.
388 Staudinger/*Belling*, § 831 Rn. 9.
389 *Kleindiek*, S. 290 f.

3. Die Unternehmenshaftung auf Grundlage des § 823 I BGB

Die Rechtsprechung hat es nicht bei den Pflichten des mitunter als „missglückt“[390] oder „ständiges Ärgernis“[391] bezeichneten § 831 BGB belassen.[392] Auf Grundlage des § 823 I BGB wurde ein unternehmerisches Pflichtenprogramm entwickelt, das schrittweise eine praktische Verdrängung des § 831 BGB zur Folge hatte.[393] Demnach ist für eine ordnungsgemäße Betriebsführung zu sorgen. Innerbetriebliche Abläufe sind so zu organisieren, dass Schädigungen Dritter in dem gebotenen Umfang vermieden werden.[394] Betriebsangehörige müssen dabei hinreichend instruiert[395] und beaufsichtigt[396] werden. Aufgrund dieser in § 823 I BGB verorteten allgemeinen Aufsichts- und Organisationspflichten kann ein Geschäftsherr auch dann haftbar gemacht werden, wenn er die Pflichten des § 831 BGB erfüllt, also ordnungsgemäß den Verrichtungsgehilfen ausgewählt, angeleitet und Gerätschaften beschafft hat.[397] Eine Umgehung des § 831 BGB oder gar eine Rechtsfortbildung contra legem ist darin nicht zu erkennen, da – trotz möglicher Überschneidungen im Einzelfall[398] – die jeweiligen Anknüpfungspunkte und Intentionen nicht die gleichen sind.[399] Dem individualistischen Konzept des § 831 BGB, das nur bestimmte Verkehrssicherungspflichten für einen Geschäftsherrn, der seinen Gehilfen für eine Verrichtung einsetzt, vorsieht, steht das kollektivistische Konzept des § 823 I BGB gegenüber, das allgemeine Aufsichts- und Organisationspflichten eines Verkehrspflichtenträgers begründet, um der Realität moderner Unternehmensorganisation gerecht zu werden, in der „gerade aus dem arbeitsteilig organisierten Produktionsprozess Gefahren für Rechte und Rechtsgüter Dritter erwachsen, denen auch nur arbeitsteilig begegnet werden kann“[400].

390 *Kötz/Wagner*, Deliktsrecht, Rn. 311.
391 *Hauß*, Verhandlungen des 46. DJT, Bd. II, C23, C 43.
392 Grundlegend RGZ 53, 53, 58.
393 MüKo-BGB/*Wagner*, § 823 Rn. 78; § 831 Rn. 2, 11; *K. Schmidt*, Karlsruher Forum 1993, S. 4, 5.
394 MüKo-BGB/*Wagner*, § 823 Rn. 78 m.w.N.
395 BGH NJW 1955, 1314, 1315.
396 BGH NJW 1968, 247, 248 f.
397 *Kötz/Wagner*, Deliktsrecht, Rn. 311.
398 Staudinger/*Belling*, § 831 Rn. 9.
399 *Kleindiek*, S. 304 f.
400 *Kleindiek*, S. 291.

4. § 31 BGB

a) Funktion

aa) Grundsätzliches

Die geschilderten deliktischen Verhaltenspflichten der §§ 823 I, 831 BGB richten sich zunächst wie das gesamte Deliktssystem der §§ 823 ff. BGB nur an Individualpersonen. Erst § 31 BGB ermöglicht die deliktische Verantwortlichkeit kollektiver Rechtssubjekte[401] und damit vor allem auch der als Gesellschaft verfassten Unternehmen.[402] Grundüberlegung des § 31 BGB ist, dass die juristische Person, die erst durch ihre Vertreter als natürliche Personen am Rechtsverkehr teilnehmen kann, für das Handeln dieser Personen so verantwortlich sein soll wie eine natürliche Person für ihr eigenes.[403] Folglich muss sie auch die Nachteile tragen, die diese Handlungen mit sich bringen.[404] Darüber hinaus wäre die juristische Person ohne die Regelung des § 31 BGB gegenüber einer natürlichen Person – insbesondere dem Einzelunternehmer – haftungsrechtlich besser gestellt, da sie außerhalb vertraglicher Schuldverhältnisse immer nur mit der Exkulpationsmöglichkeit des § 831 I 2 BGB haften würde.[405] § 31 BGB eröffnet zwei Möglichkeiten der Deliktshaftung juristischer Personen:[406]

bb) Kumulative Mithaft

Zum einen bewirkt die Norm die kumulative Haftung juristischer Personen für Eigendelikte ihrer verfassungsmäßig berufenen Vertreter. Liegen die Voraussetzungen des § 31 BGB vor, haftet die juristische Person neben dem Repräsentanten, wenn dieser alle Merkmale des Deliktstatbestandes verwirklicht hat.[407] Der juristischen Person wird somit das vollständige Delikt des Vertreters ohne Exkulpationsmöglichkeit zugerechnet.[408]

---

401 *Matusche-Beckmann*, S. 133 ff.; *Kleindiek*, S. 357.

402 *Kötz/Wagner*, Deliktsrecht, Rn. 311.

403 MüKo-BGB/*Reuter*, § 31 Rn. 2.

404 BGHZ 98, 148, 151 = NJW 1986, 2941, 2943; Mot. I, S. 102 f.; BeckOK/*Schöpflin*, § 31 Rn. 1; Staudinger/*Weick*, § 31 Rn. 1.

405 *Hassold*, JuS 1982, 583, 586; *Matusche-Beckmann*, S. 135.

406 *Kleindiek*, S. 355 ff.; *Matusche-Beckmann*, S. 133 ff.

407 *Kleindiek*, S. 355.

408 BGH NJW 1987, 1193, 1194; BeckOK/*Schöpflin*, § 31 Rn. 1.

cc) Exklusive Verpflichtungshaftung

Zum anderen gestattet § 31 BGB die Haftung juristischer Personen für Verkehrspflichten, deren Adressatin allein sie ist.[409] Diese originäre Haftung ist nicht auf ein Individualdelikt als Anknüpfungstat angewiesen, denn in diesem Fall wird über § 31 BGB nicht wie bei der kumulativen Mithaft das vollständige Delikt des Repräsentanten, sondern allein dessen schuldhafte Säumnis der die juristische Person treffenden Pflicht zugerechnet.[410] § 31 BGB ist damit nicht nur als bloße Zurechnungsnorm zu verstehen.[411] Durch die Normierung des § 31 BGB wurden vielmehr kollektive Rechtssubjekte als Träger deliktischer Verkehrspflichten anerkannt und eine exklusive Verpflichtungshaftung juristischer Personen statuiert.[412] Auf diese Weise treffen die auf Grundlage des § 823 I BGB konstruierten allgemeinen Aufsichts- und Organisationspflichten nicht lediglich Einzelunternehmer, sondern auch juristische Personen, die als Unternehmensträger fungieren.

b) Erweiterung des Anwendungsbereichs

Die Bedeutung des § 31 BGB für die Unternehmenshaftung ist mit der in Rechtsprechung und Schrifttum entwickelten Ausdehnung seines Anwendungsbereichs weiter gewachsen. Inzwischen ist die entsprechende Anwendbarkeit der Norm auf alle juristischen Personen des Privatrechts, den nicht rechtsfähigen Verein, die Personengesellschaften des Handelsrechts sowie die GbR weitgehend anerkannt.[413] Doch nicht nur der Adressatenkreis wurde zunehmend weiter gefasst. Auch der Repräsentantenkreis wurde ausgeweitet. Hintergrund ist, dass im Spektrum der für ein Unternehmen handelnden natürlichen Personen eine Lücke zwischen dem verfassungsmäßig berufenen Vertreter i.S.d. § 31 BGB und dem unselbstständigen Gehilfen i.S.d. § 831 BGB klafft.[414] Um eine haftungsbefreiende Pflichtendelegation auf Personen, die von keiner der beiden Normen erfasst werden, zu verhindern und die Reichweite der Haftung damit dem „Belieben

---

409 *Matusche-Beckmann*, S. 133; *Kleindiek*, S. 356.

410 *Kleindiek*, S. 365 f.

411 Anders wohl BGH NJW 1987, 1193, 1194: „§ 31 BGB ist keine haftungsbegründende, sondern eine haftungszuweisende Norm, die einen Haftungstatbestand voraussetzt. Über § 31 BGB wird die unerlaubte Handlung des Organs lediglich der juristischen Person als Haftungsmasse zugerechnet."

412 *Kleindiek*, S. 365.

413 Palandt/*Ellenberger*, § 31 Rn. 3; MüKo-BGB/*Reuter*, § 31 Rn. 11 ff.; Soergel/*Hadding*, § 31 Rn. 6 f.; BeckOK/*Schöpflin*, § 31 Rn. 3 m.w.N.

414 MüKo-BGB/*Reuter*, § 31 Rn. 7.

des Unternehmens"[415] zu entziehen, haben sich zwei Wege herausgebildet.[416] Die Rechtsprechung konstruierte die Figur des körperschaftlichen Organisationsmangels. Hiernach ist die juristische Person verpflichtet, für bestimmte Aufgaben einen verfassungsmäßig berufenen Vertreter i.S.d. § 31 BGB zu bestellen. Unterlässt sie dies, liegt darin ein Organisationsmangel, der ebenfalls eine Haftung zur Folge hat.[417] Alternativ zu dieser in der Literatur auf Kritik gestoßenen[418] Vorgehensweise lassen es die Rechtsprechung und weite Teile des Schrifttums für die (entsprechende) Anwendbarkeit des § 31 BGB ausreichen, dass die handelnde Person einem verfassungsmäßig berufenen Vertreter vergleichbar ist.[419] Erforderlich ist, dass „dem Vertreter durch die allgemeine Betriebsregelung und Handhabung bedeutsame, wesensmäßige Funktionen der juristischen Person zur selbständigen, eigenverantwortlichen Erfüllung zugewiesen sind, dass er also die juristische Person auf diese Weise repräsentiert"[420]. Die Rechtsprechung greift wahlweise auf eine der beiden konkurrierenden Varianten zurück, ohne dass eine Regel für die Wahl erkennbar wäre.[421] Auf das Ergebnis hat dies keine Auswirkungen. Durch die extensive Anwendung des § 31 BGB wird der Maxime, arbeitsteilig organisierte Unternehmen haftungsrechtlich genauso zu behandeln wie eine natürliche Person, weitgehend Rechnung getragen.[422]

5. Teleologische Reduktion des § 831 BGB?

Es kann allerdings nur von einer haftungsrechtlichen Annäherung, nicht von einer Gleichstellung gesprochen werden. Ein Unterschied ergibt sich nach wie vor aus § 831 BGB, indem die Entlastungsmöglichkeit auch für die Fälle bestehen bleibt, in denen ein zur Verrichtung bestellter Gehilfe gegen deliktische Pflichten

---

415 *Matusche-Beckmann*, S. 135.

416 *Matusche-Beckmann*, S. 135 ff.

417 BGHZ 13, 198, 203; BGHZ 24, 200, 213 = NJW 1957, 1315 f.; BGHZ 39, 124, 129 f. = NJW 1963, 902; BGH NJW 1972, 334; BGH NJW 1977, 2259, 2260.

418 *Landwehr* AcP 164 (1964), 482, 499 ff.; *Nitschke* NJW 1969, 1737, 1741; *Neumann-Duesberg*, NJW 1966, 715 f.; *Matusche-Beckmann*, S. 137 ff.; MüKo-BGB/*Reuter*, § 31 Rn. 8; Soergel/*Hadding*, § 31 Rn. 17.

419 BGHZ 49, 19, 21 = NJW 1968, 391 f.; *Hassold*, JuS 1982, 583, 587; *Schlechtriem*, FS Heiermann, 281, 287; Staudinger/*Weick*, § 31 Rn. 34; Soergel/*Hadding*, § 31 Rn. 18; MüKo-BGB/*Reuter*, § 31 Rn. 5; *Matusche-Beckmann*, S. 139 f.

420 BGHZ 49, 19, 21 = NJW 1968, 391 f.

421 MüKo-BGB/*Reuter*, § 31 Rn. 6.

422 MüKo-BGB/*Wagner*, § 823 Rn. 87.

des Unternehmens verstößt.[423] Teile der Literatur erwägen daher, § 831 BGB dahingehend teleologisch zu reduzieren, dass er auf diese Fälle nicht angewendet werden kann.[424] Gegen diese Ansicht spricht jedoch die Entstehungsgeschichte der Norm.[425] In den Protokollen der Kommission für die zweite Lesung des Entwurfs des BGB wird eine uneingeschränkte Verantwortlichkeit von Unternehmen für das Verhalten ihrer Verrichtungsgehilfen abgelehnt.[426] Eine unbedingte Einstandspflicht von Unternehmen für das deliktische Handeln sämtlicher Mitarbeiter aller Hierarchieebenen gibt es de lege lata somit nicht.

6. Zusammenfassung

Die deliktsrechtliche Unternehmenshaftung wird im Wesentlichen von zwei Konstruktionen geprägt: Auf der einen Seite werden dem Unternehmensträger die Delikte ihrer Repräsentanten gem. § 31 BGB zugerechnet (kumulative Mithaft). Auf der anderen Seite treffen die Unternehmensträger originäre Pflichten, für deren Verletzung – ausgelöst durch ein schuldhaftes Pflichtversäumnis eines Repräsentanten – nur sie haften (exklusive Verpflichtungshaftung). Hinzu kommt die Geschäftsherrenhaftung des § 831 BGB, die in der Praxis lediglich eine untergeordnete Rolle spielt.

III. Verbandsstraftaten – Das Regelungskonzept des Verbandsstrafgesetzbuchs

Das Regelungskonzept des Verbandsstrafgesetzbuchs zu den Verbandsstraftaten stellt sich wie folgt dar:

Der Gesetzentwurf enthält „zwei selbstständige materielle Verbandsstraftaten, wobei die Verbandsverantwortlichkeit im ersten Falle auf die fehlerhafte Auswahl der Führungsperson [§ 2 I VerbStrG], im zweiten Falle auf ein Überwachungsverschulden [§ 2 II VerbStrG] zurückgeführt werden kann“[427].

„Das Verbandsstrafrecht knüpft an ein spezifisches Verbandsunrecht an, welches darin besteht, dass der Verband sich eine derart unzureichende Organisation gibt, dass kriminelles Verhalten geduldet, begünstigt oder gar provoziert wird. Die Tätigkeit des Verbandes generiert spezifische Risiken, die sich von

423 Vgl. MüKo-BGB/*Wagner*, § 823 Rn. 87.
424 *Baums,* FS Lukes, 623, 635 f.
425 MüKo-BGB/*Wagner*, § 823 Rn. 88.
426 Prot. II, S. 603 = *Mugdan* II, S. 1094.
427 Gesetzesentwurf, S. 4.

denen unterscheiden, die einer Einzelperson zuzurechnen sind und die deshalb besondere Vorsorge und stetige Anpassung an die Risiken erfordern [...]. Wird dies versäumt und realisiert sich das so geschaffene, unerlaubte Risiko in einer verbandsbezogenen Zuwiderhandlung, ist der Verband selbst zu sanktionieren. Dieser der Vorschrift zugrunde liegende Begriff der originären Verbandsschuld ist weder identisch mit dem der Individualschuld des Entscheidungsträgers, noch erschöpft er sich in der schlichten Zurechnung von Individualschuld [...]. Der Verband haftet vielmehr im Rahmen seiner durch ihn selbst gewählten und ausgestalteten Organisation für Fehlentwicklungen, die Folge dieser fehlerhaften Organisation sind."[428]

1. § 2 I VerbStrG

a) Normtext

(1) Ist durch einen Entscheidungsträger in Wahrnehmung der Angelegenheiten eines Verbandes vorsätzlich oder fahrlässig eine verbandsbezogene Zuwiderhandlung begangen worden, so wird gegen den Verband eine Verbandssanktion verhängt.

b) Auszug aus der Entwurfsbegründung

„§ 2 Absatz 1 VerbStrG knüpft die Verbandssanktion an die Begehung einer verbandsbezogenen Zuwiderhandlung durch einen Entscheidungsträger. Dabei **gibt** die Vorschrift **das derzeit geltende Modell** der ‚individualistischen Verbandstäterschaft' [...] weitgehend **auf, bei dem Handlung und Verschulden des Einzeltäters dem Verband lediglich zugerechnet werden.**"[429]

> „Der **Vorwurf**, der gegen den Verband erhoben wird und der die ‚Verantwortlichkeit' des Verbandes begründet, besteht bei § 2 Absatz 1 VerbStrG dem gegenüber gerade in der **mangelhaften Personalauswahl oder im unzureichenden Aufgabenzuschnitt auf der Leitungsebene** des Verbandes. Die Verantwortung des Verbandes wird dadurch manifest, dass gerade die Personen, denen in Leitungsfunktion die Vermeidung von strafbarem Unrecht in besonderer Weise obliegt (zur Garantenstellung durch Übernahme eines entsprechenden Pflichtenkreises in einem Unternehmen vgl. BGHSt 54, 44), sich gegen Straftatbestände vergehen. Angesichts des großen Einflusses, den Entscheidungsträger mit Leitungs- oder Kontrollfunktionen notwendigerweise auf die Entwicklung eines Leitbildes für den Verband und damit auf die gesamte Verbandskultur haben, muss deren Auswahl besonders sorgfältig und deren Aufgabenzuschnitt besonders überlegt

---

428 Gesetzesentwurf, S. 43.
429 Gesetzesentwurf, S. 43.

und transparent erfolgen. **Werden Zuwiderhandlungen mit Verbandsbezug von diesen Personen begangen, so erweist sich deren Auswahl für ihre Funktion oder für die Rolle als Organ oder Vertreter von Anfang an als fehlerhaft**, soweit nicht Exzesstaten gänzlich ohne Verbandsbezug vorliegen […].“[430]

2. § 2 II VerbStrG

a) Normtext

(2) Ist in Wahrnehmung der Angelegenheiten eines Verbandes eine verbandsbezogene Zuwiderhandlung begangen worden, so wird gegen den Verband eine Verbandssanktion verhängt, wenn durch einen Entscheidungsträger dieses Verbandes vorsätzlich oder fahrlässig zumutbare Aufsichtsmaßnahmen, insbesondere technischer, organisatorischer oder personeller Art, unterlassen worden sind, durch die die Zuwiderhandlung verhindert oder wesentlich erschwert worden wäre.

b) Auszug aus der Entwurfsbegründung

„§ 2 Absatz 2 VerbStrG knüpft in Übereinstimmung mit den Vorgaben des Zweiten Protokolls und in Anlehnung an § 130 OWiG die Verbandssanktion an ein vorsätzliches oder fahrlässiges Aufsichts- oder Überwachungsverschulden eines Entscheidungsträgers. **Haftungsgrund ist damit ein Organisationsmangel unterhalb der Auswahl der Entscheidungsträger**. Entscheidungsträger sind verpflichtet, betriebstypischen Zuwiderhandlungsgefahren durch technische, personelle oder organisatorische Maßnahmen im Rahmen des Zumutbaren entgegenzuwirken.“[431]

IV. Vergleich der zugrunde liegenden Intentionen

Vergleicht man die zugrunde liegenden Intentionen der deliktsrechtlichen Unternehmenshaftung und der Verbandsstraftaten, ergeben sich sowohl Gemeinsamkeiten als auch Unterschiede.

Während im Deliktsrecht § 31 BGB u.a. die kumulative Mithaft der Verbände für Eigendelikte ihrer verfassungsmäßig berufenen Vertreter statuiert, sagt sich die Entwurfsbegründung ausdrücklich vom Zurechnungsmodell los. Dem Verband sollen Handlung und Verschulden des Einzeltäters nicht lediglich zugerechnet werden. Vielmehr geht der Entwurf von einer originären Verbandsschuld aus, die nicht mit der Individualschuld des Einzeltäters übereinstimmt.[432]

---

430 Gesetzesentwurf, S. 45.

431 Gesetzesentwurf, S. 45 f.

432 Gesetzesentwurf, S. 43.

Dieser Gedanke deckt sich mit dem der durch § 31 BGB vermittelten exklusiven Verpflichtungshaftung eines Verbandes, wenn allein der Verband Adressat einer Verkehrspflicht ist, nicht sein Repräsentant. Doch nicht nur die Grundkonzeption der Verbandsstraftaten und der exklusiven Verpflichtungshaftung, den Verband zum alleinigen (Haftungs-)Adressaten zu machen und ihm eigene Pflichten aufzuerlegen, ist vergleichbar. Auch die beabsichtigte inhaltliche Ausgestaltung der konkreten Anforderungen, die das Verbandsstrafgesetzbuch an einen Verband stellt, findet sich in der deliktsrechtlichen Unternehmenshaftung wieder. Das spezifische Verbandsunrecht, von dem das Verbandsstrafgesetzbuch ausgeht, besteht in einer unzureichenden Organisation. Der Verband soll für Fehlentwicklungen, die Folge seiner selbst gewählten, fehlerhaften Organisation sind, sanktioniert werden.[433] Wie bereits gesehen, wird im Zivilrecht auf Grundlage von § 823 I BGB eine allgemeine Aufsichts- und Organisationspflicht des Betriebsinhabers angenommen, die über § 31 BGB auch für Verbände als Unternehmensträger gilt. Demnach haften Verbände nach § 31 BGB (gegebenenfalls analog) i.V.m. § 823 I BGB, wenn sie ihrer Pflicht, den Betrieb so zu organisieren, dass Schädigungen Dritter in dem gebotenen Umfang vermieden werden, nicht nachgekommen sind. Haftungsgrund sowohl der Verbandsstraftaten als auch der Haftung aus § 823 I BGB wegen Organisationsverschuldens ist zunächst eine fehlerhafte Organisation und dann eine darauf gründende Fehlentwicklung in Form einer Zuwiderhandlung (Straftat bzw. Rechts(guts)verletztung und Schadensverursachung) durch einen Betriebsangehörigen. Die Idee der exklusiven Verpflichtungshaftung des Verbandes für ein Organisationsverschulden, wie sie das Zivilrecht bereits kennt, hat damit in die Entwurfsbegründung zum Verbandsstrafgesetzbuch Einzug gehalten. Etwas anderes gilt für den Gedanken der kumulativen Mithaft. Eine bloße Zurechnung der Straftaten einer Einzelperson zulasten des Verbandes wird in der Begründung abgelehnt.

V. Trotz vergleichbarer Intentionen: Unterschiedliche Ausgestaltung?

Fraglich ist, ob Deliktsrecht und Verbandsstrafgesetzbuch dort, wo sie von der gleichen Prämisse ausgehen, auch eine vergleichbare Umsetzung gewählt bzw. ähnliche Rückschlüsse gezogen haben.

433 Gesetzesentwurf, S. 43.

1. § 2 I VerbStrG: Fehlerhafte Personalauswahl oder unzureichender Aufgabenzuschnitt

Dazu sind die Konzeptionen der beiden Verbandsstraftatbestände getrennt zu untersuchen.

a) Die Konzeption des § 2 I VerbStrG

aa) Abkehr vom klassischen Zurechnungsmodell?

In der Literatur werden de lege ferenda unterschiedliche Modelle zur strafrechtlichen Sanktionierung von Verbänden diskutiert. Dabei haben sich im Wesentlichen drei verschiedene Grundströmungen herausgebildet:[434] Das Zurechnungsmodell geht von einer Sanktionierung des Verbandes für fremdes Fehlverhalten aus. Die Individualschuld einer Einzelperson soll dem Verband unter bestimmten Voraussetzungen zugerechnet werden.[435] Das Modell der originären Verbandsschuld knüpft demgegenüber an ein Organisationsverschulden des Verbandes an. Entscheidend ist die Verletzung spezifischer Verbandspflichten.[436] Nach dem Maßregelmodell sollen schuldlosgelöst Maßregeln gegen Verbände verhängt werden können.[437]

Das Verbandsstrafgesetzbuch folgt nach der Entwurfsbegründung dem Modell der originären Verbandsschuld. Es strebt eine Abkehr vom klassischen Zurechnungsmodell an.[438] Nach § 2 I VerbStrG genügt es für die Feststellung einer Verbandsstraftat jedoch, wenn ein Entscheidungsträger vorsätzlich oder fahrlässig eine verbandsbezogene Zuwiderhandlung begeht. Die Norm schließt von der Tat eines Einzelnen auf eine Straftat des Verbandes. Dem Verband wird mithin die Zuwiderhandlung des Entscheidungsträgers zugerechnet. Nach dem

---

434 Überblick bei *Löffelmann*, JR 2014, 185, 186; DAV-Stellungnahme, S. 16 f.; LK/*Schünemann*, Vor. § 25 Rn. 22 ff. unterscheidet vier Modelle; mit abweichender Systematisierung *Schmitt-Leonardy*, Unternehmenskriminalität ohne Strafrecht?, Rn. 552 ff.; *Mansdörfer*, Jahn/Schmitt-Leonardy/Schoop, 113, 120 ff. nennt gar elf Modelle.

435 *Ehrhardt*, S. 221 ff.; *Schroth*, S. 223; *Hartan*, S. 166 f., 251; *Haeusermann*, S. 169; s. zu den konkreten Vorschlägen bereits Kapitel 2, I.

436 *Tiedemann*, NJW 1988, 1169, 1171 ff.; *ders.*, Wirtschaftsstrafrecht AT, Rn. 377; *Heine*, S. 316.

437 LK/*Schünemann*, Vor. § 25 Rn. 28 m.w.N.; *Hefendehl*, ZStW 119 (2007), 816, 834 ff. mit einzelnen Maßregeln.

438 Gesetzesentwurf, S. 43.

Wortlaut des § 2 I VerbStrG wird folglich das Zurechnungsmodell statuiert.[439] Die Entwurfsverfasser beurteilen die Konstruktion des § 2 I VerbStrG anders. Würden Zuwiderhandlungen mit Verbandsbezug von Entscheidungsträgern begangen, so erweise sich deren Auswahl für ihre Funktion oder für die Rolle als Organ oder Vertreter von Anfang an als fehlerhaft.[440] Im Falle einer Zuwiderhandlung durch einen Entscheidungsträger wird somit ein Organisationsverschulden des Verbandes unwiderlegbar vermutet. Damit zeigt die Entwurfsbegründung, dass sich der Vorwurf an den Verband richtet. Im Ergebnis ergeben sich jedoch keine Unterschiede zu einer schlichten Zurechnung. Daran vermag auch die Tatsache, dass das Verbandsstrafgesetzbuch geringere Anforderungen an die Schuld des Individualtäters stellt,[441] indem eine Belegung des Entscheidungsträgers mit einer Kriminalstrafe nicht vorausgesetzt wird, nichts zu ändern. Der Sache nach handelt es sich nach wie vor um eine Schuldzurechnung, indem die verbandsbezogene Zuwiderhandlung des Einzelnen einzige Bedingung für eine Verbandsstraftat ist und daher mit dieser einhergeht, auch wenn zwischen dem Schuldvorwurf an den Verband und dem an das zuwiderhandelnde Individuum unterschieden wird. Damit hält der Gesetzesentwurf an dem bislang präferierten[442] klassischen Zurechnungsmodell fest, anstatt dieses entsprechend seiner Ankündigung aufzugeben.

bb) Adaption der kumulativen Mithaft nach § 31 BGB

Dadurch findet sich in § 2 I VerbStrG die Konstruktion der kumulativen Mithaft nach § 31 BGB wieder, anstatt die der exklusiven Verpflichtungshaftung für Organisationsverschulden nach § 31 BGB i.V.m. § 823 I BGB. Die kumulative Mithaft nach § 31 BGB basiert jedoch nicht auf dem Gedanken des Organisationsverschuldens, sondern auf dem der Gleichbehandlung von juristischen und natürlichen Personen. Dieser findet in der Entwurfsbegründung aber keinen Ausdruck. Den Entwurfsverfassern geht es nicht um eine strafrechtliche Gleichbehandlung von Verbänden und natürlichen Personen, sondern um eine Sanktionierung unzureichender Organisationen in den Verbänden. Dennoch wählen sie eine aus dem Zivilrecht bekannte Konstruktion, deren Grundidee sie für das Verbandsstrafrecht – wie gesehen – ausdrücklich ablehnen.

---

439 Ebenso *Mansdörfer*, ZIS 2015, 23, 28; *Wagner*, ZGR 2016, 112, 123; *Kubiciel/Hoven*, Jahn/Schmitt-Leonardy/Schoop, 160, 170.

440 Gesetzesentwurf, S. 45.

441 *Hoven*, ZIS 2014, 19, 20.

442 S. Kapitel 2, I., 11.

cc) *Übertragung der ausdehnenden Anwendung des § 31 BGB und des körperschaftlichen Organisationsmangels*

Ein weiterer Gedanke der deliktsrechtlichen Unternehmenshaftung ist in dem Gesetzesentwurf vorzufinden. Wie im Deliktsrecht durch eine analoge Anwendung des § 31 BGB oder das Konstrukt des körperschaftlichen Organisationsmangels wird auch in § 2 I VerbStrG eine haftungsbefreiende Delegation verhindert. Hierzu führen die Entwurfsverfasser aus, der Tatvorwurf des Organisationsverschuldens müsse erst recht in Verbandsstrukturen erhoben werden, in denen Organwaltung und faktische Betriebs- oder Unternehmensleitung auseinanderfallen. Das Einschalten von „Strohleuten" indiziere jedenfalls dann einen Organisationsmangel, wenn diese ihre Rechtsposition für verbandsbezogene Zuwiderhandlungen missbrauchen.[443] Auf diese Weise kann eine Verbandsstraftat auch durch Personen ausgelöst werden, die nicht als Entscheidungsträger i.S.d. § 1 III VerbStrG anzusehen sind, ebenso wie nicht nur verfassungsmäßig berufene Vertreter eine deliktische Haftung des Verbandes hervorrufen können.[444]

dd) *Widerspruch zur Entwurfsbegründung*

Damit ist die konkrete Ausgestaltung des § 2 I VerbStrG insgesamt – auch im Hinblick auf ihre Reichweite – der kumulativen Mithaft nach § 31 BGB (analog) vergleichbar, obwohl die zugrunde liegende Intention der der exklusiven Verpflichtungshaftung wegen Organisationsverschuldens entspricht. Ein Organisationsverschulden wird nach dem Wortlaut gerade nicht vorausgesetzt. Die Idee des Verbandes als Träger von Sonderpflichten, die nicht einzelne Unternehmensmitarbeiter, sondern nur den Unternehmensträger treffen,[445] hat im Gesetzestext keinen Niederschlag gefunden. Das eigentliche Unrecht der Tat lässt sich der Norm somit nicht entnehmen.[446] Nach den bisherigen Feststellungen steht die Konstruktion des § 2 I VerbStrG als Verbandsstraftatbestand daher im Widerspruch zur Entwurfsbegründung

ee) *Korrektur durch §§ 5, 7 VerbStrG?*

Möglicherweise kann dieses Ergebnis aber durch die Einbeziehung der §§ 5, 7 VerbStrG korrigiert werden. § 5 VerbStrG ermöglicht es, unter bestimmten Umständen von einer Verbandssanktion abzusehen. Voraussetzung dafür sind nach

443 Gesetzesentwurf, S. 45.

444 S. in diesem Kapitel II., 4., b).

445 Dazu *Ransiek*, Unternehmensstrafrecht, S. 435.

446 *Mansdörfer*, ZIS 2015, 23, 28.

§ 5 I sowie nach § 5 II VerbStrG u.a. ausreichende organisatorische oder personelle Maßnahmen des Verbandes, um vergleichbare Straftaten in Zukunft zu vermeiden. Gem. § 7 VerbStrG kann das Gericht den Verband lediglich verwarnen und die Verurteilung zu einer Geldstrafe vorbehalten. § 7 I Nr. 1 verlangt hierzu, dass bei Gesamtwürdigung der Tat unter Berücksichtigung von Art und Ausmaß der Pflichtverletzung des Verbandes und der Verlässlichkeit der Entscheidungsträger eine Verhängung der Geldstrafe entbehrlich ist. Nach der Entwurfsbegründung zielt diese Regelung vor allem auf Fälle ab, „in denen zwar im Grundsatz geeignete Aufsichts- und Überwachungsmaßnahmen vorhanden waren, diese aber mit krimineller Energie durch die Zuwiderhandelnden umgangen werden konnten“[447]. Beide Normen setzen demnach auch bei der Verbandsorganisation an und erlauben, diese bei der Frage nach einer Sanktionierung zu berücksichtigen.

Dennoch bringt die Entwurfskonstruktion insgesamt nicht zum Ausdruck, dass das nach der Entwurfsbegründung eigentlich sanktionswürdige Unrecht in einer unzureichenden Organisation besteht. Im Falle einer Verbandssanktion nach § 2 I VerbStrG können organisatorische Elemente nicht bereits in tatbestandliche Erwägungen einbezogen werden. Die §§ 5, 7 VerbStrG betreffen nur die Rechtsfolgenfindung. Sie haben überdies lediglich Ermessenscharakter.[448] Zudem handelt es sich bei der Verbandsorganisation im Rahmen des § 5 VerbStrG nur um eine unter mehreren Voraussetzungen der Norm. Ferner berücksichtigt § 5 VerbStrG positiv nur die nach der Tatbegehung erfolgten Veränderungen der internen Strukturen. Unerheblich ist demgegenüber, ob eine unzureichende Organisation überhaupt ursächlich war für die Tat. Ein Nachweis hierüber wird nicht gefordert. In § 7 VerbStrG stellen geeignete Aufsichts- und Überwachungsmaßnahmen lediglich einen Beispielsfall einer von drei kumulativ geforderten Voraussetzungen dar. Trotz der §§ 5, 7 VerbStrG steht die Verbandsorganisation bei einer Verbandsstraftat nach § 2 I VerbStrG daher entgegen der Entwurfsbegründung nicht im Zentrum der Betrachtung.

ff) Rechtstatsächliche Erwägungen

Der Ansatz des Gesetzesentwurfs in § 2 I VerbStrG ist ebenso in tatsächlicher Hinsicht zweifelhaft. Entgegen der Entwurfsbegründung wird die Zuwiderhandlung eines Entscheidungsträgers nicht immer auf eine von Anfang an fehlerhafte Personalauswahl zurückzuführen sein. Denkbar sind auch verbandsbezogene

---

447 Gesetzesentwurf, S. 59.

448 *Hoven*, ZIS 2014, 19, 23.

Zuwiderhandlungen eines sorgfältig ausgesuchten Entscheidungsträgers, der jahrelang beanstandungsfrei seiner Tätigkeit für den Verband nachgegangen ist. Der zwingende Rückschluss des Gesetzesentwurfs, der auf einen positiven Nachweis einer fehlerhaften Personalauswahl verzichtet, ist daher verfehlt.[449]

b) Übertragung der entsprechenden zivilrechtlichen Regelungskonzepte?

Um den Grundgedanken und Zielen des Gesetzesentwurfs gerecht zu werden, bietet es sich an, für die Formulierung des § 2 I VerbStrG die Teilbereiche der deliktsrechtlichen Unternehmenshaftung heranzuziehen, die wie die Entwurfsbegründung auf eine fehlerhafte Organisation des Verbandes abstellen.

aa) Defizitäre Organisation

Wie bereits gesehen, basiert die exklusive Verpflichtungshaftung des Verbandes für ein Organisationsverschulden nach §§ 823 I, 31 BGB auf dem gleichen Gedanken, wie er in der Entwurfsbegründung sichtbar wird: Den Verband treffen originäre Organisationspflichten. Demnach müssen innerbetriebliche Abläufe so organisiert sein, dass Schädigungen Dritter in dem gebotenen Umfang vermieden werden. Eine „ordentliche Betriebsführung" ist sicherzustellen.[450] Die Verletzung dieser Pflicht muss kausal sein für die letztlich durch eine betriebsangehörige Person entstandene Rechts(guts)verletzung. Es wird nicht umgekehrt von einer Zuwiderhandlung durch einen Betriebsangehörigen auf eine mangelhafte Organisation geschlossen. Um der in der Entwurfsbegründung hervorgehobenen Bedeutung der Organisationspflicht Rechnung zu tragen, muss diese für eine Verbandsstrafbarkeit aber auch tatsächlich verletzt worden sein. Nur dann manifestiert sich das spezifische Verbandsunrecht im Sinne eines Organisationsverschuldens als eigentlicher Strafgrund. Wie bei der exklusiven Verpflichtungshaftung im Deliktsrecht sollte eine fehlerhafte Organisation daher auch Voraussetzung für eine Verbandsstraftat nach § 2 I VerbStrG sein.

bb) Fehlerhafte Personalauswahl

Doch nicht nur der Vorwurf des allgemeinen Organisationsverschuldens rechtfertigt nach Ansicht der Entwurfsverfasser eine Verbandssanktion. Die Zuwiderhandlung eines Entscheidungsträgers zeige, dass die Personalauswahl von

---

449 Kritisch auch *Hoven*, ZIS 2014, 19, 21; *Kubiciel/Hoven*, Jahn/Schmitt-Leonardy/Schoop, 160, 170 f.

450 BGHZ 4, 1, 2 f. = NJW 1952, 418.

Anfang an fehlerhaft war.[451] Abgesehen von einer allgemeinen Organisationspflicht stellt der Gesetzesentwurf damit auch auf eine Pflicht zur sorgfältigen Personalauswahl ab. Eine entsprechende Pflicht – allerdings in Bezug auf die Auswahl von Verrichtungsgehilfen – statuiert § 831 I BGB im Deliktsrecht. Im Unterschied zu § 2 I VerbStrG kann sich der Geschäftsherr dort nach § 831 I 2 BGB exkulpieren. Der zwingende Schluss des § 2 I VerbStrG von einer Normverletzung auf ein anfängliches Auswahlverschulden wird den tatsächlichen Gegebenheiten teilweise nicht gerecht werden. Zudem liegt § 2 I VerbStrG ausweislich der Entwurfsbegründung ebenso wie § 831 BGB die Überlegung zugrunde, dass keine strikte Verschuldenszurechnung erfolgen soll, sondern ein eigenes Verschulden des Verbandes respektive des Geschäftsherrn der Straf- bzw. Haftungsgrund ist.[452] Daher sollte auch § 2 I VerbStrG auf die sorgfaltswidrige Auswahl als solche abstellen, anstatt von der Zuwiderhandlung des Entscheidungsträgers zwingend auf diese zu schließen. Aufgrund des ultima-ratio-Gedankens des Strafrechts und der weitreichenden Folgen der vorgesehenen Verbandssanktionen (§§ 4 ff. VerbStrG) ist aber ein positiver Nachweis des Auswahlverschuldens statt einer bloßen Exkulpationsmöglichkeit zu verlangen.[453]

cc) *Differenzierung zwischen organschaftlichen und sonstigen (gewillkürten) Vertretern?*

Ehrhardt bringt vor, solange sich die Strafbarkeit an den Unternehmensträger richte – wie es im nordrhein-westfälischen Gesetzesentwurf der Fall ist – und nicht an „das Unternehmen", sei die Zurechnung des strafrechtlichen Verhaltens sonstiger (gewillkürter) Vertreter nicht systemkonform. Es müsse zwischen organschaftlichen und gewillkürten Vertretern differenziert werden. Ansonsten ergebe sich ein Widerspruch zu den Wertungen des Zivilrechts. Die vom Gesetzgeber in §§ 31 und 831 BGB bewusst getroffene Abstufung würde eingeebnet. Überdies sei es im Hinblick auf den ultima-ratio-Charakter des Strafrechts problematisch, wenn die Zuwiderhandlung eines Vertreters zu einer Verbandsstrafbarkeit führte, aber keine Schadensersatzpflicht nach dem Deliktsrecht zur Folge hätte.[454]

---

451 Gesetzesentwurf, S. 45.

452 Gesetzesentwurf, S. 45.

453 Vgl. *Hoven*, ZIS 2014, 19, 21, die zur Begründung auf den Grundsatz in dubio pro reo rekurriert.

454 *Ehrhardt*, S. 224 ff.; vgl. dazu auch den Formulierungsvorschlag *Ehrhardts* für eine strafrechtliche Unternehmensverantwortlichkeit (Kapitel 2, I., 3.).

Obwohl sich diese Kritik nur auf das Zurechnungsmodell bezieht und eine solche bloße Zurechnung nach dem bisher Gesagten ausdrücklich abgelehnt wird, stellt sich dennoch die Frage, ob auch nach dem hier gewählten Ansatz aufgrund zivilrechtlicher Wertungen eine Differenzierung zwischen organschaftlichen und gewillkürten Vertretern vorzunehmen ist. Wie *Ehrhardt* in ihren weiteren Ausführungen selbst unter Hinweis auf US-amerikanische Untersuchungen konstatiert, sprechen gegen diese Differenzierung zunächst rechtstatsächliche Erwägungen. Die meisten Delikte innerhalb eines Unternehmens werden nicht auf der Führungsebene begangen, sondern von nachgeordneten Mitarbeitern.[455] Wollte man der genannten Differenzierung Folge leisten, bestünde die Gefahr, die meisten Straftaten, die in einem Unternehmen vorfallen, erst gar nicht durch das Verbandsstrafrecht erfassen zu können. Ferner ergäbe sich die Möglichkeit, Verrichtungen zum Zwecke der Umgehung einer Verbandsstraftat auf nicht organschaftliche Vertreter zu delegieren.[456] Doch auch aus zivilrechtlicher Perspektive ist die Differenzierung nicht geboten. Das Deliktsrecht ebnet die Unterscheidung zwischen organschaftlichen und gewillkürten Vertretern selbst ein, um eben das Gros der Fälle erfassen zu können.[457] Darüber hinaus setzt der hier verfolgte Ansatz für eine Verbandsstraftat entweder ein Organisations- oder ein Auswahlverschulden voraus. Erforderlich ist jeweils ein positiver Nachweis. Folglich wird in diesen Fällen – vorausgesetzt es liegt eine Rechts- bzw. Rechtsgutsverletzung i.S.d. § 823 I BGB vor – eine Schadensersatzpflicht des Unternehmensträgers nach §§ 823 I, 31 BGB oder §§ 831, 31 BGB mit der Verbandsstraftat einhergehen und der ultima-ratio-Gedanke des Strafrechts gewahrt. Die von *Ehrhardt* gegen die Zurechnungslösung vorgetragenen Bedenken aus zivilrechtlicher Sicht greifen daher vorliegend nicht. Es ergeben sich somit nach dem hier vorgeschlagenen Ansatz keine Wertungswidersprüche zum Zivilrecht.

c) Änderungsvorschläge zu § 2 I VerbStrG

Fraglich ist nun, wie ein Änderungsvorschlag des defizitär formulierten § 2 I VerbStrG unter Berücksichtigung der bisherigen Ergebnisse konkret aussehen könnte.

---

455 *Ehrhardt*, S. 226 m.w.N.

456 *Ehrhardt*, S. 226.

457 S. zum erweiterten Anwendungsbereich des § 31 BGB in diesem Kapitel II., 4., b).

aa) Vorschläge im Schrifttum

Ähnlich wie hier, jedoch ohne Heranziehung der zivilrechtlichen Wertungen, wurde die Formulierung des § 2 I VerbStrG vor dem Hintergrund der Aussagen der Entwurfsbegründung im Schrifttum vereinzelt bereits als fehlerhaft bezeichnet, weil sich der konkrete Schuldvorwurf der mangelhaften Organisation nicht im Wortlaut der Norm widerspiegelt.[458]

(1) Ergänzung des Tatbestands um ein ungeschriebenes Tatbestandsmerkmal

Nach *Mansdörfer* bedarf es für eine konsequente Umsetzung der in der Entwurfsbegründung angestellten Erwägungen nicht zwingend einer Umformulierung des § 2 I VerbStrG. Er sieht vielmehr eine Lösungsmöglichkeit in der Ergänzung des Tatbestands um ein ungeschriebenes Tatbestandsmerkmal des Organisationsdefizits. Auf diese Weise könne dem Vorwurf an den Unternehmensträger, sich nicht rechtstreu organisiert zu haben, als sanktioniertem Unrecht Geltung verschafft werden.[459]

(2) Explizite Ergänzung des Tatbestands

Vorzugswürdig ist jedoch eine explizite Ergänzung des Tatbestands.[460] *Hoven* schlägt vor, noch in der Gesetzgebungsphase wie im schweizerischen Unternehmensstrafrecht[461] einen ausdrücklichen Anknüpfungspunkt für die fehlerhafte Organisation im Tatbestand des § 2 I VerbStrG zu verankern.[462] Die Bestrafung eines Unternehmens nach Art. 102 I oder II SchwStGB setzt Organisationsdefizite voraus. Art. 102 I SchwStGB verlangt eine „mangelhafte Organisation des Unternehmens", aufgrund derer keiner bestimmten natürlichen Person die Tat zugerechnet werden kann. Nach Art. 102 II SchwStGB muss dem Unternehmen vorzuwerfen sein, dass es „nicht alle erforderlichen und zumutbaren organisatorischen Vorkehren getroffen hat", um die Straftat zu verhindern. Art. 102 I SchwStGB kommt jedoch nur subsidiär zur Anwendung, während Art. 102 II SchwStGB lediglich für einen bestimmten Deliktskatalog gilt. Die Konstruktion

---

458 *Hoven*, ZIS 2014, 19, 21 ff.; *Mansdörfer*, ZIS 2015, 23, 28.

459 *Mansdörfer*, ZIS 2015, 23, 28.

460 So auch *Kubiciel/Hoven*, Jahn/Schmitt-Leonardy/Schoop, 160, 171: „Die schlechtere Option ist es, auf eine restriktive Auslegung des § 2 I VerbStrG-E in der Praxis zu vertrauen [...]. Vorzugswürdig wäre hingegen eine Ergänzung der Vorschrift."

461 S. dazu Kapitel 3, IV., 2., b).

462 *Hoven*, ZIS 2014, 19, 23.

unterscheidet sich insoweit von der des nordrhein-westfälischen Gesetzesentwurfs eines Verbandsstrafgesetzbuchs.[463] Diese Differenzen lassen sich bei der Formulierungsfindung jedoch berücksichtigen, solange keine wortgetreue Übertragung der schweizerischen Unternehmensstraftatbestände erfolgt. Letztere fungieren somit nicht in Gänze als Vorbild. Entscheidend ist, dass unter Aufrechterhaltung der Grundideen des Gesetzesentwurfs nur der Gedanke des schweizerischen Gesetzgebers übernommen wird, dass das Organisationsdefizit, welches nach dem Telos des Gesetzes vorausgesetzt wird, auch tatsächlich in den Wortlaut der Norm Einzug hält. *Hovens* Vorschlag aufgreifend hat *Mansdörfer* einen entsprechenden Formulierungsvorschlag unterbreitet:

Der Verband wird nach § 2 Abs. 1 VerbStrG bestraft, „wenn aufgrund von organisatorischen Mängeln im Verband durch einen Entscheidungsträger in Wahrnehmung der Angelegenheiten des Verbandes vorsätzlich oder fahrlässig eine verbandsbezogene Zuwiderhandlung begangen werden kann“[464].

bb) Eigener Formulierungsvorschlag

Entsprechend der in diesem Kapitel herausgearbeiteten Forderung trägt dieser Vorschlag dem Gedanken der exklusiven Verpflichtungshaftung für ein Organisationsverschulden (§§ 823 I, 31 BGB) und damit auch der Entwurfsbegründung Rechnung. Der Schuldvorwurf der unzureichenden Organisation lässt sich dem Normtext klar entnehmen, indem eine Verletzung der Organisationspflichten für die Zuwiderhandlung kausal gewesen sein muss. Es fehlt jedoch der Gedanke des Auswahlverschuldens, der ähnlich dem des § 831 BGB auch in der Gesetzesbegründung erkennbar ist.[465] Strafgrund des § 2 I VerbStrG ist auch die von Beginn an fehlerhafte Auswahl des Entscheidungsträgers. Demnach kommt eine Erweiterung des Tatbestandes dergestalt in Betracht, dass entweder ein Organisations- oder Auswahlverschulden für eine Verbandsstraftat nach § 2 I VerbStrG vorausgesetzt werden.

§ 2 I VerbStrG sollte daher wie folgt lauten:

> „Gegen den Verband wird eine Verbandssanktion verhängt, wenn aufgrund einer fehlerhaften Personalauswahl oder organisatorischer Mängel im Verband ein Entscheidungsträger in Wahrnehmung der Angelegenheiten des Verbandes vorsätzlich oder fahrlässig eine verbandsbezogene Zuwiderhandlung begehen konnte.“

---

463 Kritisch zur Übertragbarkeit *Mansdörfer*, ZIS 2015, 23, 28.

464 *Mansdörfer*, ZIS 2015, 23, 28.

465 S. in diesem Kapitel V., 1., b), bb).

cc) *Europarechtskonformität*

Die Frage nach der Europarechtskonformität dieses Formulierungsvorschlags stellt sich nach dem in Kapitel 3 Gesagten nicht. Das Europarecht verlangt kein Verbands-„strafrecht". Indem das Ordnungswidrigkeitenrecht den europarechtlichen Vorgaben weitgehend Rechnung trägt und durch eine geringfügige Änderung des § 130 OWiG eine vollständige Kongruenz hergestellt werden könnte, kann das Europarecht entgegen der Entwurfsbegründung kein Antrieb für die Schaffung eines Verbandsstrafgesetzbuchs sein.

2. § 2 II VerbStrG: Aufsichts- oder Überwachungsverschulden

Möglicherweise ist § 2 II VerbStrG im Hinblick auf die zugrunde liegenden Erwägungen in der Entwurfsbegründung und in Anbetracht der vergleichbaren zivilrechtlichen Wertungen ebenso defizitär formuliert.

a) *Die Konzeption des § 2 II VerbStrG*

aa) *Spiegelung des Schuldvorwurfs im Wortlaut*

Strafgrund des § 2 II VerbStrG soll nach der Entwurfsbegründung ein Organisationsmangel des Verbandes unterhalb der Ebene der Entscheidungsträger sein.[466] Teilweise wird bezweifelt, dass sich der Schuldvorwurf dem Wortlaut der Norm entnehmen lässt.[467] Anknüpfungspunkt sei lediglich ein Verhaltensdefizit des Entscheidungsträgers, nicht ein Organisationsdefizit des Verbandes.

Ob dieser Kritik zu folgen ist, hängt davon ab, wie die Norm zu verstehen ist. Auf den ersten Blick offenbart sie zwei Interpretationsmöglichkeiten: Zum einen ließe sich die Norm dahingehend deuten, dass eine Verletzung des Entscheidungsträgers einer ihn treffenden Pflicht der Strafgrund ist. Zum anderen könnte das sanktionswürdige Unrecht aber auch in der Verletzung einer dem Verband obliegenden Organisationspflicht durch einen Entscheidungsträger liegen. Nach dem Normtext sind u.a. unterlassene zumutbare Aufsichtsmaßnahmen durch einen Entscheidungsträger, insbesondere technischer, organisatorischer oder personeller Art, die eine Zuwiderhandlung auf einer nachgeordneten Ebene verhindert oder wesentlich erschwert hätten, Voraussetzung für eine Verbandsstraftat nach § 2 II VerbStrG. Zwar erwähnt der Wortlaut nur den Entscheidungsträger und sein Verhalten, nicht hingegen den Verband als solchen, so dass sich zugunsten der ersten Interpretationsmöglichkeit argumentieren ließe, den

466 Gesetzesentwurf, S. 45.

467 *Mansdörfer*, ZIS 2015, 23, 25.

Schwerpunkt der Vorwerfbarkeit bilde ein Verhaltensdefizit des Entscheidungsträgers. Jedoch liegt diese Ausgestaltung des Wortlauts in der Natur der Sache begründet. Der Verband kann nicht selbst, sondern nur durch seine Vertreter handeln. Die entscheidende Frage zur Erschließung des sanktionswürdigen Unrechts einer Norm ist nicht, an wessen Verhalten angeknüpft wird, sondern wer Adressat des Schuldvorwurfs ist. § 2 II VerbStrG benennt nicht explizit den Träger der unterlassenen Organisationspflicht. Obwohl ein Unterlassen eines Entscheidungsträgers vorausgesetzt wird, ist nicht gesagt, dass dieser auch Adressat der Pflicht zur ordnungsgemäßen Aufsicht ist. Vielmehr ergibt sich aus der Systematik des Verbandsstrafgesetzbuchs eindeutig, dass der Vorwurf dem Verband als Pflichtenträger gilt. Der Verband wird in dem Gesetzesentwurf fortlaufend als Adressat genannt, und zwar nicht nur als Sanktions- („wird gegen den Verband eine Verbandssanktion verhängt", vgl. § 2 I und II VerbStrG) sondern auch als Pflichtenadressat. § 5 I, II VerbStrG verlangt, dass „der Verband" ausreichende organisatorische und personelle Maßnahmen getroffen hat, damit das Gericht von einer Sanktion absehen kann. Gem. § 7 I Nr. 1 sind Art und Ausmaß der „Pflichtverletzung des Verbandes" zu beurteilen, um zu entscheiden, ob es bei einer Verbandsverwarnung anstelle einer Sanktionierung verbleiben kann. Es ist also erkennbar, dass den Verband eine Organisationspflicht trifft, die er durch seine Entscheidungsträger wahrnimmt. Ihm werden organisatorische Fehler vorgeworfen. Im Gegensatz zu § 2 I VerbStrG wird die Organisationspflicht in § 2 II VerbStrG auch ausdrücklich benannt. Damit ergibt sich bei § 2 II VerbStrG der Schuldvorwurf aus dem Gesetz. Eine explizite Klarstellung im Wortlaut der Norm dahingehend, dass der Verband Pflichtenadressat ist, ist nicht erforderlich.

bb) Adaption der exklusiven Verpflichtungshaftung nach § 31 BGB

§ 2 II VerbStrG übernimmt die Konzeption der exklusiven Verpflichtungshaftung für ein Organisationsverschulden nach §§ 823 I, 31 BGB, indem dem Verband Organisationspflichten auferlegt werden, die er durch seine Leitungspersonen wahrnimmt. Die Verletzung dieser Organisationspflichten begründet eine Haftung nach §§ 823 I, 31 BGB, wenn dadurch Schäden entstehen, bzw. eine Verbandsstraftat nach § 2 II VerbStrG, wenn dadurch verbandsbezogene Zuwiderhandlungen von Mitarbeitern ermöglicht oder erleichtert wurden.

b) *Weitgehende Kongruenz zivilrechtlicher und strafrechtlicher Wertungen*

aa) *Grundsätzlich kongruente Umsetzung*

Entsprechend der vergleichbaren zugrunde liegenden Intentionen, ist damit eine grundsätzlich kongruente Umsetzung im Delikts- und Verbandsstrafrecht in Bezug auf die Verantwortlichkeit von Verbänden für Zuwiderhandlungen durch Mitarbeiter unterhalb der Leitungsebene erfolgt.

bb) *Ausnahmen*

Es sind jedoch auch Ausnahmen zu verzeichnen.

(1) Die Beweislastverteilung des § 831 BGB

Das Deliktsrecht unterscheidet zwischen den allgemeinen Aufsichts- und Organisationspflichten des Verkehrspflichtenträgers, deren Verletzung zu einer Haftung nach § 823 I BGB führt, und der speziellen Pflicht des Geschäftsherrn, die Eignung seiner Verrichtungsgehilfen zu prüfen, deren Verletzung eine Haftung nach § 831 BGB begründet.[468] § 831 BGB verlangt dabei nicht nur eine sorgfältige Auswahl der Verrichtungsgehilfen zum Zeitpunkt der Einstellung, sondern darüber hinaus eine fortdauernde Eignungsaufsicht. Den Geschäftsherrn trifft damit eine Überwachungspflicht dergestalt, dass er auf Anhaltspunkte für die Ungeeignetheit oder Unzuverlässigkeit des Gehilfen zu achten hat.[469] War der Gehilfe zum Zeitpunkt der deliktischen Handlung noch sorgfältig ausgewählt, muss sich der Geschäftsherr exkulpieren, um einer Haftung nach § 831 BGB zu entgehen. Letzteren trifft also die Beweislast gem. § 831 I 2 BGB. § 2 II VerbStrG erfasst auch den Fall des § 831 BGB, indem die dort genannten Aufsichts- und Überwachungspflichten nach der Entwurfsbegründung u.a. eine ordnungsgemäße Personalauswahl durch die Entscheidungsträger hinsichtlich nachgeordneter Angestellter und damit ebenso eingesetzter Verrichtungsgehilfen beinhalten.[470] Abweichend von § 831 trägt im Rahmen des § 2 II VerbStrG jedoch die Staatsanwaltschaft die Beweislast.[471] Sie muss eine Aufsichtspflichtverletzung durch einen Entscheidungsträger nachweisen. Damit bleibt die strafrechtliche

468 *Kleindiek*, S. 304; s. ferner in diesem Kapitel unter II.

469 RGZ 53, 53, 57; 78, 107, 108 f.; 87, 1, 4; 128, 149, 153; RG JW 1935, 3546; BGHZ 8, 239, 243 = NJW 1953, 584, 585; *Kleindiek*, S. 288 f.; MüKo-BGB/*Wagner*, § 831 Rn. 34; Soergel/*Krause*, § 831 Rn. 45.

470 Gesetzesentwurf, S. 47.

471 *Wagner*, ZGR 2016, 112, 129.

Verbandshaftung für nachgeordnete Mitarbeiter hinter der zivilrechtlichen Geschäftsherrenhaftung zurück.[472] Letztlich trägt der Gesetzesentwurf an dieser Stelle – im Gegensatz zur jetzigen Ausgestaltung des § 2 I VerbStrG[473] – dem ultima-ratio-Gedanken des Strafrechts sowie den weitreichenden Folgen der vorgesehenen Verbandssanktionen (§§ 4 ff. VerbStrG) Rechnung, indem er einen positiven Nachweis anstelle einer bloßen Exkulpationsmöglichkeit verlangt.

(2) Risikoerhöhung

Im Unterschied zum Organisationsverschulden im Zivilrecht setzt § 2 II VerbStrG nicht zwingend voraus, dass die unterlassenen Aufsichtsmaßnahmen die Zuwiderhandlung mit an Sicherheit grenzender Wahrscheinlichkeit verhindert hätten. Die Vorschrift lässt bereits eine Risikoerhöhung ausreichen. Es genügt für eine Verbandsstraftat, dass die Zuwiderhandlung durch die Aufsichtsmaßnahmen „wesentlich erschwert worden wäre." Die Risikoerhöhungslehre ist im Strafrecht umstritten.[474] Auf diesen Streit und die Frage nach der Verfassungsmäßigkeit der Risikoerhöhungslehre soll im Folgenden indes nicht weiter eingegangen werden. Fraglich ist vielmehr, ob es speziell in Bezug auf § 2 II VerbStrG sinnvoll erscheint, die Strafbarkeit eines Verbandes von einer Risikoerhöhung abhängig zu machen oder ob in Anlehnung an die Haftung wegen Organisationsverschuldens im Deliktsrecht ein Kausalzusammenhang dergestalt verlangt werden sollte, dass zumutbare Aufsichtsmaßnahmen die Zuwiderhandlung mit an Sicherheit grenzender Wahrscheinlichkeit verhindert hätten.

Nach der jetzigen Formulierung des § 2 II VerbStrG müssten die Verbände auch solche Aufsichtsmaßnahmen ergreifen, welche die Tat letztlich nicht verhindern können.[475] Die Verbände wären also faktisch zu ineffektiven, u. U. kostenintensiven Vorgehensweisen gezwungen. Problematisch ist ferner, welches Maß der erforderlichen Risikoverringerung zugrunde zu legen ist. Die Entwurfsbegründung verzichtet auf Ausführungen zu dieser Frage. Schrifttum und Rechtsprechung müssten die Anforderungen an ein wesentliches Erschweren der Zuwiderhandlung konkretisieren.[476] Im Rahmen des § 130 OWiG, der den Entwurfsverfassern als Vorbild diente, soll es ausreichen, wenn die gebotene Maßnahme die Wahrscheinlichkeit der Zuwiderhandlung selbst substantiell

472 *Wagner*, ZGR 2016, 112, 129.

473 S. dazu in diesem Kapitel V., 1., b), bb).

474 S. nur den Streitstand zur Beihilfe durch Unterlassen: MüKo-StGB/*Joecks*, § 27 Rn. 23 ff. m.w.N.

475 *Hoven*, ZIS 2014, 19, 29.

476 *Hoven*, ZIS 2014, 19, 30.

reduzieren konnte.[477] Diese Definition der wesentlichen Erschwerung bedarf freilich einer weiteren Konturierung. Unklar bleibt, wann eine „substantielle Reduktion“ vorliegt.[478] Nach *Rogall* dürfte eine Rückführung der Wahrscheinlichkeit der Tatbegehung um mehr als 25 % jedenfalls ausreichen.[479] Es fehlen jedoch Methoden, die eine sichere Berechnung der Wahrscheinlichkeit gewährleisten.[480] Derartige Berechnungen werden aufgrund der Komplexität der zu bewertenden Lebenssachverhalte ohnehin nicht möglich sein. Auch weitere Einzelfragen im Zusammenhang mit der Konkretisierung des hier angesprochenen Tatbestandsmerkmals sind im Ordnungswidrigkeitenrecht ungeklärt.[481] Es bestehen somit insgesamt Zweifel an der praktischen Handhabbarkeit des Tatbestandsmerkmals. Ferner sind die Kausalitätsanforderungen des § 2 II VerbStrG geringer als die des § 823 I BGB. Unter Berücksichtigung des ultima-ratio-Charakters des Strafrechts erscheint es in höchstem Maße bedenklich, wenn die Zuwiderhandlung eines Angestellten unterhalb der Leitungsebene eine Verbandsstrafbarkeit, aber keine Schadensersatzpflicht zur Folge hätte. Die angeführten Bedenken sprechen gegen die Anknüpfung des § 2 II VerbStrG an den Vorwurf einer Risikoerhöhung. Der entsprechende Passus der Norm sollte daher gestrichen werden.

Übrig bliebe folgender Normtext:

> „Ist in Wahrnehmung der Angelegenheiten eines Verbandes eine verbandsbezogene Zuwiderhandlung begangen worden, so wird gegen den Verband eine Verbandssanktion verhängt, wenn durch einen Entscheidungsträger dieses Verbandes vorsätzlich oder fahrlässig zumutbare Aufsichtsmaßnahmen, insbesondere technischer, organisatorischer oder personeller Art, unterlassen worden sind, durch die die Zuwiderhandlung verhindert worden wäre.“

c) Verhältnis zu obigem Formulierungsvorschlag des § 2 I VerbStrG

Nach den hiesigen Formulierungsvorschlägen würden beide Absätze des § 2 VerbStrG Organisationsmängel fordern, um einen Verband sanktionieren zu können. Indem vorliegend das Zurechnungsmodell des § 2 I VerbStrG in seiner ursprünglichen Fassung verworfen wird, nähern sich die beiden Absätze einander an. Es bleiben dennoch zwei wesentliche Unterschiede bestehen, die einer Zusammenfassung beider Absätze zu einem Straftatbestand im Wege stehen:

477 KK-OWiG/*Rogall*, § 130 Rn. 117.

478 *Hoven*, ZIS 2014, 19, 30.

479 KK-OWiG/*Rogall*, § 130 Rn. 117; zust. *Klesczewski*, Rn. 572.

480 Göhler/*Gürtler*, § 130 Rn. 22a; *Mansdörfer*, ZIS 2015, 23, 30.

481 Göhler/*Gürtler*, § 130 Rn. 22a; KK-OWiG/*Rogall*, § 130 Rn. 117.

Zunächst setzt § 2 I VerbStrG die Straftat eines Entscheidungsträgers voraus, während § 2 II VerbStrG die Straftat irgendeiner „in Wahrnehmung der Angelegenheiten des Verbandes" tätigen Person verlangt. Ferner müssen im Rahmen des § 2 II VerbStrG Aufsichtsmaßnahmen durch einen Entscheidungsträger schuldhaft unterlassen worden sein. Demgegenüber genügt es für die Verwirklichung einer Verbandsstraftat nach der hier befürworteten Konzeption des § 2 I VerbStrG, dass ein Organisationsmangel im Verband vorliegt. Dieser muss jedoch nicht zusätzlich einem weiteren Entscheidungsträger vorwerfbar sein.

VI. Ergebnis

Der Gesetzesentwurf will sich vom Zurechnungsmodell lossagen, statuiert dann in § 2 I VerbStrG jedoch eben dieses. Das Zivilrecht hat demgegenüber mit seiner Flexibilität auf die tatsächlichen Gegebenheiten reagiert und die deliktischen Verhaltenspflichten auf die arbeitsteilige Struktur der Verbände abgestimmt.[482] Entwurfsbegründung und Intention der Entwurfsverfasser würde es eher gerecht werden, für die Ausgestaltung des § 2 I VerbStrG auf Konstruktionen der deliktsrechtlichen Unternehmenshaftung, namentlich auf die exklusive Verpflichtungshaftung wegen Organisationsverschuldens, zu rekurrieren.

§ 2 II VerbStrG orientiert sich weitgehend an der exklusiven Verpflichtungshaftung eines Verbandes für ein Organisationsverschulden, indem er an die Verletzung einer Organisationspflicht des Verbandes anknüpft, anstatt diesem Zuwiderhandlungen der Angestellten schlicht zuzurechnen. Lediglich der Vorwurf der Risikoerhöhung als ausreichende Voraussetzung für einen Kausalzusammenhang zwischen Organisationsfehler und Zuwiderhandlung sollte aus der Norm entfernt werden.

Die hier präferierten Formulierungsvorschläge zu § 2 VerbStrG werden sich der immer wiederkehrenden Frage nach der Vereinbarkeit mit der jetzigen Strafrechtsdogmatik ausgesetzt sehen.[483] Manche Stimmen im Schrifttum sehen in der Dogmatik des „Individual"-strafrechts ein Hindernis für die Einführung eines „Verbands"-strafrechts (!). Das „gegenwärtige deutsche Strafrecht mit seinem auf Menschen beschränkten Handlungsbegriff als exklusiv richtig"[484] einzuschätzen, ist jedoch nicht nur gegenüber den Lösungen anderer

482 *Kleindiek*, S. 365.

483 KK-OWiG/*Rogall*, § 30 Rn. 9 m.w.N. zur Vereinbarkeit eines Verbandsstrafrechts mit der Strafrechtsdogmatik; s. zu entsprechenden Kritiken am jetzigen Entwurf Kapitel 3, V.

484 *Tiedemann*, Wirtschaftsstrafrecht AT, Rn. 377.

Rechtsordnungen vermessen, sondern erstickt eine konstruktive Diskussion um ein Verbandsstrafrecht bereits im Keim. Ein Verbandsstrafrecht kann den auf natürliche Personen gemünzten Voraussetzungen des Individualstrafrechts von vornherein nicht Rechnung tragen.[485] Der Gesetzgeber würde mit der Schaffung eines Verbandsstrafrechts die Strafrechtsfähigkeit der Verbände begründen und ihre Voraussetzungen festlegen. Das auf individuelle Verantwortlichkeit ausgerichtete Kriminalstrafrecht, das der Wirklichkeit arbeitsteiliger Unternehmensorganisation anscheinend nicht mehr gerecht werden kann,[486] bindet mit seiner Dogmatik den Gesetzgeber daher nicht.[487]

---

485 KK-OWiG/*Rogall*, § 30 Rn. 9.
486 *Kleindiek*, 367.
487 *Vogel*, Kempf/Lüderssen/Volk, 205.

6. Kapitel: Compliance-Regelungen des Verbandsstrafgesetzbuchs und ihre Vereinbarkeit mit gesellschaftsrechtlichen Wertungen

I. Begriff

Das Thema Compliance wird in der juristischen Fachliteratur intensiv diskutiert.[488] Der gesetzlich nicht definierte Begriff Compliance umfasst nach gängigem Verständnis neben der Pflicht des Unternehmens, der Organe und aller Mitarbeiter, sich norm- und regelgerecht zu verhalten, auch die Vorgabe, durch organisatorische Maßnahmen rechtmäßiges Verhalten im Unternehmen sicherzustellen.[489] Der Deutsche Corporate Governance Kodex (DCGK) definiert Compliance in ähnlicher Weise in seiner Ziff. 4.1.3. Danach hat der Vorstand für die Einhaltung der gesetzlichen Bestimmungen und der unternehmensinternen Richtlinien zu sorgen und wirkt auf deren Beachtung durch die Konzernunternehmen hin.

II. Entwicklung

Während US-amerikanische Unternehmen jedenfalls mit Beginn der 90er Jahre Compliance-Programme einführten,[490] begannen die ersten DAX-Unternehmen erst gegen Mitte des letzten Jahrzehnts Compliance-Strukturen zu entwickeln.[491] Spätestens mit den Beiträgen von *U. H. Schneider*[492] und *Fleischer*[493] wurde auch im Schrifttum eine umfassende Auseinandersetzung mit dem Themenkomplex Compliance in Gang gesetzt. Die zunehmende Bedeutung dieses Themengebiets lässt sich insbesondere auf angestiegene Bußgeldrisiken für Unternehmen vor allem im Bereich des Kartellrechts zurückführen.[494] So sind Bußgelder der

---

488 S. Nachweise bei MüKo-AktG/*Spindler*, § 91 Rn. 52.

489 Vgl. *Hauschka*, ZIP 2004, 877; *Kort*, FS Hopt, Band 1, 983 f.; *Bürkle*, BB 2005, 565; *Kremer/Klahold*, ZGR 2010, 113, 116 f.

490 *Schneider*, ZIP 2003, 645.

491 *Reichert*, FS Hoffmann-Becking, 943.

492 *Schneider*, ZIP 2003, 645.

493 *Fleischer*, AG 2003, 291.

494 *Kremer/Klahold*, ZGR 2010, 113, 114 f.

EU-Kommission im dreistelligen Millionenbereich keine Seltenheit mehr. Zwischen den Jahren 2008 und 2013 wurde in drei Fällen sogar jeweils ein Bußgeld von über einer Mrd. Euro verhängt.[495]

Auch die Rechtsprechung hatte sich bereits mit der Materie Compliance zu befassen. Große Aufmerksamkeit[496] wurde in diesem Zusammenhang der *Neubürger-Entscheidung* des LG München I[497] aus dem Jahr 2013 zuteil. Dies verwundert kaum, ist der Umgang mit dem Thema Compliance trotz reger Diskussion im Schrifttum in der Praxis doch weiterhin mit Unsicherheiten behaftet.[498] Zwar beschäftigten Compliance-Fragen bereits in Einzelfällen die höchstrichterliche Rechtsprechung,[499] jedoch erfolgte erstmals eine derart detaillierte Auseinandersetzung eines deutschen Zivilgerichts mit der Compliance-Verantwortung eines Vorstandsmitglieds.

III. Compliance-Pflichten de lege lata

Folglich ist de lege lata nach wie vor vieles streitig. Im Folgenden soll nur auf die Aspekte der Compliance-Diskussion eingegangen werden, die auch im Verbandsstrafgesetzbuch Bedeutung erlangen.

---

495 Vgl. die Kartellrechtsstatistik der Kommission, http://ec.europa.eu/competition/cartels/statistics.pdf, zuletzt abgerufen am 21.08.2015.

496 *Fleischer*, NZG 2014, 321; *Seibt/Cziupka*, DB 2014, 1598; *Oppenheim*, DStR 2014, 1063; *Bachmann*, ZIP 2014, 570; *Siepelt*, BOARD 2014, 107; *Rathgeber*, NZWiSt 2014, 183; *Hahn*, EWiR 2014, 175; *Grützner*, BB 2014, 850; *Cichy/Cziupka*, BB 2014, 1482; *Flick*, GWR 2014, 151; *Linderhaus*, PuR 2014, 97; *Beckmann*, ZWH 2014, 195; *Simon/Merkelbach*, AG 2014, 318; *Meyer*, DB 2014, 1063; *Fett*, CCZ 2014, 142; vgl. ferner die Berichte in der Wirtschaftspresse: FAZ vom 11.12.2013, S. 14: „Neubürger muss an Siemens zahlen"; Handelsblatt vom 11.12.2013, S. 54: „Vom Schmiergeldskandal eingeholt"; SZ vom 11.12.2013, S. 17: „Ex-Siemens-Finanzchef Neubürger muss Mio. zahlen"; Börsen-Zeitung vom 12.12.2013, S. 12: „Neubürger soll 15 Mio. Euro zahlen".

497 LG München I, Urt. v. 10.12.2013 – 5 HKO 1387/10 = NZG 2014, 345.

498 Vgl. *Fleischer*, NZG 2014, 321, der auf das bisherige Fehlen eines „praktische[n] Prüfstein[s]" hinweist.

499 BGH, Urt. v. 08.05.1985 = NJW 1985, 2405; BGH, Urt. v. 15.10.1996 = ZIP 1996, 2017; BGH, Urt. v. 17.07.2009 = NJW 2009, 3173; zur strafrechtlichen Beurteilung des „Systems schwarzer Kassen" bei der *Siemens* AG als Untreue bereits BGHSt 52, 323 = NJW 2009, 89.

1. Generelle Pflicht zur Compliance-Organisation?

a) *Meinungsstand*

Es herrscht Uneinigkeit darüber, ob es eine generelle, d.h. einzelfall- und branchenunabhängige, Rechtspflicht zur Errichtung einer Compliance-Organisation gibt. Außerhalb des Geltungsbereichs sektorspezifischer Vorschriften (z.B. §§ 25a KWG, 33 WpHG, 64a VAG) gibt es jedenfalls keine eindeutige normative Grundlage.[500] Teilweise wird vertreten, mangels gesetzlicher Grundlage gebe es keine generelle Pflicht zur Einrichtung eines Compliance-Systems.[501] Eine andere Ansicht leitet eine solche Pflicht aus einer Gesamtanalogie zu den aufsichtsrechtlichen Vorschriften, den §§ 130, 30 OWiG sowie § 91 II AktG ab.[502] Eine dritte Ansicht verortet eine Compliance-Pflicht direkt in § 91 II AktG.[503] Die h.L. geht demgegenüber davon aus, dass sich aus der Leitungspflicht und Organisationsverantwortung des Vorstands einer AG nach §§ 76 I, 93 I AktG die Verpflichtung ergibt, eine Compliance-Organisation einzurichten, wenn Größe, Komplexität und Risikoexposition des Unternehmens dies verlangen.[504] Die Legalitätspflicht der Leitungsorgane erschöpfe sich nämlich nicht in der eigenen Rechtstreue, sondern schließe eine Legalitätskontrolle anderer Personen, also die Überwachung Untergebener im Hinblick auf ihre Gesetzestreue, ein.[505] Kann legales Verhalten im Unternehmen nur noch durch die Installation eines Compliance-Systems sichergestellt werden, entstehe eine Compliance-Pflicht. Ein Entschließungsermessen sei dann nicht mehr gegeben.[506] Entsprechendes soll für die Geschäftsführer der GmbH[507] und die geschäftsführenden Gesellschafter der Personengesellschaften[508] gelten.

500 *Hüffer*, FS G. H. Roth, 299, 303.

501 *Hauschka*, ders., § 1 Rn. 23.

502 Begründet von *Schneider*, ZIP 2003, 645, 648 f.

503 *Dreher*, FS Hüffer, 161, 168 ff.; bezüglich Schmiergeldzahlungen *Berg*, AG 2007, 271, 275 ff.

504 *Fleischer*, AG 2003, 291, 299; *ders.*, CCZ 2008, 1, 5; *ders.*, HdB d. VR, § 8 Rn. 43; *Kort*, FS Hopt, Band 1, 983, 994 f.; KölnKomm-AktG/*Mertens/Cahn*, § 91 Rn. 35; *Hüffer*, FS G. H. Roth, 299, 304; *Reichert/Ott*, ZIP 2009, 2173, 2174; *dies.*, NZG 2014, 241, 242; *Koch*, WM 2009, 1013, 1014; *Bachmann*, VGR 2008, 65, 67 ff.; *Kremer/Klahold*, ZGR 2010, 113, 119 ff.

505 S. nur *Fleischer*, CCZ 2008, 1, 2.

506 *Seibt/Cziupka*, DB 2014, 1598, 1599.

507 MüKo-GmbHG/*Fleischer*, § 43 Rn. 142 ff.

508 *Karrer*, Gummert, Teil E. § 14 Rn. 150.

Die Zivilrechtsprechung hat zu dieser Frage bislang nicht Stellung genommen. Zwar wird die *Neubürger-Entscheidung* von manchen Stimmen im Schrifttum dahingehend gedeutet, das LG München I habe sich für eine generelle Pflicht des Vorstands einer AG zur Errichtung einer Compliance-Organisation ausgesprochen.[509] Das Gericht traf jedoch nur die Aussage, bei entsprechender Gefährdungslage sei eine auf Schadensprävention und Risikokontrolle angelegte Compliance-Organisation einzurichten.[510] Es ging jedenfalls von einer Compliance-Pflicht im betreffenden Fall aus, unabhängig davon, ob dies auf eine generelle Pflicht oder nur auf eine Ermessensreduktion auf Null zurückzuführen ist. Die Frage nach einer generellen Pflicht zur Compliance-Organisation von Unternehmen ließ das *LG* ebenso offen wie die der dogmatischen Verortung der Compliance-Verantwortung.[511] Beides war nicht entscheidungserheblich, da bei der *Siemens* AG ohnehin ein Compliance-System eingerichtet worden war.

b) Stellungnahme

aa) Branchenspezifische Sondervorschriften

Eine generelle Pflicht zur Compliance-Organisation aufgrund spezialgesetzlicher Bestimmungen wie etwa § 25a KWG, § 33 WpHG, oder § 64a VAG ist abzulehnen.[512] Die besagte Pflicht ließe sich wegen des beschränkten originären Anwendungsbereichs der branchenspezifischen Normen ohnehin nur im Wege der Analogie herleiten. Die Voraussetzungen hierfür sind jedoch nicht gegeben. Zunächst spricht allein die Tatsache, dass der Gesetzgeber von vornherein nur für bestimmte Branchen gesetzliche Regelungen zur Compliance vorgenommen hat, gegen eine planwidrige Regelungslücke und damit gegen eine analoge Anwendbarkeit der Normen.[513] Die weitere Gesetzesentwicklung untermauert den Eindruck, dass es sich dabei um eine bewusste Entscheidung des Gesetzgebers gehandelt hat. Der Gesetzgeber hat nur punktuell das Erfordernis einer Compliance-Organisation auf weitere Sektoren ausgedehnt. Dies zeigt der Verweis

---

509 *Rathgeber*, NZWiSt 2014, 183, 193; *Linderhaus*, PuR 2014, 97, 98; *Karrer*, Gummert, Teil E. § 14 Rn. 150; wohl auch *Simon/Merkelbach*, AG 2014, 318, 319.

510 LG München I, Urt. v. 10.12.2013 – 5 HKO 1387/10, juris Rn. 89.

511 So auch *Oppenheim*, DStR 2014, 1063, 1064; *Meyer*, DB 2014, 1063, 1065.

512 Ebenso *Fleischer*, NZG 2014, 321, 322; *Bicker*, AG 2012, 542, 544; Hüffer/*Koch*, § 76 Rn. 14; *Bachmann*, VGR 2008, 65, 70; *Meyer*, DB 2014, 1063, 1064; *Verse*, ZHR 175 (2011), 401, 403; a.A. *Schneider*, ZIP 2003, 645, 649.

513 *Kort*, FS Hopt, Band 1, 983, 995; Hüffer/*Koch*, § 76 Rn. 14; *Meyer*, DB 2014, 1063, 1064; *Kremer/Klahold*, ZGR 2010, 113, 119.

des § 33 I WpHG auf § 25a KWG.[514] Die später eingeführten §§ 64a VAG und 28 KAGB enthalten entsprechende Vorschriften für Versicherungsunternehmen und Kapitalverwaltungsgesellschaften. Der Gesetzgeber statuiert demnach überall dort ausdrückliche Regelungen zur Einrichtung von Compliance-Sytemen, wo er es für angezeigt hält. Diese Vorgehensweise bestätigt den Ausnahmecharakter der Vorschriften.

Für die Branchenbezogenheit und gegen die Verallgemeinerungsfähigkeit der genannten Normen lassen sich zudem die jeweiligen Ausgestaltungsvorgaben anführen. Die in den Vorschriften konkretisierten Anforderungen an die geforderten Compliance-Systeme weichen voneinander ab. Sie sind bewusst auf die unterschiedlichen Branchen zugeschnitten.[515] Dadurch wird deutlich, dass sich die sektorspezifischen Vorschriften nicht über einen Leisten schlagen lassen, sondern den Besonderheiten bestimmter Sektoren Rechnung tragen wollen. Eine Gesamtanalogie zu den aufsichtsrechtlichen Vorschriften als Grundlage für eine generelle Compliance-Pflicht ist daher nicht statthaft.

bb) §§ 130, 9, 30 OWiG

Als branchenunabhängige Organisationspflicht kommt § 130 OWiG als potentielle Stütze einer Compliance-Pflicht in Betracht. Nach § 130 I 1 OWiG handelt derjenige ordnungswidrig, der als Inhaber eines Betriebs oder Unternehmens vorsätzlich oder fahrlässig die Aufsichtsmaßnahmen unterlässt, die erforderlich sind, um in dem Betrieb oder Unternehmen Zuwiderhandlungen gegen Pflichten zu verhindern, die den Inhaber treffen und deren Verletzung mit Strafe oder Geldbuße bedroht ist. Wie gesehen, können auch juristische Personen oder Personenvereinigungen Inhaber i.S.d. § 130 OWiG sein. Über § 9 OWiG treffen die Aufsichtspflichten des § 130 OWiG neben dem Verband selbst auch die vertretungsberechtigten Organe und Beauftragten. Teilweise wird aus dieser Aufsichtspflicht der Geschäftsleitung die Pflicht zu einer Art umfassender Compliance-Organisation gefolgert.[516]

Es sind jedoch Zweifel angebracht, ob dem zu folgen ist.[517] Zunächst ist die Reichweite der Aufsichtspflicht umstritten.[518] Es herrscht Unklarheit darüber,

---

514 *Bachmann*, VGR 2008, 65, 70.

515 Spindler/Stilz/*Fleischer*, § 91 Rn. 50; *Bachmann*, VGR 2008, 65, 74 f.; *Meyer*, DB 2014, 1063, 1064.

516 *Spindler*, HdB d. VR, § 15 Rn. 94.

517 Dagegen etwa *Kremer/Klahold*, ZGR 2010, 113, 119; *Bachmann*, VGR 2008, 65, 70; Spindler/Stilz/*Fleischer*, § 91 Rn. 50.

518 Zum Streitstand s. KK-OWiG/*Rogall*, § 130 Rn. 81 ff.

welche Pflichten es sind, deren Einhaltung zu gewährleisten ist. Zwar hat sich mit dem 41. StrÄndG v. 7.8.2007[519] der Theorienstreit in Bezug darauf, ob nur Sonderdelikte oder auch Allgemeindelikte in den Anwendungsbereich der Norm fallen, erledigt.[520] Der Streit flammt jedoch in anderer Gestalt wieder auf. Streitig ist nun, wann eine Zuwiderhandlung noch „betriebsbezogen" ist.[521] Folgt man hier einer der restriktiven Ansichten,[522] dann kann von einer Pflicht zur umfassenden Compliance-Organisation nicht die Rede sein, da § 130 OWiG demnach nur die Verhinderung bestimmter Zuwiderhandlungen verlangen würde. Andere Straftaten von Unternehmensmitarbeitern fielen aus dem Anwendungsbereich der Norm. Doch selbst wenn man ein weites Verständnis der betriebsbezogenen Zuwiderhandlung zugrunde legt, zwingt die in § 130 OWiG beschriebene Aufsichtspflicht nicht immer zur Einrichtung eines Compliance-Systems. Nicht in jedem Betrieb oder Unternehmen bedarf es einer Compliance-Organisation, um die Einhaltung der Pflichten, die den Betriebsinhaber treffen, zu gewährleisten. Dies gilt vor allem für Unternehmen mit wenigen Mitarbeitern und einer geringen Risikoexposition. Welche Aufsichtsmaßnahmen erforderlich sind, hängt vielmehr von den Umständen des Einzelfalls ab.[523] Der Betriebsinhaber darf sich bei mehreren gleich geeigneten Maßnahmen für das mildeste Aufsichtsmittel entscheiden (Grundsatz des mildesten Mittels).[524] Die nach § 130 OWiG gebotene Aufsicht ist folglich nicht stets mit der Einrichtung eines Compliance-Systems gleichzusetzen.[525] Eine generelle Pflicht zur Installation einer Compliance-Struktur lässt sich aus den §§ 130, 9, 30 OWiG nicht ableiten.

cc) §§ 31, 831, 823 BGB

Ebenso wenig erweist sich die Suche nach einem Fundament für eine Compliance-Pflicht im Deliktsrecht als ertragreich.[526] In Bezug auf § 831 BGB liegt dies auf der Hand. Wie in Kapitel 5 dargestellt, liegt der Norm keine ganzheitliche Betrachtung zugrunde. Sie statuiert keine umfassenden Organisationspflichten zur Schadensvermeidung, sondern lediglich einzelne konkrete

---

519 BGBl. 2007, Teil I Nr. 38, S. 1786.
520 KK-OWiG/*Rogall*, § 130 Rn. 82 ff.
521 KK-OWiG/*Rogall*, § 130 Rn. 87 ff.
522 S. z. B. *Schünemann*, wistra, 1982, 41, 45, der darauf abstellt, ob der Zuwiderhandelnde eigene Interessen oder solche des Unternehmens verfolgt.
523 BeckOK-OWiG/*Beck*, § 130 Rn. 41 m.w.N.
524 KK-OWiG/*Rogall*, § 130 Rn. 50.
525 *Kremer/Klahold*, ZGR 2010, 113, 119; *Meyer*, DB 1063, 1064.
526 Dazu ausführlich *Koch*, WM 1013, 1016 f.

Verkehrssicherungspflichten. Der Geschäftsherr ist nur zur sorgfältigen Auswahl des Gehilfen, die eine fortdauernde Eignungsaufsicht nach sich zieht, sowie zur Begleitung einzelner Produktionsschritte verpflichtet. Aufgrund dieses fragmentarischen Pflichtenkanons kann § 831 BGB nicht als Grundlage für eine umfassende Compliance-Pflicht herangezogen werden.[527]

Diese Feststellung legt einen Blick auf die im Rahmen des § 823 I BGB entwickelten betrieblichen Organisationspflichten nahe. Die allgemeinen Aufsichts- und Organisationspflichten sind breiter angelegt als die Geschäftsherrenpflichten des § 831 BGB.[528] Sie eignen sich somit grundsätzlich eher als Grundstock einer Pflicht zur umfassenden Compliance-Organisation. Die Reichweite der betrieblichen Organisationspflichten ist jedoch aus einem anderen Grund zu begrenzt. Im Gegensatz zu § 831 BGB, der eine Schädigung des Gläubigers durch eine rechtswidrige unerlaubte Handlung des Gehilfen i.S.d. §§ 823 ff. BGB voraussetzt, schützt § 823 I BGB nur bestimmte Rechte bzw. Rechtsgüter. Aus § 823 I BGB kann sich demnach nur die Pflicht ergeben, innerbetriebliche Abläufe so zu organisieren, dass die in der Norm genannten Rechte bzw. Rechtsgüter nicht beeinträchtigt werden.[529] Vor allem die Ausklammerung reiner Vermögensschäden[530] steht einer umfassenden Organisationspflicht i.S.e. Compliance-Systems entgegen.

Im Übrigen lässt sich gegen eine generelle Compliance-Pflicht auf Grundlage der §§ 823, 831 BGB ins Feld führen, dass diese ohnehin zu eng gefasst sind, da sie stets einen Schaden voraussetzen.[531] Ferner verlangt § 823 I BGB sogar dann, wenn eines der geschützten Rechte bzw. Rechtsgüter betroffen sein und ein Schaden drohen sollte, nicht in jedem Einzelfall die Einrichtung einer Compliance-Organisation. Besipielsweise wird ein Unternehmer, der nur zwei Angestellte beschäftigt, diese regelmäßig selbst instruieren und überwachen können.

dd) DCGK

Seit 2007 erwähnt der DCGK den Terminus Compliance.[532] Als Standard guter Unternehmensführung wurde die Compliance in die aktualisierte Kodexfassung aufgenommen.[533] Gleich mehrere Regelungen greifen seitdem den Compliance-Gedanken auf. Gem. Ziff. 4.1.3 DCGK hat der Vorstand für die Einhaltung der

527 *Koch*, WM 1013, 1016.
528 *Kleindiek*, S. 295.
529 *Bachmann*, VGR 2008, 65, 71.
530 MüKo-BGB/*Wagner*, § 823 Rn. 186.
531 Vgl. *Bachmann*, VGR 2008, 65, 71.
532 Ausführlich *Bürkle*, BB, 2007, 1797.
533 Spindler/Stilz/*Fleischer*, § 91 Rn. 52.

gesetzlichen Bestimmungen und der unternehmensinternen Richtlinien zu sorgen und wirkt auf deren Beachtung durch die Konzernunternehmen hin (Compliance).

Zum Zusammenwirken von Vorstand und Aufsichtsrat bestimmt Ziff. 3.4.2 DCGK, dass der Vorstand den Aufsichtsrat regelmäßig, zeitnah und umfassend über alle für das Unternehmen relevanten Fragen der Strategie, der Planung, der Geschäftsentwicklung, der Risikolage, des Risikomanagements und der Compliance informiert. Zudem soll nach Ziff. 5.3.2 DCGK der Aufsichtsrat einen Prüfungsausschuss einrichten, der sich u.a. mit Compliance befasst.

Von den genannten Regelungen des DCGK käme inhaltlich nur Ziff. 4.1.3 DCGK als Quelle einer Compliance-Pflicht in Betracht. Der Kodex hat jedoch keine Gesetzesqualität.[534] Zwar wird Ziff. 4.1.3. aufgrund der Formulierung im Indikativ nicht als bloße Anregung oder Empfehlung sondern als Wiedergabe des geltenden Rechts verstanden.[535] Das bedeutet aber lediglich, dass die Kommission für börsennotierte Unternehmen eine Pflicht zur Einrichtung einer Compliance-Organisation annimmt.[536] Die Rechtsgrundlage muss sich aus anderen Regelungen ergeben.[537]

ee) § 91 II AktG

Als möglicher Anknüpfungspunkt für eine generelle Compliance-Pflicht wird mitunter § 91 II AktG gesehen.[538] Danach hat der Vorstand geeignete Maßnahmen zu treffen, insbesondere ein Überwachungssystem einzurichten, damit den Fortbestand der Gesellschaft gefährdende Entwicklungen früh erkannt werden. Eine allgemeine Compliance-Pflicht für Unternehmen aus § 91 II AktG scheitert allerdings bereits daran, dass nur der Vorstand einer AG Normadressat ist. Es wird allenfalls noch eine Übertragbarkeit auf die Geschäftsführung der GmbH diskutiert.[539] Unabhängig davon taugt die Norm aber schon nicht mal als Fundament für eine allgemeine Compliance-Pflicht einer AG. Dies ergibt sich bereits aus dem Wortlaut. Zum einen verpflichtet § 91 II AktG nur zur Einrichtung eines sog. Früherkennungssystems[540] und nicht zu einem komplexen

534 Hüffer/*Koch*, § 161 Rn. 3 m.w.N.

535 *Bürkle*, BB 2007, 1797, 1798.

536 *Meyer*, DB 2014, 1063, 1064.

537 *Bachmann*, VGR 2008, 65, 72; *Meyer*, DB 2014, 1063, 1064.

538 *Dreher*, FS Hüffer, 161, 168 ff; bezüglich Schmiergeldzahlungen *Berg*, AG 2007, 271, 275 ff.

539 Zum Streitstand Spindler/Stilz/*Fleischer*, § 91 Rn. 40.

540 Spindler/Stilz/*Fleischer*, § 91 Rn. 50.

Risikomanagementsystem.[541] Zum anderen besteht diese Verpflichtung allein im Hinblick auf bestandsgefährdende Entwicklungen. Nicht jeder Rechtsverstoß hat eine Bestandsgefährdung zur Folge.[542] Dieses Tatbestandsmerkmal wird vielmehr nur im Ausnahmefall erfüllt sein.[543] Eine generelle Pflicht zur Einrichtung einer Compliance-Organisation kann aus § 91 II AktG daher nicht hergeleitet werden.[544]

ff) Legalitätspflicht

Für die AG kann sich jedoch im Einzelfall eine Pflicht zur Einrichtung eines Compliance-Systems aus der durch § 93 I AktG konkretisierten Leitungsverantwortung des Vorstands (§ 76 I AktG) ergeben.[545] Gem. § 76 I AktG hat der Vorstand die Gesellschaft unter eigener Verantwortung zu leiten. Dabei haben die Vorstandsmitglieder nach § 93 I 1 AktG die Sorgfalt eines ordentlichen und gewissenhaften Geschäftsleiters anzuwenden. Einen wichtigen Faktor dieser Sorgfaltspflicht stellt das sog. Legalitätsprinzip dar.[546] Das Legalitätsprinzip umfasst nach g.h.M. die Pflicht des Vorstands zur eigenen Regeltreue sowie zur Sorge für ein gesetzeskonformes Verhalten der Mitarbeiter des Unternehmens.[547] Kann dieser Pflicht aufgrund des Risikopotentials der Gesellschaft nur durch die Einrichtung einer Compliance-Organisation nachgekommen werden, besteht eine entsprechende Pflicht zur Installation.[548] Diese Ausführungen gelten in modifizierter Form auch für andere Gesellschaften.[549] Entscheidend ist stets die Beurteilung im Einzelfall. Insbesondere für kleinere, gut überschaubare Unternehmen mit geringer Risikoexposition wird die Annahme, nur durch ein Compliance-System könne der gebotenen Sorgfalt genüge getan werden, nicht immer zutreffen. *Goette* führt in diesem Zusammenhang das Beispiel des Geschäftsführers

---

541 *Kindler*, FS G. H. Roth, 367, 370; *Koch*, WM 2009, 1013, 1014.

542 *Bachmann/Prüfer*, ZRP 2005, 109, 110 f.

543 *Fleischer*, NZG 2014, 321, 322; Spindler/Stilz/*Fleischer*, § 91 Rn. 50.

544 *Rathgeber*, NZWiSt 2014, 183, 193; *Fleischer*, NZG 2014, 321, 322; *Kindler*, FS G. H. Roth, 367, 370; *Meyer*, DB 2014, 1063, 1064; *Kremer/Klahold*, ZGR 2010, 113, 119; *Bachmann*, VGR 2008, 65, 72 f.; *Hüffer*, FS G. H. Roth, 299, 304; Spindler/Stilz/*Fleischer*, § 91 Rn. 50; Hüffer/*Koch*, § 76 Rn. 14; *ders.*, WM 2009, 1013 f.

545 Spindler/Stilz/*Fleischer*, § 91 Rn. 50 m.w.N.

546 *von Busekist/Hein*, CCZ 2012, 41, 43; *Verse*, ZHR 175 (2011), 401, 404.

547 Statt vieler Hüffer/*Koch*, § 93 Rn. 6; *Arnold*, ZGR 2014, 76, 79; *Dreher*, FS Konzen, 85, 97 f.

548 Vgl. nur *Fleischer*, HdB d. VR, § 8 Rn. 43.

549 S. nur MüKo-GmbHG/*Fleischer*, § 43 Rn. 142 ff.; *Karrer*, Gummert, Teil E. § 14 Rn. 150.

einer GmbH mit wenigen Mitarbeitern an, der „alle Fäden in der Hand hält und bei seiner Tätigkeit das gesamte Geschehen überblickt“[550]. Institutionalisierte Compliance-Strukturen können dann nicht gefordert werden.[551] Eine generelle Compliance-Pflicht lässt sich folglich nicht begründen.

2. Ausgestaltungspflichten?

a) Meinungsstand

Im Gegensatz zur Frage nach dem „Ob“ der Compliance-Pflicht herrscht hinsichtlich der Frage des „Wie“, also der Ausgestaltung einer Compliance-Organisation, weitgehend Einigkeit. Nach g.h.M. steht den Geschäftsleitern bei der konkreten Ausgestaltung des Compliance-Systems ein weites Organisationsermessen zu.[552] Es sei im Einzelfall den Besonderheiten des Unternehmens Rechnung zu tragen.[553] Nur vereinzelt finden sich Gegenstimmen. So formuliert *U. H. Schneider* Mindestanforderungen an eine ordnungsgemäße Compliance-Organisation, stellt jedoch sogleich klar, dass diese von Branche, Größe und Ausrichtung des Unternehmens bestimmt werden.[554] Ferner schränken *von Busekist/Hein* das Auswahlermessen durch die Vorgaben des § 130 I OWiG ein.[555]

Das LG München I scheint sich im *Neubürger-Urteil* der g.h.M. auf den ersten Blick anzuschließen. Es führt aus, für den Umfang der Compliance-Organisation im Einzelnen seien Art, Größe und Organisation des Unternehmens, die zu beachtenden Vorschriften, die geografische Präsenz wie auch Verdachtsfälle aus der Vergangenheit entscheidend.[556] Im weiteren Verlauf der Urteilsbegründung setzt es sich dann jedoch zu dieser Aussage in Widerspruch, indem es dem Vorstand

---

550 *Goette*, ZHR 175 (2011), 388, 396.

551 Hüffer/*Koch*, § 76 Rn. 15; *Goette*, ZHR 175 (2011), 388, 396 f.; *von Busekist/Hein*, CCZ 2012, 41, 43.

552 *Bürkle*, BB 2005, 565, 569; *Fleischer*, HdB d. VR, § 8 Rn. 45; *ders.* CCZ 2008, 1, 3; *Bachmann*, VGR 2008, 65, 80; *Hauschka*, ZIP 2004, 877, 878; *Fleischer*, AG 2003, 291, 300; MüKo-AktG/*Spindler*, § 91 Rn. 66; *Hüffer*, FS G. H. Roth, 299, 305; *Meyer*, DB 2014, 1063, 1065; Hüffer/*Koch*, § 76 Rn. 14; *Reichert/Ott*, ZIP 2009, 2173, 2174; *Gößwein/Hohmann*, BB 2011, 963, 968; *Goette*, ZHR 175 (2011), 388, 400; *Thole*, ZHR 173 (2009), 504, 523.

553 Vgl. nur *Bürkle*, BB 2007, 1797, 1798; *Reichert/Ott*, NZG 2014, 241, 243.

554 *Schneider*, ZIP 2003, 645, 649 f.

555 *von Busekist/Hein*, CCZ 2012, 41, 43 ff.

556 LG München I, Urt. v. 10.12.2013 – 5 HKO 1387/10, juris Rn. 89.

hinsichtlich der Ausgestaltung klare Vorgaben an die Hand gibt, ohne eine Ermessensreduzierung auf Null zu prüfen oder zu begründen.[557]

b) Stellungnahme

Tatsächlich ist auch in den Fällen, in denen ein Unternehmen ein Compliance-System zu errichten hat, die Pflicht zur Etablierung einer bestimmten, uniformen Compliance-Organisation abzulehnen. Dem Legalitätsprinzip lassen sich keine Vorgaben über die konkrete Ausformung der Compliance-Organisation entnehmen. Auch aus der Wertung des § 91 II AktG ergibt sich, dass hinsichtlich der Art und Weise der Pflichtenerfüllung dem Vorstand ein Ermessensspielraum zugebilligt sein soll.[558] Diese Norm erlegt dem Vorstand eine Pflicht auf (nämlich zur Errichtung eines Frühwarnsystems zur Sicherung des Fortbestands der Gesellschaft), überlässt nach den Gesetzesmaterialien die konkrete Ausgestaltung aber dem Vorstand unter Berücksichtigung etwa der Größe, Branche und Struktur des Unternehmens.[559] Die Gesetzesbegründung zeigt, dass der Gesetzgeber den prognostischen Einschlag der Entscheidung über die Ausgestaltung einer unternehmensinternen Organisation anerkennt und daher auf das Aufstellen eines konkreten Pflichtenkanons verzichtet. Nichts anderes kann für die Entscheidung über die Ausgestaltung eines Compliance-Systems gelten.

Auch aus den branchenspezifischen normativen Vorgaben an die Ausgestaltung der Compliance-Organisation lässt sich kein allgemeingültiger Standard ableiten. Wie gesehen, sind diese Vorschriften nicht verallgemeinerungsfähig. Ferner sehen selbst diese Regelungen teilweise eine Einzelfallbetrachtung vor (vgl. §§ 25a I 4 KWG, 33 I 3 WpHG, 64a I 4 Nr. 1, VII Nr. 1 VAG).

Aus den §§ 130 I, 9, 30 OWiG, 831, 31 BGB könnten nur dann konkrete Ausgestaltungspflichten hinsichtlich der Compliance-Organisation hergeleitet werden, wenn eine Sanktion nach § 130 I OWiG oder eine Inanspruchnahme nach § 831 BGB nur durch eine bestimmte Ausgestaltung umgangen werden könnte. Seinem Wortlaut nach verlangt § 130 I OWiG nur eine „gehörige Aufsicht“. Wie diese Aufsicht ausgestaltet sein soll, wird nicht näher konkretisiert. Vielmehr ist ex ante die Erforderlichkeit und Proportionalität der Aufsichtsmaßnahme zu prüfen.[560] Das heißt, es ist im Einzelfall den besonderen Begebenheiten des Unternehmens Rechnung zu tragen. Zwischen mehreren gleich geeigneten

557 *Oppenheim*, DStR 2014, 1063, 1065.
558 Spindler/Stilz/*Fleischer*, § 93 Rn. 69.
559 BegrRegE, BT-Drs. 13/9712, 15.
560 KK-OWiG/*Rogall*, § 130 Rn. 48.

Maßnahmen hat der Pflichtige dabei eine Entscheidungsfreiheit.[561] Auch § 831 BGB schreibt dem Wortlaut nach kein standardisiertes Pflichtenprogramm vor. Indem sich § 831 I 2 BGB nur auf die Personenauswahl, die Beschaffung von Arbeitsmitteln und die Leitung der auszuführenden Verrichtung bezieht, umfasst die Norm ohnehin nur ausschnitthaft Organisationspflichten.[562] Demnach sprechen die angeführten Normen für einen Entscheidungsspielraum des Vorstands. Konkrete Ausgestaltungspflichten lassen sich ihnen nicht entnehmen.[563]

Konkrete Vorgaben enthält hingegen der IDW-Prüfungsstandard 980.[564] Hierbei handelt es sich jedoch nicht um eine bindende Rechtsnorm, sondern nur um eine Expertenauffassung aus dem Kreis der Wirtschaftsprüfer.[565] Die Pflicht zur Etablierung einer bestimmten Compliance-Organisation kann sich aus ihm somit nicht ergeben. Sogar im DCGK, dessen Verfasser wohl von einer Compliance Pflicht ausgehen (s.o.), findet eine Konkretisierung von Ausgestaltungsmaßnahmen nicht statt. Der Wortlaut beinhaltet keine Vorgaben bezüglich des „Wie" der Compliance-Organisation. Bei der Vorstellung der damaligen Neufassung des DCGK im Jahr 2007 hat *Cromme* hierzu ausgeführt, der DCGK wolle den Vorständen bei der Einrichtung eines entsprechenden Compliance-Systems einen weiten Beurteilungsspielraum einräumen.[566] Auch hier kommt der Gedanke zum Tragen, dass nicht alle Unternehmen gleich sind. Vielmehr variieren situationsspezifisch die Anforderungen an das Compliance-System je nach Unternehmen. Insbesondere die Divergenzen bezüglich der Größe des Unternehmens, Vielfalt und Bedeutung der einzuhaltenden Vorschriften sowie früherer Missstände und Unregelmäßigkeiten verlangen nach unterschiedlichen Maßstäben.[567] Entscheidend ist, was im Einzelfall zumutbar und erforderlich ist.[568] Allgemeinverbindliche Leitlinien stellt das Gesetz nicht auf.[569]

Folglich steht den Geschäftsleitern bei der konkreten Ausgestaltung des Compliance-Systems ein weites Organisationsermessen zu. Da die konkrete Ausgestaltung der Organisation nicht gesetzlich vorgeschrieben und aufgrund ihres prognostischen Charakters zukunftsgerichtet ist, stellt die Entscheidung über

---

561 *Bohnert*, OWiG, § 130 Rn. 21.
562 *Koch*, WM 2009, 1013, 1016.
563 *Kort*, FS Hopt, Band 1, 983, 995; Hüffer/*Koch*, § 76 Rn. 14.
564 Dazu *Schemmel/Minkoff*, CCZ 2012, 49, 51 ff.
565 OLG Stuttgart AG 2012, 840, 841.
566 *Hauschka*, VGR 2008, 51, 52.
567 *Fleischer*, AG 2003, 291, 299 f.
568 *Fleischer*, AG 2003, 291, 300.
569 *Fleischer*, HdB d. VR, § 8 Rn. 44.

die Ausgestaltung des Compliance-Systems zudem eine unternehmerische Entscheidung i.S.d. § 93 I 2 AktG dar. Die Business Judgment Rule (§ 93 I 2 AktG) ist daher anwendbar.[570]

3. Zwischenergebnis

Außerhalb branchenspezifischer Vorgaben sind die Unternehmen de lege lata weder generell zur Einführung eines Compliance-Systems noch zur Etablierung einer bestimmten Compliance-Organisation verpflichtet.

IV. Compliance-Aspekte im Verbandsstrafgesetzbuch

Ziel des nordrhein-westfälischen Gesetzesentwurfs ist die Stärkung einer zeitgemäßen Kultur der Unternehmenscompliance.[571] Das Verbandsstrafgesetzbuch soll seinen Teil zur wachsenden Bedeutung von Compliance in der Praxis beitragen.

1. Entwurfsbegründung

Dies geht bereits aus der Entwurfsbegründung deutlich hervor. Es wird kritisiert, dass es im Ordnungswidrigkeitenrecht an Instrumenten fehle, die effektive Anreize zur Entwicklung und Pflege einer Kultur von Unternehmenscompliance setzen. Die Bereitstellung von Anreizmechanismen zur Einführung von Compliance-Systemen – in Anlehnung an die Regelungen im angloamerikanischen Rechtskreis – sei aber eine häufig wiederholte Forderung der Anwaltschaft.[572] Die Entwurfsverfasser sehen zudem Compliance-Defizite in der Praxis. Sie weisen auf eine unzureichende Verbreitung von Compliance-Systemen in der Unternehmenslandschaft hin. So habe eine Befragung von mehreren Hundert Unternehmen aus dem Jahr 2010 ergeben, dass nur jedes fünfte mittelständische Unternehmen über eine Compliance-Richtlinie verfüge.[573] Das Verbandsstrafgesetzbuch soll nun solche juristischen Personen und Personenvereinigungen

---

570 Vgl. *Hüffer*, FS G. H. Roth, 299, 305; *Reichert/Ott*, NZG 2014, 241, 242; *Kort*, FS Hopt, Band 1, 983, 991; *Hauschka*, AG 2004, 461 ff.; *Bachmann*, VGR 2008, 65, 85 f.; *Karbaum*, Kartellrechtliche Compliance – Rechtsgrundlagen und Umsetzung, 112; *ders.*, AG 2013, 863, 866; KölnKomm-AktG/*Mertens/Cahn*, § 91 Rn. 37; *Meyer*, DB 2014, 1063, 1065.

571 Gesetzesentwurf, S. 6, 38.

572 Gesetzesentwurf, S. 2.

573 Gesetzesentwurf, S. 22.

bestärken, die an der Entwicklung und Implementation moderner Formen von Unternehmenscompliance interessiert sind.[574]

2. Einzelne Regelungen des Verbandsstrafgesetzbuchs

Entsprechend der Zielsetzung des Gesetzesentwurfs haben einzelne Normen des Verbandsstrafgesetzbuchs Compliance-Aspekte zum Inhalt. Hervorzuheben sind die §§ 2, 5–8 VerbStrG. Diese Normen sprechen organisatorische Maßnahmen an, die rechtmäßiges Verhalten im Verband sicherstellen sollen.

Vor allem hinsichtlich der Frage, ob überhaupt eine Sanktionierung erfolgt, werden Compliance-Maßnahmen des Verbandes berücksichtigt. Wie gesehen, setzt eine Verbandsstraftat nach § 2 II VerbStrG das vorsätzliche oder fahrlässige Unterlassen zumutbarer Aufsichtsmaßnahmen, insbesondere technischer, organisatorischer oder personeller Art voraus. Das Gericht kann weiterhin gem. § 5 I oder II VerbStrG von Verbandssanktionen absehen, wenn im Verband u.a. ausreichende organisatorische oder personelle Maßnahmen getroffen wurden, um vergleichbare Verbandsstraftaten in Zukunft zu vermeiden. Ferner ist es dem Gericht nach § 7 I VerbStrG möglich, es bei einer Verwarnung zu belassen, wenn u.a. bei Gesamtwürdigung der Tat unter Berücksichtigung von Art und Ausmaß der Pflichtverletzung des Verbandes und der Verlässlichkeit der Entscheidungsträger eine Verhängung der Geldstrafe entbehrlich ist, etwa weil im Grundsatz geeignete Aufsichts- und Überwachungsmaßnahmen vorhanden waren.[575] Mit einer Verwarnung nach § 7 I VerbStrG können Auflagen und Weisungen des Gerichts nach § 8 VerbStrG einhergehen. Gem. § 8 II Nr. 3 VerbStrG kann das Gericht den verwarnten Verband anweisen, organisatorische oder personelle Maßnahmen zu treffen, um vergleichbare Verbandsstraftaten in Zukunft zu vermeiden und dem Gericht oder einem vom Gericht zu bestimmenden Sachverständigen in regelmäßigen Abständen über diese Maßnahmen zu berichten. Das Gericht kann folglich auf die Installation einer Compliance-Organisation oder auf die Veränderung eines bereits bestehenden Compliance-Systems hinwirken.

Überdies erlangen die Compliance-Maßnahmen des Verbandes bei der Strafzumessung Bedeutung, namentlich bei der Zumessung der Geldstrafe. Gem. § 6 III 1 VerbStrG wägt das Gericht die Umstände, die für und gegen den Verband sprechen, gegeneinander ab. Besondere Berücksichtigung[576] finden im Rahmen dieser Gesamtabwägung organisatorische Aspekte wie Art, Schwere und Dauer

---

574 Gesetzesentwurf, S. 26.

575 Gesetzesentwurf, S. 59.

576 Vgl. Gesetzesentwurf, S. 58.

des Organisationsmangels sowie etwaige Vorkehrungen des Verbandes zur Vermeidung vergleichbarer Taten, vgl. § 6 III 2 VerbStrG.

3. Ausreichender Anreiz zu präventiver Compliance durch das Verbandsstrafgesetzbuch?

Trotz der Vielzahl an Vorschriften, die Investitionen in Compliance-Systeme honorieren sollen, ist fraglich, ob das Verbandsstrafgesetzbuch einen ausreichenden Anreiz zu präventiver Compliance setzt. Nach der Entwurfsbegründung ist neben der Bestärkung solcher Verbände, die bereits Compliance-Bemühungen vorweisen können, das primäre Ziel einer Unternehmens- und Verbandssanktionierung gerade die Prävention.[577] Angesichts dieser Zielsetzung müssten sich die Verbände bereits durch Präventivmaßnahmen vor einer Sanktionierung schützen können.[578] Um die Compliance-Maßnahmen der Verbände zu würdigen, müsste ein zum Zeitpunkt der Tat existierendes, angemessenes Compliance-System strafausschließend wirken können.[579]

Nach Ansicht der Entwurfsverfasser soll § 5 VerbStrG Anreize zur Einführung von Compliance-Systemen schaffen und damit einen deutlichen präventiven Akzent setzen.[580] § 5 VerbStrG belohnt jedoch nur zukunftsbezogene Compliance-Investitionen, also solche, die erst nach Tatbegehung getätigt werden. Die Vorschrift kann daher nur einen präventiven Akzent hinsichtlich einer möglichen zweiten Verbandsstraftat setzen und nicht in Bezug auf die erste. Vor der Tat bereits etablierte Compliance-Systeme wirken somit nicht strafausschließend.[581] Diese Ausgestaltung des § 5 VerbStrG ist im Hinblick auf den Gesetzeszweck problematisch, denn Verbände, die zuvor ein Compliance-System installiert haben, werden nicht in ihrer Vorgehensweise bestärkt. Vielmehr werden solche Verbände privilegiert, die bisher keine Anstrengungen unternommen haben.[582] Diese können auf ein vollständiges Absehen von Sanktionen hoffen, wenn sie sich erst nach der Verbandsstraftat dem Thema Compliance widmen. In Anbetracht der Tatsache, dass keine Compliance-Organisation jegliche Straftaten im Verband verhindern und es demnach auch in Verbänden mit erheblichen

577 Gesetzesentwurf, S. 26.

578 Vgl. *Leipold*, ZRP 2013, 34, 36.

579 BDI-BDA-Stellungnahme, S. 12.

580 Gesetzesentwurf, S. 54.

581 Krit. dazu auch DAI-Stellungnahme, S. 19 f.; *Hein*, CCZ 2014, 75, 77 f.; BDI-BDA-Stellungnahme, S. 12; Stellungnahme der Clearingstelle Mittelstand, S. 16 f.; *Poepping*, Jahn/Schmitt-Leonardy/Schoop, 333, 334; *Hoven*, ZIS 2014, 19, 27.

582 DAI-Stellungnahme, S. 20; *Hein*, CCZ 2014, 75, 77 f.

Compliance-Bemühungen zu Zuwiderhandlungen einzelner Mitarbeiter kommen kann, lässt sich für diese Entscheidung der Entwurfsverfasser auch nicht anführen, Verbände mit ausreichenden Compliance-Systemen kämen gar nicht erst in die Lage, mit dem Verbandsstrafrecht konfrontiert zu werden und bedürften daher keines Schutzes durch § 5 VerbStrG. Auch andere Normen des Gesetzesentwurfs verhelfen etwaigen präventiven Maßnahmen nicht zu der Bedeutung, die der nachträglichen Installation eines Compliance-Systems zukommt. Zwar erlauben es die §§ 6 und 7 des VerbStrG bestehende Compliance-Organisationen zugunsten des Verbandes zu berücksichtigen, ein vollständiges Absehen von Sanktionen erlaubt jedoch nur § 5 VerbStrG. Die Formulierung der Norm ist auch vor dem Hintergrund, dass die Entwurfsbegründung auf Sect. 7 Para. 2 UK Bribery Act 2010[583] Bezug nimmt, nicht nachvollziehbar.[584] Hiernach kann eine Strafbarkeit vermieden werden, wenn das Unternehmen vor der Begehung eines Gesetzesverstoßes angemessene Verfahren eingerichtet hatte, um Straftaten von Mitarbeitern vorzubeugen. In Anlehnung an diese Vorschrift sollte § 5 nicht nur repressive Maßnahmen honorieren. Ein ausreichender Anreiz zu präventiven Compliance-Anstrengungen würde erst geschaffen, wenn bestehende, angemessene Compliance-Systeme ein Absehen von Sanktionen zur Folge hätten.

4. Anreiz zu umfassender Compliance durch das Verbandsstrafgesetzbuch?

Ein weiterer Kritikpunkt an der Ausgestaltung des § 5 VerbStrG ist, dass die Norm nicht nur ausnahmslos nachträgliche sondern auch lediglich punktuelle Compliance-Maßnahmen belohnt.[585] Das Gericht kann von einer Verbandssanktion absehen, wenn der Verband ausreichende Maßnahmen getroffen hat, um „vergleichbare" Verbandsstraftaten in Zukunft zu vermeiden. Indem nur vergleichbaren Straftaten vorgebeugt werden soll und nicht solchen jeglicher Art, kann sich der Verband darauf beschränken, ausschließlich stellenweise – nämlich im betroffenen Betriebsbereich – ein Compliance-System zu installieren oder eine bereits vorhandene Organisation auszubessern. Umfassende Compliance-Programme werden nicht verlangt. Somit können nach der Konzeption des Verbandsstrafgesetzbuchs nachträgliche, punktuelle Compliance-Systeme zum vollständigen Absehen von Strafe führen, nicht jedoch bestehende,

583 Abrufbar unter http://www.legislation.gov.uk/ukpga/2010/23/section/7; zuletzt abgerufen am 10.03.2016.

584 BDI-BDA-Stellungnahme, S. 12.

585 Krit. auch *Hein*, CCZ 2014, 75, 78 f.

flächendeckende Compliance-Programme. Der präventiven Zielrichtung der Entwurfsbegründung würde aber nur ein Anreiz zur vorsorglichen, umfassenden Compliance gerecht. Allein solche Compliance-Organisationen können Straftaten im Verband weitgehend verhindern. Nachträgliche, fragmentarische Compliance-Bemühungen können Zuwiderhandlungen in anderen Bereichen des Verbandes nicht vorbeugen. Die Kultur der Unternehmens-Compliance kann nur dann entsprechend der Entwurfsbegründung[586] gestärkt werden, wenn Compliance nicht erst als Reaktion auf begangenes Unrecht sondern als umfangreiche Präventionsmaßnahme verstanden wird. Die Konzeption des § 5 VerbStrG ist diesem Gedanken abträglich.

V. Widersprüche der Compliance-Regelungen des Verbandsstrafgesetzbuchs zum Gesellschaftsrecht

Die Compliance-Regelungen im Gesetzesentwurf sind darüber hinaus teilweise auch vor dem Hintergrund der gesellschaftsrechtlichen Wertungen angreifbar.

1. Faktischer Zwang zur Einführung von Compliance-Systemen nach dem Verbandsstrafgesetzbuch

Nach den obigen Ausführungen verlangt das Gesellschaftsrecht von den Verbänden nicht generell die Errichtung eines Compliance-Systems. Dem nordrhein-westfälischen Gesetzesentwurf liegt eine andere Sichtweise zugrunde. Das Verbandsstrafrecht enthält zwar keine ausdrückliche Anordnung zur Installation einer Compliance-Organisation, die Verbände können über § 5 VerbStrG hierzu jedoch faktisch gezwungen werden.[587] Während § 5 I VerbStrG für ein Absehen von Sanktionen nicht zwingend organisatorische Maßnahmen fordert („ausreichende organisatorische *oder* personelle Maßnahmen“), verlangt § 5 II VerbStrG diese in jedem Fall („ausreichende organisatorische *und* personelle Maßnahmen“). Indem die Norm von „ausreichende[n] organisatorische[n] [...] Maßnahmen“ spricht, sieht sie in Bezug auf die konkrete Ausgestaltung der Compliance-Organisation zwar eine Betrachtung im Einzelfall vor, hinsichtlich des „Ob“ lässt § 5 II VerbStrG jedoch keine Wahl, sollte der Verband die Chance auf das Absehen von Sanktionen wahren wollen.

Fraglich ist, wie ein Verband, der dem angeführten Beispiel *Goettes* (s.o.) entspricht, oder – abstrakt gesprochen – kleine Verbände mit nur einer Hand voll

586 Gesetzesentwurf, S. 2, 6, 22, 38.

587 So auch *Schünemann*, ZIS 2014, 1, 17.

Beschäftigter dieser Forderung nachkommen sollen. Hier kollidiert die generelle „Pflicht" des Verbandsstrafgesetzbuchs zu einer Compliance-Organisation in Verbindung mit dem weiten Anwendungsbereich des Gesetzesentwurfs mit der Unternehmenswirklichkeit. Die Forderung nach einem Compliance-System wird für kleinere Unternehmen häufig nicht nur unverhältnismäßig sein, sondern es stellt sich überdies die Frage, wie eine Compliance-Organisation etwa in einer Gesellschaft bestehend aus einer oder wenigen natürlichen Person(en) als Gesellschafter(n) ohne weitere Mitarbeiter aussehen soll.[588] Der Gesetzesentwurf verlangt hier undurchführbare Maßnahmen. Dies hat zur Folge, dass es besonders kleinen Verbänden teilweise von vornherein verwehrt ist, über § 5 II VerbStrG einer Verbandssanktion zu entgehen. Eine solche Ungleichbehandlung gegenüber größeren Verbänden ist nicht nachvollziehbar, insbesondere da die Entwurfsbegründung vornehmlich komplexe Verbände mit undurchsichtigen Organisationsstrukturen als Sanktionsadressat im Auge hat.[589] Der Gesetzgeber sollte bei der Schaffung eines Verbandsstrafrechts vielmehr berücksichtigen, dass eine Compliance-Organisation nicht für jeden Verband sinnvoll ist. Das Gesellschaftsrecht verzichtet nicht ohne Grund auf eine umfassende Compliance-Pflicht. Es trägt vielmehr den tatsächlichen Gegebenheiten Rechnung. Dem sollte sich das Verbandsstrafrecht anschließen. Ein flächendeckender faktischer Zwang zum Aufbau von Compliance-Strukturen für Verbände jeglicher Art ist abzulehnen.

2. Der Strafrichter als Geschäftsleiter: § 8 II Nr. 3 VerbStrG

Auch das „Wie" der Compliance-Organisation steht im Fokus des Gesetzesentwurfs. Gem. § 8 II Nr. 3 VerbStrG kann das Gericht den verwarnten Verband anweisen, organisatorische oder personelle Maßnahmen zu treffen, um vergleichbare Verbandsstraftaten in Zukunft zu vermeiden und dem Gericht oder einem vom Gericht zu bestimmenden Sachverständigen in regelmäßigen Abständen über diese Maßnahmen zu berichten. Nach der Entwurfsbegründung kann die gerichtliche Anweisung nicht nur das Gebot, überhaupt eine Compliance-Organisation zu installieren, sondern auch konkrete Vorgaben zur inhaltlichen Ausgestaltung des Compliance-Systems beinhalten.[590]

588 Ähnlich bereits unter Kapitel 4, I., 5.

589 Vgl. nur Gesetzesentwurf S. 1 („großen Konzernen oder Unternehmensgruppen"), S. 2 („insbesondere für große Wirtschaftsunternehmen"), S. 20 („großen Konzernen oder Unternehmensgruppen"), S. 21 („Großunternehmen").

590 Gesetzesentwurf, S. 59.

Diese Konzeption ist in Anbetracht der gesellschaftsrechtlichen Wertungen bemerkenswert. Wie gesehen, gehört beispielsweise in einer AG Compliance zu den Leitungsaufgaben des Vorstands. Bei der Auswahl der Compliance-Maßnahmen wird diesem ein breiter Ermessensspielraum eingeräumt. Zudem wird der Vorstand bei seinen Entscheidungen über die Ausgestaltung der Compliance-Organisation dem Schutz der Business Judgment Rule unterstellt. Gerade mit der Einführung des § 93 I 2 AktG hat der Gesetzgeber ein breites Organisationsermessen des Vorstands anerkannt.[591] Eine gerichtliche Anweisung nach § 8 II Nr. 3 VerbStrG bedeutet aber, dem Vorstand konkret vorzugeben, wie er sein Unternehmen im Bereich Compliance führen soll. Solche Vorgaben widersprechen der Wertung der §§ 76 I, 93 I 2 AktG. Der Strafrichter wird in Bezug auf Compliance-Entscheidungen quasi zum Geschäftsleiter emporgehoben, während den wahren Geschäftsleitern eine originäre Aufgabe entrissen wird.

Dieses Vorgehen stößt auch auf verfassungsrechtliche Bedenken. Das Gericht kann auf Grundlage des § 8 II Nr. 3 VerbStrG in die Organisationsstruktur des Unternehmens als „Kernbereich der unternehmerischen Dispositionsfreiheit"[592] eingreifen. Als Teil der Eigentums- und Berufsausübungsfreiheit (Art. 14 I und Art. 12 I GG) ist die Freiheit des Unternehmers (bzw. der juristischen Person) zur Organisationsgestaltung verfassungsrechtlich geschützt.[593] Der Umstand, dass zunächst nur ein bestimmter Teil der Aufbauorganisation, namentlich das Compliance-System, betroffen ist, mildert die Intensität des Eingriffs nicht wesentlich. Die gesamte Unternehmensorganisation ist als funktionale Einheit zu betrachten, in der sich einzelne Organisationselemente gegenseitig ergänzen oder beeinflussen. Punktuelle Veränderungen des Organisationsapparats können sich auch auf andere Bereiche und damit auf die gesamte Unternehmensorganisation auswirken.[594]

Die Entwurfsverfasser räumen in ihren Ausführungen die hier genannten Bedenken nicht aus. Doch sie gelangen auch ohne gesellschafts- oder verfassungsrechtliche Erwägungen zu der Einsicht, dass ein einseitiges Aufoktroyieren bestimmter Compliance-Strukturen Probleme nach sich ziehen kann. Erfahrungsgemäß seien Maßnahmen, wie sie § 8 II Nr. 3 VerbStrG vorsieht, ohne Kooperation der Betroffenen weder sinnvoll auszuwählen noch erfolgreich

591 *Fleischer*, NJW 2005, 3525, 3528.
592 *Spindler*, Unternehmensorganisationspflichten, S. 456.
593 Ausführlich *Spindler*, Unternehmensorganisationspflichten, S. 453 ff.; ferner *ders.*, WM 2008, 905, 909; *Kort*, FS Hopt, 983, 985.
594 *Spindler*, Unternehmensorganisationspflichten, S. 456 m.w.N.

umzusetzen. Aus diesem Grund sei § 8 III 1 VerbStrG statuiert worden.[595] Demnach darf eine entsprechende gerichtliche Weisung nur mit Einwilligung des verurteilten Verbandes erteilt werden. Eine Korrektur des § 8 II Nr. 3 VerbStrG dergestalt, dass das Geschäftsleiterermessen auf diesem Wege wieder Geltung erlangt, wird dadurch jedoch nicht erreicht. Vielmehr hat diese Einschränkung lediglich zur Folge, dass der Verband einen Vorschlag des Gerichts ablehnen kann. Im Gegenzug kann die Geschäftsleitung nicht mit eigenen Ideen aufwarten, sondern es schließt sich eine weitere Weisung des Gerichts an.[596] Nach dem Wortlaut der Norm und der Entwurfsbegründung ist nicht die beiderseitige Annäherung der jeweiligen Vorstellungen über die inhaltliche Ausgestaltung der Compliance-Organisation oder die Annahme eines Geschäftsleitervorschlags durch das Gericht das Ziel.

Es bleibt daher bei einer einseitigen Maßnahme mit der Konsequenz, dass das Geschäftsleiterermessen nicht berücksichtigt wird. Dabei werden die Geschäftsleiter generell über mehr Erfahrung in Sachen Unternehmensorganisation verfügen als die Richter. Zwar kann das Gericht erforderlichenfalls sachverständigen Rat hinzuziehen.[597] Die Geschäftsleiter werden das konkret betroffene Unternehmen jedoch besser kennen als das Gericht. Es ist daher zweifelhaft, dass konkrete gerichtliche Vorgaben zur Ausgestaltung der Compliance-Organisation zielführend sind. Diesen Umstand berücksichtigt das Gesellschaftsrecht, indem es ein weites Organisationsermessen einräumt. Hier zeigt sich die Überlegenheit der gesellschaftsrechtlichen Wertungen. § 8 II Nr. 3 VerbStrG und der Gedanke, Richter seien bessere Geschäftsleiter,[598] werden demgegenüber der Unternehmensrealität nicht gerecht.

---

595 Gesetzesentwurf, S. 59 f.

596 Es ist aufgrund fehlender gegenteiliger Anhaltspunkte im Wortlaut der Norm und in der Entwurfsbegründung jedenfalls davon auszugehen, dass – wenn überhaupt – eine weitere Anweisung folgen wird. Schließlich ist kaum zu erwarten, dass der Verband an ihn gerichtete Weisungen ausschlagen kann und es dennoch bei einer Verwarnung bleibt.

597 Gesetzesentwurf, S. 59.

598 Krit. auch *Römermann*, GmbHR 2014, 1, 9 („Das Gericht als kreativer Organisator: Da wird ein bislang zumeist unerkanntes Potenzial deutscher Gerichte gehoben."), 11 („Kann man sich darauf verlassen, dass deutsche Richter die Unternehmen nicht überfordern, ihre *ex post* gewonnenen Kenntnisse nicht als vorhersehbare Entwicklung zugrunde legen und nicht als *bessere Firmenlenker* allzu tief in die Strukturen von Betrieben eingreifen?").

VI. „Compliance Defense"

In Anbetracht der hier geäußerten Kritik zu den bestehenden Normen des Verbandsstrafgesetzbuchs, stellt sich die Frage, wie eine Regelung ausgestaltet sein müsste, die angemessene Compliance-Anstrengungen im Falle einer Verbandsstraftat unter Beachtung der Intention des Gesetzesentwurfs berücksichtigt (sog. „Compliance Defense"[599]).

1. Compliance Defense als Grundidee des Gesetzesentwurfs

Dass sich Compliance-Maßnahmen überhaupt auf die Sanktionierung eines Verbandes auswirken sollen, ergibt sich nicht nur aus den bereits genannten Normen sondern – wie gesehen – auch eindeutig aus der Entwurfsbegründung. Die Bestärkung der Verbände in dem Entschluss, Compliance-Organisationen einzurichten, ist nur durch eine Compliance-Defense-Regelung zu erreichen. Dies haben die Entwurfsverfasser im Grundsatz zutreffend erkannt. Auch in Wissenschaft und Praxis mehrten sich zuletzt die Forderungen, effektive Compliance-Bemühungen mit einem Sanktionsverzicht oder zumindest mit einer Sanktionsmilderung zu honorieren.[600] Das Ziel muss daher letztlich sein, einen neuen § 5 VerbStrG zu entwerfen, der eine Compliance Defense ermöglicht und dabei die bisherigen Feststellungen berücksichtigt sowie die Defizite des Gesetzesentwurfs ausräumt.

2. Compliance Defense in Deutschland de lege lata

Im deutschen Recht fehlt bislang eine gesetzliche Regelung, welche die Voraussetzungen einer Bußgeldminderung oder gar eines Sanktionsverzichts aufgrund von Compliance-Bemühungen festlegt. Compliance-Maßnahmen werden von deutschen Behörden und Gerichten nur selten als bußgeldmindernder Faktor anerkannt.[601] Zwar zeichnet sich eine steigende Tendenz ab, jedoch bleibt es bei einer insoweit uneinheitlichen Sanktionspraxis, so dass bei den Unternehmen nach wie vor Unsicherheit über ihre Compliance-Defense-Möglichkeiten herrscht.[602]

---

599 Vgl. statt vieler *Gehring/Kasten/Mäger*, CCZ 2013, 1, 8 ff.

600 *Beulke/Moosmayer*, CCZ 2014, 146, 149 m.w.N.

601 Gesetzesentwurf, S. 54 mit Verweis auf *Geismar*, S. 132; *Kremer/Klahold*, ZGR 2010, 113, 139; *Gehring/Kasten/Mäger*, CCZ 2013, 1, 10; *Krebs/Eufinger/Jung*, CCZ 2011, 213 f.

602 *Beulke/Moosmayer*, CCZ 2014, 146, 149.

Im Schrifttum besteht demgegenüber heute weitgehend Einvernehmen darüber, dass existierende und – gemessen an den jeweiligen betrieblichen Anforderungen – ausreichende Compliance-Systeme zu sanktionsrechtlichen Vorteilen der Unternehmen führen können.[603] Dabei wird zwischen der privilegierenden Wirkung auf Tatbestands- und auf Rechtsfolgenseite unterschieden.[604] Während sich im Tatbestand des § 30 OWiG keinerlei Anknüpfungsmöglichkeit ergibt, bieten im Rahmen des § 130 OWiG die unterlassenen erforderlichen Aufsichtsmaßnahmen als Tatbestandsmerkmal ein Einfallstor zur Würdigung eines Compliance-Systems.[605] Eine Compliance-Organisation kann eine erforderliche Aufsichtsmaßnahme in diesem Sinne sein.[606] Folglich kann eine Compliance-Organisation im Einzelfall eine Aufsichtspflichtverletzung im Sinne des § 130 OWiG ausschließen. Dieser Erkenntnis verschließen sich zwar auch die Verfolgungsbehörden nicht. Problematisch bleibt jedoch die Beurteilung, ob das Unternehmen alles Erforderliche getan hat. Aus der Perspektive ex post tendieren die Strafverfolgungsbehörden dazu, allein aus dem Umstand, dass eine Straftat aus dem Unternehmen heraus begangen wurde, auf eine unzureichende Aufsicht zu schließen.[607]

Auf der Rechtsfolgenseite können sich sowohl im Falle des § 30 OWiG als auch bei § 130 OWiG Vorteile durch eine existierende, angemessene Compliance-Organisation ergeben. Im Ordnungswidrigkeitenrecht gilt das Opportunitätsprinzip. Gem. § 47 I 1 OWiG liegt die Verfolgung von Ordnungswidrigkeiten im pflichtgemäßen Ermessen der Verfolgungsbehörde. Folglich können im Rahmen der Ermessensausübung Compliance-Maßnahmen des Unternehmens Berücksichtigung finden. Dies kann zum vollständigen Verzicht der Verfolgungsbehörden auf eine Sanktionierung führen.[608] Ferner können nachträglich eingerichtete Compliance-Systeme bei der Bußgeldbemessung nach § 17 III OWiG relevant werden. Grundlage für die Zumessung der Geldbuße ist gem. § 17 III OWiG u.a. der Vorwurf, der den Täter trifft. Maßgebend für die Ermittlung der Schwere des

---

603 *Sahan/Urban*, Rotsch, § 35 C. Rn. 2 ff.; *Baumert*, CCZ 2013, 265, 267 ff.; KK-OWiG/*Rogall*, § 130 Rn. 58; *Gehring/Kasten/Mäger*, CCZ 2013, 1, 10; *Kremer/Klahold*, ZGR 2010, 113, 140; *Beulke/Moosmayer*, CCZ 2014, 146, 149; *Petermann*, Eisele/Koch/Theile, 99, 112 f; *Sieber*, FS Tiedemann, 449, 468 ff.; *Bosch/Colbus/Harbusch*, WuW 2009, 740, 742 ff.; *Pampel*, BB 2007, 1636, 1638.

604 Vgl. *Eckstein*, Newsdienst Compliance 2014, 71010.

605 *Petermann*, Eisele/Koch/Theile, 99, 112 f.

606 *Baumert*, CCZ 2013, 265, 267; *Gehring/Kasten/Mäger*, CCZ 2013, 1, 10.

607 *Eckstein*, Newsdienst Compliance 2014, 71010.

608 *Eckstein*, Newsdienst Compliance 2014, 71010.

Vorwurfs ist auch das Verhalten des Täters nach der Tat.[609] Im Rahmen der Bußgeldbemessung können Compliance-Programme daher als bußgeldminderndes Nachtatverhalten berücksichtigt werden.[610] Speziell im Kartellordnungswidrigkeitenverfahren lassen sich darüber hinaus in den Bußgeldleitlinien des *Bundeskartellamts*[611] jedenfalls Anknüpfungspunkte für eine Würdigung nachträglich eingeführter Compliance-Programme aufspüren.[612] Diese erwähnen Compliance als bußgeldmindernden Faktor zwar nicht ausdrücklich. Nach Abschnitt I. (7) sind bei der Bußgeldbemessung jedoch alle für den konkreten Einzelfall relevanten Umstände in eine wertende Gesamtabwägung einzustellen. Es scheint nicht von vornherein ausgeschlossen, auch die Einrichtung eines Compliance-Systems oder die Verbesserung einer bestehenden Compliance-Organisation als relevanten Umstand in die Abwägung miteinzubeziehen.

Einzelne normative Ansatzpunkte zur Berücksichtigung von Compliance-Maßnahmen sind somit bereits de lege lata gegeben. Einzig die Auswirkungen auf die Sanktionspraxis sind überschaubar. Eine ausdrückliche gesetzliche Regelung würde hier Rechtssicherheit schaffen.[613]

3. Compliance Defense in der EU und in den Rechtsordnungen anderer Staaten

Auch auf europarechtlicher Ebene ist die Möglichkeit einer Compliance Defense noch nicht allgemein anerkannt. Dies ist zunächst darauf zurückzuführen, dass sich eine einheitliche Compliance-Politik in der Rechtsetzung durch die EU nicht erkennen lässt. Lediglich in einzelnen Bereichen sind überhaupt

---

609 KK-OWiG/*Mitsch*, § 17 Rn. 53.

610 Statt vieler *Krebs/Eufinger/Jung*, CCZ 2011, 213, 215 f.; für eine Berücksichtigung vor der Tat bereits bestehender Compliance-Systeme im Rahmen des § 17 III OWiG *Petermann*, Eisele/Koch/Theile, 99, 113 f.

611 Leitlinien für die Bußgeldzumessung in Kartellordnungswidrigkeitenverfahren (2013), http://www.bundeskartellamt.de/SharedDocs/Publikation/DE/Leitlinien/Bekanntmachung%20-%20Bu%C3%9Fgeldleitlinien-Juni%202013.html?nn=3591418, zuletzt abgerufen am 10.03.2016.

612 Zu den alten Leitlinien bereits *van Vormizeele*, CCZ 2009, 41, 46; *Sahan/Urban*, Rotsch, § 35 C. Rn. 16; *Gehring/Kasten/Mäger*, CCZ 2013, 1, 10.

613 Das Deutsche Institut für Compliance – DICO e.V. hat jüngst einen Gesetzesvorschlag für die Einführung eines Gesetzes zur Schaffung von Anreizen für Compliance-Maßnahmen in Betrieben und Unternehmen vorgelegt (Compliance-Anreiz-Gesetz, CompAG); https://dico-ev.de/index. php?id=83, zuletzt abgerufen am 10.03.2016; dazu *Dierlamm*, CCZ 2014, 194.

Compliance-Regelungen zu finden.[614] Des Weiteren zeigt die Praxis von EU-Kommission und europäischen Gerichten zwar eine einheitliche jedoch keineswegs förderungswillige Haltung in Sachen Compliance Defense. Exemplarisch lässt sich dies anhand der Entwicklungen im europäischen Wettbewerbsrecht darstellen. Während die EU-Kommission früher die Auffassung vertrat, umfassende Programme zur Einhaltung der Wettbewerbsregeln seien bei der Bußgeldbemessung mildernd zu berücksichtigen,[615] änderte sie ihre Ansicht im Laufe der Zeit. Mittlerweile behandelt die Kommission die Einrichtung von Compliance-Systemen als neutralen Gesichtspunkt. Obwohl sie die Einführung von Compliance-Organisationen regelmäßig begrüßt und auch fordert, sind aus ihrer Sicht negative oder positive Auswirkungen auf die Bußgeldzumessung nicht angezeigt.[616] Die Aufforderung zu Compliance-Maßnahmen soll folglich nur die Zuwiderhandlung als solche verhindern, nicht eine Bußgeldminderung in Aussicht stellen.[617] Unterstrichen wird diese Haltung durch die Aussagen des ehemaligen Wettbewerbskommissars *Almunia* (2009–2014). Dieser wirft die Frage auf, warum ein fehlgeschlagenes Compliance-Programm belohnt werden solle. Kommt es zu einer Zuwiderhandlung, ist ein bestehendes Compliance-System seiner Ansicht nach bußgeldrechtlich ohne Bedeutung.[618] Die EU-Rechtsprechung ist der Praxis der EU-Kommission stets gefolgt. Zunächst akzeptierte das Gericht das Vorgehen der Kommission, Compliance-Systeme bußgeldmildernd

---

614 Überblick bei *Schramm*, Rotsch, § 31 A. Rn. 23 ff.: Wettbewerbsrecht, Terrorismus, Menschenhandel, Kinderpornografie, illegaler Waffenhandel, Geldwäsche, Korruption, Fälschung und Inverkehrbringen von Zahlungsmitteln, Computerkriminalität, Insiderhandel, Umweltschutz, Datenschutz.

615 Vgl. nur KOM/E v. 7.12.1982, ABl. 1982 L 354/28 Rn. 67 ff.; KOM/E v. 15.7.1992, ABl. 1992 L 233/27 Rn. 24.

616 Nachweise bei *Pampel*, BB 2007, 1636, 1639 f.; *Gehring/Kasten/Mäger*, CCZ 2013, 1, 2; *Schramm*, Rotsch, § 31 A. Rn. 35.

617 *Schramm*, Rotsch, § 31 A. Rn. 35.

618 Vgl. *Almunia*, SPEECH/10/586 v. 25.10.2010: „I am often asked whether companies should be rewarded for operating compliance programmes when they are found to be involved in illegal commercial practices. The answer is no. There should be no reduction of fines or other preferential treatment for these companies. As already mentioned, we reward cooperation in discovering the cartel, we reward cooperation during the proceedings before the Commission, we reward companies that have had a limited participation in the cartel, but that, I think is enough. To those who ask us to lower our fines where companies have a compliance programme, I say this: if we are discussing a fine, then you have been involved in a cartel; why should I reward a compliance programme that has failed?".

zu berücksichtigen.[619] Später hatte es dann aber auch gegen den Wandel der Kommissionspraxis nichts einzuwenden.[620] Das Gericht führt aus, es ergebe sich aus einer gefestigten Rechtsprechung, dass es zwar bedeutsam sei, dass ein Unternehmen Maßnahmen ergriffen habe, um künftige Zuwiderhandlungen seiner Mitarbeiter gegen das Wettbewerbsrecht der Gemeinschaft zu verhindern, doch ändere dies nichts daran, dass die festgestellte Zuwiderhandlung tatsächlich begangen worden sei. Die bloße Tatsache, dass die Kommission bei ihrer Entscheidungspraxis in bestimmten Fällen die Einführung eines Befolgungsprogramms als mildernden Umstand berücksichtigt habe, bedeute folglich nicht, dass sie verpflichtet wäre, in einem konkreten Fall ebenso vorzugehen.[621] Der EuGH hat sich dem Standpunkt der EU-Kommission und des EuG angeschlossen.[622]

In den Rechtsordnungen einiger Staaten ist eine gegenteilige Entwicklung erkennbar. Vor allem im Bereich des Kartellrechts mehrt sich die Anzahl der Jurisdiktionen, die Compliance-Bemühungen sanktionsmindernd oder –ausschließend berücksichtigen.[623] Doch auch bezüglich anderer Gesetzesverstöße gewinnt die Compliance Defense weltweit an Bedeutung. Wie gesehen, kann etwa gem. Sect. 7 Para. 2 UK Bribery Act 2010 die Verantwortlichkeit eines Unternehmens wegen Bestechung vermieden werden, wenn vor dem Gesetzesverstoß angemessene Verfahren eingerichtet wurden, um Straftaten von Mitarbeitern vorzubeugen. In den USA kann nach den sog. United States Sentencing Guidelines die Existenz eines effektiven Compliance-Programms in einem Unternehmen sogar bei jeder Art von Verbrechen sowie bei bestimmten Vergehen[624] dazu beitragen, eine Strafmilderung herbeizuführen.[625]

---

619 EuG, Urt. v. 14.7.1994, Rs. T-77/92 („*Parker Pen*"), Slg. 1994, II-549 Rn. 93.

620 EuG, Urt. v. 8.7.2008, Rs. T-53/03 („*BPB*"), Slg. 2008, II-1333 Rn. 423; EuG, Urt. v. 26.4.2007, Rs. T-109/02 („*Bolloré*"), Slg. 2007, II-947 Rn. 653; EuG, Urt. v. 20.3.2002, Rs. T-16/99 („*Lögstör Rör*"), Slg. 2002, II-1633 Rn. 326.

621 EuG, Urt. v. 5.4.2006, Rs. T-279/02 („*Degussa*"), Slg. 2006, II-897 Rn. 350.

622 EuGH, Urt. v. 28.6.2005, verb. Rs. C-189/02 P, C-202/02 P, C-205/02 P bis C-208/02 P und C-213/02 P („*Dansk Rørindustri*"), Slg. 2005, I-5425 Rn. 371 ff.

623 S. bspw. die Entwicklungen in Großbritannien, den USA, Kanada, Frankreich, Brasilien, Australien und in der Schweiz; dazu eingehend *van Vormizeele*, CCZ 2009, 41, 47; *Gehring/Kasten/Mäger*, CCZ 2013, 1, 10.

624 Vgl. § 8 A 1.1: This chapter applies to the sentencing of all organizations for felony and Class A misdemeanor offenses.

625 United States Sentencing Commission, Guidelines Manual, § 8 B 2.1, § 8 C 2.5 (f) und § 8 D 1.4 (a) (1), http://www.ussc.gov/guidelines-manual/2014/2014-chapter-8, zuletzt abgerufen am 10.03.2016; ausführlich dazu *Momsen/Tween*, Rotsch, § 30 C.

4. Anforderungen an eine gesetzliche Regelung zur Compliance Defense für das Verbandsstrafgesetzbuch

Diesem Trend in anderen Rechtsordnungen soll nach der Intention der Entwurfsverfasser auch das Verbandsstrafgesetzbuch Rechnung tragen.[626] Zur Unterbreitung eines Formulierungsvorschlags müssen zunächst die Anforderungen an eine Compliance-Defense-Regelung herausgearbeitet werden.

a) Hinreichende Gewichtung qualitativer Aspekte

Im Ausgangspunkt muss eine hinreichende Gewichtung qualitativer Aspekte sichergestellt werden. Allein das Vorhandensein irgendeiner Art von Compliance-Organisation rechtfertigt noch keine sanktionsrechtliche Besserstellung eines Verbandes. Ebenso darf das Compliance-System nicht nur „auf dem Papier" existieren. Entscheidend muss vielmehr sein, ob die ergriffenen Compliance-Maßnahmen angemessen und ausreichend waren. Dieser Punkt wurde in dem Gesetzesentwurfs bereits gewürdigt. § 5 VerbStrG stellt ausdrücklich auf „ausreichende" organisatorische Maßnahmen ab. Bei § 7 I Nr. 1 VerbStrG, der eine Verbandsverwarnung mit Strafvorbehalt erlaubt, fließen in die Gesamtwürdigung der Tat Art und Ausmaß der Pflichtverletzung des Verbandes sowie die Verlässlichkeit der Entscheidungsträger mit ein. Nach der Gesetzesbegründung[627] ist dabei u.a. maßgeblich, ob „im Grundsatz geeignete" Aufsichts- und Überwachungsmaßnahmen vorhanden waren.

b) Berücksichtigung der Kritikpunkte zum jetzigen § 5 VerbStrG

Auch die in diesem Kapitel zur Ausgestaltung des § 5 VerbStrG in seiner jetzigen Fassung vorgebrachten Kritikpunkte müssen beachtet werden. Das Verbandsstrafgesetzbuch sollte entgegen seiner derzeitigen Konzeption einen Anreiz zu präventiven und umfassenden Compliance-Maßnahmen setzen.

c) Sanktionsausschluss oder -minderung?

Ferner muss geklärt werden, ob Compliance-Maßnahmen sanktionsausschließend oder nur –mindernd wirken sollen. Der Gesetzesentwurf hält beides für möglich[628] und wählt einen Mittelweg, indem zum einen nach § 6 III VerbStrG

626 Vgl. Gesetzesentwurf, S. 53.

627 Gesetzesentwurf, S. 59.

628 Dies zeigt sich bereits dadurch, dass der Gesetzesentwurf einerseits mit den United States Sentencing Guidelines ein Beispiel für eine Sanktionsminderung und

zum Tatzeitpunkt bereits bestehende Compliance-Systeme bei der Zumessung der Verbandsgeldstrafe Bedeutung erlangen, also sanktionsmindernd berücksichtigt werden können, und zum anderen gem. § 5 VerbStrG Compliance-Bemühungen nach der Tat es dem Gericht erlauben, gänzlich von einer Sanktionierung abzusehen. Es wurde bereits erörtert, dass diese Unterscheidung, die letztlich repressive, punktuelle Compliance-Maßnahmen mehr belohnt als solche, die präventiv und flächendeckend ausgerichtet sind, vor dem Hintergrund des Gesetzeszwecks fragwürdig ist.[629] Stattdessen sollte das Verbandsstrafgesetzbuch entsprechend der Idee des Gesetzesentwurfs, Verbände für Organisationsfehler zu bestrafen und Anreize zu Präventivmaßnahmen zu setzen, eine umgekehrte Wertung enthalten. Bestehende, angemessene und umfassende Compliance-Systeme sollten ein Absehen von Sanktionen zur Folge haben, nicht erst nachträgliche Bemühungen. Mehr als die Einrichtung eines aus Ex-ante-Sicht geeigneten Systems kann ein Verband nicht leisten. In Sachen Organisation und Prävention kann dem Verband dann kein Vorwurf gemacht werden. Auch die effektivste Compliance-Organisation wird nie in der Lage sein, alle Straftaten in einem Verband zu verhindern. Daher muss ein vor der Tat bereits vorhandenes, ausreichendes Compliance-System zwingend zum Sanktionsausschluss führen.

Wenn der Gesetzgeber darüber hinaus auch nachträgliche Compliance-Bemühungen belohnen wollte, ließe sich erwägen, eine Sanktionsminderung entsprechend § 6 III VerbStrG in Fällen der Nachtat-Compliance, wie sie von § 5 VerbStrG in seiner jetzigen Form genannt werden, im Gesetz zu verankern. Dadurch ergäbe sich aus dem Gesetz eine klare wertungsmäßige Unterscheidung:[630] Ein bereits vorhandenes ausreichendes Compliance-System schließt eine Sanktionierung von vornherein aus, denn der Verband hat dann alles getan, was realistischerweise von ihm verlangt werden kann. Nachträgliche Verbesserungen oder Implementierungen von Compliance-Organisationen zeigen immerhin den Willen, weiteren Straftaten im Verband entgegenzutreten, und können deshalb sanktionsmindernd berücksichtigt werden.

---

andererseits mit dem UK Bribery Act 2010 ein Beispiel für einen Sanktionsausschluss aufgrund von Compliance-Systemen anführt; vgl. Gesetzesentwurf, S. 53.

629 In diesem Kapitel IV., 3. und 4.

630 Vgl. *Dierlamm*, CCZ 2014, 194, 196, der für eine entsprechende Unterscheidung im Ordnungswidrigkeitenrecht plädiert.

d) *Wertungen des Gesellschaftsrechts*

Gesellschaftsrechtliche Wertungen können nicht ausgeblendet werden, schließlich hätte das Verbandsstrafgesetzbuch erhebliche Auswirkungen auf Verbände und ihre Organisation. Ferner haben die Ausführungen in diesem Kapitel gezeigt, dass die gesellschaftsrechtlichen Compliance-Anforderungen im Gegensatz zum Gesetzesentwurf der Unternehmensrealität Rechnung tragen.[631] Entsprechend der gesellschaftsrechtlichen Dogmatik muss der Gesetzgeber auch in Bezug auf die Schaffung eines Verbandsstrafgesetzbuchs zunächst anerkennen, dass nicht alle Verbände eine Compliance-Organisation brauchen, die Installation eines Compliance-Systems mitunter gar unmöglich ist. Dies darf den betroffenen Verbänden nicht zum Nachteil gereichen. Ihnen darf nicht die Verteidigungsmöglichkeit genommen werden, die Verbänden mit höherer Risikoexposition zusteht. Darüber hinaus muss der Gesetzgeber zugestehen, dass den Verbänden aus der Perspektive ex-ante unterschiedliche, aber dennoch gleich geeignete Aufsichtsmöglichkeiten zur Verfügung stehen können. Den Verbänden ist folglich nicht nur ein Ermessen einzuräumen. Vielmehr muss das Gericht wie im Gesellschaftsrecht auch eine Ex-ante-Betrachtung vornehmen.[632] Compliance-Anreize können nur geschaffen werden, wenn von den Verbänden nichts Unmögliches verlangt wird, namentlich alle Straftaten im Unternehmen zu verhindern. Es darf nicht von dem Umstand, dass die getroffenen Maßnahmen nicht den erhofften Erfolg gebracht haben, auf eine fehlerhafte Organisation geschlossen werden.

Im Einzelfall kann sich jedoch eine Verengung des Ermessensspielraums oder sogar – unter besonderen Umständen – eine Ermessensreduzierung auf Null hinsichtlich der Ausgestaltung des Compliance-Systems ergeben.[633] Dabei ist bei der Annahme eines derartigen Ausnahmefalls durch die Gerichte allerdings Vorsicht geboten. Dies ergibt sich aus dem Effekt des sog. hindsight bias. Dieser Begriff bezeichnet das Phänomen, dass erfahrungsgemäß aus der Kenntnis der späteren Entwicklung heraus bei der retrospektiven Kontrolle übertriebene Anforderungen gestellt werden.[634] Diese Problematik spielte in der Diskussion um die Kodifizierung der Business Judgment Rule eine große Rolle.[635] Lassen sich

---

631 In diesem Kapitel V.

632 *Hein*, CCZ 2014, 75, 79 f.

633 *Bürkle*, Hauschka, § 8 Rn. 16; *Reichert/Ott*, ZIP 2009, 2173, 2174; *Winter*, FS Hüffer, 1103, 1106.

634 MüKo-AktG/*Spindler*, § 76 Rn. 32.

635 Vgl. nur *Brömmelmeyer*, WM 2005, 2065, 2068; *Koch*, ZGR 2006, 769, 782; *Fleischer*, ZIP 2004, 685, 686.

die zwingend erforderlichen Maßnahmen im Nachhinein häufig einfach feststellen, so war ihre Notwendigkeit aber u.U. nicht voraussehbar. Dies müssen die Gerichte beachten.

Aus den genannten Gründen[636] sollte zudem auf eine Regelung wie § 8 II Nr. 3 VerbStrG verzichtet werden, die den Gerichten die Möglichkeit eröffnet, den Verbänden konkrete Compliance-Maßnahmen vorzugeben.

e) *Berücksichtigung des entstandenen Schadens?*

Nach § 5 I VerbStrG genügt es nicht, wenn der Verband ausreichende organisatorische oder personelle Maßnahmen getroffen hat. Das Gericht kann trotz der Bemühungen des Sanktionsadressaten nur dann von einer Sanktion absehen, wenn zusätzlich ein bedeutender Schaden nicht entstanden oder dieser zum überwiegenden Teil wieder gut gemacht ist. Diese Verknüpfung von organisatorischen Maßnahmen mit dem Fehlen eines bedeutenden Schadens als Voraussetzung dafür, dass der Verband möglicherweise nicht sanktioniert wird, ist in mehrerer Hinsicht zweifelhaft. Zunächst wird die Höhe des Schadens häufig vom Zufall abhängen. Wenn der Verband für eine ausreichende Compliance-Organisation sorgt, hat er jedoch alles in seiner Macht stehende getan, um Straftaten zu verhindern. Das Ziel des Verbandsstrafgesetzbuchs, Verbände zu Compliance-Maßnahmen zu animieren, wurde dann erreicht. Der Verband verhält sich so, wie er sich nach der Idee des Gesetzesentwurfs zu verhalten hat.[637] Insofern ist fraglich, warum ein Sanktionsverzicht an weitere Unwägbarkeiten wie die Schadenshöhe gekoppelt wird. Dies gilt umso mehr, wenn – wie hier vorgeschlagen – nur bereits bestehende, ausreichende Compliance-Systeme zum Sanktionsausschluss führen können. In diesen Fällen entspricht die Verbandsorganisation im Hinblick auf den Präventionsgedanken von vornherein der Idealvorstellung der Entwurfsverfasser. Des Weiteren wird der Eintritt eines bedeutenden Schadens auch durch die Art des begangenen Delikts bestimmt. So gibt es Delikte ohne direkte Opfer, bei denen es mitunter an messbaren finanziellen Schäden fehlen kann.[638] An dem Fehlen eines bedeutenden Schadens als Voraussetzung für einen Sanktionsverzicht festzuhalten würde bedeuten, bei manchen Delikten eine Compliance Defense eher zu ermöglichen als bei anderen. Da aber die Wachsamkeit der Verbände hinsichtlich jeglicher Art von Straftaten gefördert werden

636 In diesem Kapitel V., 2.

637 *Grützner*, CCZ 2015, 56, 60; BDI-BDA-Stellungnahme, S. 13.

638 *Hein*, CCZ 2014, 75, 78 führt beispielhaft Korruption und die Verletzung von Insidervorschriften an.

soll, verbietet sich eine Besserstellung der Verbände bei Straftaten, die nicht zu messbaren finanziellen Schäden führen, aber dennoch erhebliche Auswirkungen auf das betroffene Rechtsgut haben.[639] Die Voraussetzung, dass kein hoher Schaden entstanden sein darf, sollte daher aufgegeben werden.

5. Formulierungsvorschläge

Zusammenfassend kann festgehalten werden, dass es einer Compliance-Defense-Regelung bedarf, die einen Anreiz zu präventiver, umfassender Compliance schafft, das Geschäftsleiterermessen berücksichtigt, die Gerichte zu einer Ex-ante-Betrachtung zwingt,[640] kleinen Verbänden, bei denen die Einführung von Compliance-Systemen aufgrund ihrer geringen Risikoexposition nicht erforderlich ist, nicht die Möglichkeit eines Sanktionsausschlusses nimmt und letzteren nicht von finanziell messbaren Schäden abhängig macht. Dabei muss ein vor der Tat bereits vorhandenes, ausreichendes Compliance-System zwingend zum Sanktionsausschluss führen. Fälle der Nachtat-Compliance, wie sie von § 5 VerbStrG in seiner jetzigen Form genannt werden, können sanktionsmindernd berücksichtigt werden.

§ 5 VerbStrG könnte wie folgt lauten:

„§ 5 Sanktionsausschluss

Gegen den Verband wird keine Sanktion verhängt, wenn im Grundsatz geeignete Aufsichts- und Überwachungsmaßnahmen vorhanden waren oder aus sonstigen Gründen eine ausreichende Überwachung gewährleistet war."

Zur Berücksichtigung der Nachtat-Compliance bietet sich – unabhängig von der genauen Verortung im Verbandsstrafgesetzbuch[641] – folgende Formulierung an:

---

639 *Hein*, CCZ 2014, 75, 78, der jedoch keine Streichung des entsprechenden Passus fordert, sondern eine gesetzgeberische Klarstellung in § 5 Abs. 1 VerbStrG-E – etwa durch die Formulierung „bedeutender Schaden für das durch die Zuwiderhandlung betroffene Rechtsgut" – befürwortet, die verhindert, dass Compliance-Risiken primär anhand des unmittelbaren finanziellen Schadens bewertet werden.

640 Vgl. auch *Kubiciel/Hoven*, Jahn/Schmitt-Leonardy/Schoop, 160, 171: „[E]ine Verbandsstrafe [darf] nicht verhängt werden [...], wenn der Verband nachweist, dass er jene Compliance-Vorkehrungen getroffen hat, die nach einer objektiven *ex-ante*-Prognose notwendig und zumutbar erscheinen, um Zuwiderhandlungen zu verhindern."

641 Denkbar ist etwa eine Verortung im jetzigen § 6 VerbStrG oder auch ein § 5 II VerbStrG, freilich mit entsprechend angepasster Überschrift des § 5 VerbStrG.

„Bei der Bemessung der Verbandsgeldstrafe ist mildernd zu berücksichtigen, dass der Verband nach der Tat im Grundsatz geeignete Aufsichts- und Überwachungsmaßnahmen getroffen hat."

6. Verhältnis zu § 2 VerbStrG

Nun lässt sich die Frage aufwerfen, in welchem Verhältnis die hier vorgebrachten Vorschläge zum Sanktionsausschluss zu den in § 2 VerbStrG geforderten Organisationsmaßnahmen stehen. Auf den ersten Blick scheint eine Regelung zum Sanktionsausschluss überflüssig, da in den in Kapitel 5 angeführten Ausgestaltungsvorschlägen zu § 2 VerbStrG organisatorische Mängel bereits als Tatbestandsmerkmal vorzufinden sind. Ist, m.a.W., in den Fällen, in denen die Voraussetzungen des neu formulierten § 5 VerbStrG vorliegen, eine Verbandsstraftat nach § 2 VerbStrG nicht ohnehin ausgeschlossen, weil bereits der Tatbestand nicht erfüllt ist? Die Antwort lautet nein. § 2 VerbStrG knüpft als Straftatbestand an den Erfolg an.[642] Es wird also im Rahmen des § 2 VerbStrG ex post beurteilt, ob ein Organisationsfehler vorlag, der kausal war für die Straftat eines Einzelnen. Ist dies der Fall, ist – sollten alle anderen Tatbestandsmerkmale ebenfalls erfüllt sein – eine Verbandsstraftat gegeben. Die hier unterbreitete Compliance-Defense-Regelung in § 5 VerbStrG sieht hingegen einen Sanktionsausschluss vor, wenn sich der Verband trotz der nachträglich ermittelten Organisationsfehler aus Ex-ante-Sicht eine vertretbare Compliance-Organisation gegeben hat oder aus sonstigen Gründen von einer hinreichenden Überwachung der Mitarbeiter ausgegangen werden konnte. Dieses unterschiedliche Verständnis von Organisationsanforderungen des § 2 VerbStrG und denen der §§ 5 ff. VerbStrG geht bereits jetzt aus dem Gesetzesentwurf deutlich hervor. So kann sich das Gericht auch im Falle des § 2 II VerbStrG mit einer Verbandsverwarnung gem. § 7 I Nr. 1 VerbStrG begnügen, wenn „im Grundsatz geeignete Aufsichts- und Überwachungsmaßnahmen vorhanden waren"[643]. Folglich geht der Gesetzesentwurf von der Möglichkeit aus, dass auch wenn „zumutbare Aufsichtsmaßnahmen" (§ 2 II VerbStrG) unterlassen worden sind, dem Verband im Einzelfall dennoch im Grundsatz geeignete Aufsichtsmaßnahmen bescheinigt werden können.

642 Vgl. *Hein*, CCZ 2014, 75, 79.
643 Gesetzesentwurf, S. 59.

7. Mögliche Friktionen mit dem Ordnungswidrigkeitenrecht

Fall 1: *Ein Entscheidungsträger begeht trotz eines aus Ex-ante-Perspektive ausreichenden Compliance-Systems eine verbandsbezogene Straftat.*

Fall 2: *Ein Entscheidungsträger begeht trotz eines aus Ex-ante-Perspektive ausreichenden Compliance-Systems eine verbandsbezogene Ordnungswidrigkeit.*

Unklar ist, wie der Gesetzgeber mit dem Ordnungswidrigkeitenrecht weiter verfahren wird, sollte das Verbandsstrafgesetzbuch eingeführt werden.[644] Aus der Entwurfsbegründung lassen sich hierzu keine Schlüsse ziehen. Je nachdem wie sich der Gesetzgeber entscheidet, kann es zu Wertungswidersprüchen zwischen dem Ordnungswidrigkeitenrecht und dem Verbandsstrafrecht kommen. Dies soll anhand der beiden oben dargestellten Fälle im Folgenden verdeutlicht werden.

Angenommen, das Ordnungswidrigkeitenrecht bliebe unverändert fortbestehen, dann ergäben sich für die Beispielsfälle folgende Sanktionierungen für den betroffenen Verband: In *Fall 1* würde eine Sanktionierung des Verbandes nach dem Verbandsstrafgesetzbuch in der hier vorgeschlagenen Konzeption ausscheiden. Aufgrund der ausreichenden Compliance-Maßnahmen käme es zu einem Sanktionsausschluss nach § 5 VerbStrG (n.F.). Das Ordnungswidrigkeitenrecht würde jedoch eingreifen (§ 30 I OWiG), da es eine Compliance Defense mit der Folge eines Sanktionsausschlusses im vorliegenden Fall nicht kennt. § 30 I OWiG erfasst de lege lata Straftaten und Ordnungswidrigkeiten gleichermaßen, so dass über diese Norm eine Geldbuße gegen den Verband festgesetzt werden könnte. *Fall 2* würde aufgrund der Tatsache, dass eine Ordnungswidrigkeit und keine Straftat begangen wurde, von vornherein nicht in den Anwendungsbereich des Verbandsstrafgesetzbuchs fallen. Es bliebe auch hier mangels entsprechender Compliance-Defense-Regelung eine Sanktionierung nach § 30 I OWiG möglich. Zwar können – wie gesehen – nach der überwiegenden Ansicht in der Literatur auf der Rechtsfolgenseite existierende, angemessene Compliance-Organisationen zugunsten der Verbände berücksichtigt werden, die Praxis hat sich dieser Auffassung jedoch bislang nicht flächendeckend angeschlossen. Im Ergebnis hätten beide Fälle damit eine Sanktionierung des Verbandes nach dem Ordnungswidrigkeitenrecht zur Folge.

---

644 Vgl. BDI-BDA-Stellungnahme, S. 2; BRAK-Stellungnahme 2014, S. 6.

Sollte sich der Gesetzgeber aber – wie teilweise angenommen[645] – entschließen, die Verbandssanktionierung für Straftaten von Entscheidungsträgern und sonstigen Mitarbeitern vollständig dem Verbandsstrafgesetzbuch zu überlassen und aus § 30 I OWiG den Begriff der „Straftat“ streichen, so dass nach dem Ordnungswidrigkeitenrecht nur noch eine Verbandssanktionierung für Ordnungswidrigkeiten innerhalb des Verbandes möglich wäre, ergäbe sich ein anderes Bild: In *Fall 1* würde die Sanktionierung nach dem Verbandsstrafgesetzbuch weiterhin scheitern mit dem Unterschied, dass nun das Ordnungswidrigkeitenrecht nicht herangezogen werden könnte. Es käme somit nicht zur Sanktionierung. Das Ergebnis in *Fall 2* bliebe allerdings unverändert. Folglich könnte der Verband, dessen Entscheidungsträger eine verbandsbezogene Straftat begangen hat, nicht sanktioniert werden, während im Falle einer Ordnungswidrigkeit eine Geldbuße gegen den Verband nach dem Ordnungswidrigkeitenrecht festgesetzt werden könnte. Bei Ausklammerung der Straftaten aus § 30 OWiG wäre eine nicht zu rechtfertigende Besserstellung des Verbandes im ersten Fall die Konsequenz. Dieser Wertungswiderspruch ließe sich nur auflösen, wenn der Gesetzgeber – wie vielfach gefordert[646] – auch im Ordnungswidrigkeitenrecht entsprechende Regelungen zur Compliance Defense schaffen würde.[647]

8. Mindeststandards?

Bereits jetzt werden in Bezug auf den nordrhein-westfälischen Gesetzesentwurf Forderungen laut, Mindeststandards für Compliance-Maßnahmen zu entwickeln und normativ festzulegen.[648] In Einklang mit dem hier vorgeschlagenen Lösungsansatz für eine Compliance Defense sollte sich die Diskussion nur auf Mindeststandards für solche Verbände richten, bei denen überhaupt eine Compliance-Organisation erforderlich ist.

---

645 Etwa *Mansdörfer*, ZIS 2015, 23: „In dem Vorschlag für ein neues Verbandsstrafgesetzbuch ist die heutige Unternehmensgeldbuße nach § 30 OWiG grundsätzlich weiter vorgesehen; sie bleibt aber Sachverhalten vorbehalten, die Ordnungswidrigkeiten zur Anknüpfungstat haben. Stehen Kriminalstraftaten (z. B. Bestechung oder Betrug) zur Aburteilung an, werden verbandsbezogene ‚Zuwiderhandlung[en]‘ mit Verbandsstrafrecht sanktioniert. Das Verbandsstrafrecht geht §§ 29a, 30 OWiG also vor.“

646 Vgl. nur *Beulke/Moosmayer*, CCZ 2014, 146; *Dierlamm*, CCZ 2014, 194; DAV-Stellungnahme S. 31.

647 S. dazu bereits in diesem Kapitel VI., 2.

648 *Hoven*, ZIS 2014, 19, 29; *Mansdörfer*, ZIS 2015, 23, 29 f.; kritisch hingegen Stellungnahme der Clearingstelle Mittelstand, S. 9.

Für die Normierung von Mindeststandards spricht in der Tat, dass diese den Verbänden klare Vorgaben an die Hand geben und damit die nach wie vor bestehenden Unsicherheiten in der praktischen Umsetzung[649] beseitigen könnten. Ferner würde die Implementierung überzogener Compliance-Systeme durch die Verbände aus Sorge vor Sanktionen vermieden. Andererseits würden flächendeckende Standards möglicherweise Einzelfallentscheidungen abhängig von den Besonderheiten des einzelnen Verbandes, wie sie das Gesellschaftsrecht vorsieht, verhindern. Hier zeigt sich, dass die Frage nach dem „Ob" von Mindeststandards nicht getrennt von der Frage nach dem „Wie", also der genauen Ausgestaltung dieser Standards, beantwortet werden kann. Trotz der hier angeführten Gründe für die Normierung von Mindestanforderungen an ein Compliance-System ist letztere nur zielführend, wenn sich branchenübergreifende Standards überhaupt formulieren lassen, die geeignet sind, den Verbänden Rechtssicherheit im Umgang mit Compliance zu geben.

Teilweise wird die Normierung von Mindeststandards auf Grundlage der Modelle in anderen Staaten erwogen.[650] In Großbritannien gilt die Guidance zum Bribery Act 2010.[651] Aus dieser Anleitung ergeben sich Vorgaben für Unternehmen zur Ausgestaltung ihrer Compliance-Organisationen. Sie beinhaltet sechs Leitsätze („principles") sowie einige Fallbeispiele. Die Leitsätze verlangen als Minimalanforderungen angemessene Verfahren, Einsatz auf höchster Unternehmensebene, Risikobewertung, Due Diligence, Kommunikation sowie eine Überwachung des Compliance-Systems. Konkrete und detaillierte Vorgaben oder Checklisten zeigt die Anleitung jedoch nicht auf. Vielmehr wird darauf hingewiesen, dass Größe, Branche und Risikoprofil des Unternehmens für die konkrete Ausgestaltung maßgeblich seien. Die Anforderungen können demnach variieren. Ähnlich verhält es sich mit den United States Sentencing Guidelines,[652] die sich aber im Gegensatz zum Bribery Act nicht im Wesentlichen auf die Korruptionsbekämpfung beschränken. Ebenso umfassend in ihrem Anwendungsbereich sind das italienische Legislativdekret Nr. 231/2001 (Dekret 231/2001) zur strafrechtlichen Unternehmenshaftung und das spanische Ley Orgánica 5/2010, de 22 de junio (LO 5/2010).[653] Beide Gesetze enthalten jedoch kaum Mindeststandards für die Ausgestaltung eines Compliance-Systems. Es ist daher

649 Vgl. *Fleischer*, NZG 2014, 321.

650 *Hoven*, ZIS 2014, 19, 29.

651 Abrufbar unter https://www.gov.uk/government/publications/bribery-act-2010-guidance, zuletzt abgerufen am 10.03.2016.

652 Vgl. § 8 B 2.1 Cmt. 2 (C) USSG.

653 Dazu ausführlich *Schautes/Schier*, CCZ 2013, 149, 151 ff.

in diesen Ländern der Rechtsprechung und Literatur überlassen, Standards zu entwickeln.[654] Auch im deutschen Schrifttum finden sich mehrere Konkretisierungsversuche.[655] Die geforderten Maßnahmen sind mit den britischen und US-amerikanischen Standards grundsätzlich vergleichbar.

In Sachen Rechtssicherheit ist mit den angeführten Minimalanforderungen nicht viel gewonnen. Dazu sind die Vorgaben zu vage. Zutreffend verzichten die genannten Leitlinien jedoch darauf, alle Verbände in ein einheitliches Compliance-Korsett zwängen zu wollen. Auf diese Weise können Besonderheiten im Einzelfall berücksichtigt werden. Aufgrund der Vielfältigkeit der Verbände ist eine Systementwicklung „am Betrieb" ratsam.[656] Die einzige Möglichkeit, sowohl die Unsicherheiten der Verbände im Hinblick auf die Ausgestaltung ihrer Compliance-Organisationen zu beseitigen, als auch die Risikoexposition zu berücksichtigen, wäre, für jede Branche spezifische Standards zu normieren, die wiederum nach der Größe des Verbandes unterscheiden. Dies ist aber vom Gesetzgeber kaum zu leisten.

VII. Ergebnis

Ein vor der Tat bereits vorhandenes, aus Sicht ex ante ausreichendes Compliance-System muss unabhängig von der Schadenshöhe zwingend zum Sanktionsausschluss führen. Zudem muss solchen Verbänden, die keiner Compliance-Organisation bedürfen, ebenfalls die Möglichkeit gegeben werden, eine Sanktionierung durch den Nachweis hinreichender Überwachung und Kontrolle zu verhindern. Fälle der Nachtat-Compliance können sanktionsmindernd berücksichtigt werden. Die Idee einer Regelung wie in § 8 II Nr. 3 VerbStrG, die es Gerichten erlaubt, den Verbänden konkrete Compliance-Maßnahmen vorzugeben, sollte aufgegeben werden. Auch eine branchenübergreifende Formulierung von Mindeststandards ist abzulehnen.

---

654 *Schautes/Schier*, CCZ 2013, 149, 151.

655 Vgl. nur *Hauschka*, ZIP 2004, 877, 879 ff.; *ders./Galster/Marschlich*, CCZ 2014, 242; *Fleischer*, NZG 2014, 321, 326; *Schneider*, ZIP 2003, 645, 649 f.; *Kremer/Klahold*, ZGR 2010, 113, 122 ff.; *Reichert*, FS Hoffmann-Becking, 943, 947 ff.

656 Stellungnahme der Clearingstelle Mittelstand, S. 9.

7. Kapitel: Die Sanktionierung von Konzernobergesellschaften und die Frage nach den Aufsichtspflichten im Konzern

Die Konzernierung erfreut sich in Deutschland zunehmender Beliebtheit.[657] Man geht davon aus, dass mittlerweile bei AGs rund drei Viertel mit über 90 % des Kapitals und bei den Gesellschaften mbH ca. die Hälfte in Konzerne eingebunden sind.[658] Der Konzern stellt somit die heutzutage wohl „wichtigste Organisationsform für große und mittlere Unternehmen“[659] dar. Die vielfältigen Gründe für eine Konzernbildung werden gemeinhin unter dem Oberbegriff „Synergieeffekte“ zusammengefasst. Im Einzelnen sind u.a. die Stärkung der Marktmacht gegenüber Wettbewerbern, die Verbesserung der Konditionen bei Lieferanten und Abnehmern, die Unabhängigkeit von fremden Zulieferunternehmen, „Diversifikation“ und Rationalisierung zu nennen.[660] Aber auch die Möglichkeit der Abschottung vor ordnungsrechtlichen Sanktionsrisiken bietet einen Anreiz zur Konzernierung.[661]

Die Sanktionierung im Konzern ist de lege lata jedoch von Unsicherheit geprägt.[662] In Anbetracht der großen Bedeutung des Konzerns in rechtstatsächlicher Hinsicht gilt es zu klären, ob bestehende Streitigkeiten aus dem Ordungswidrigkeitenrecht sowie offene Fragen aus dem Konzernrecht in das Verbandsstrafgesetzbuch übernommen wurden, die einen Fortbestand der bisherigen Unklarheiten zur Folge hätten. Dabei sind zunächst die unproblematischen Fallkonstellationen vorweg auszusondern: Wenn Entscheidungsträger der Obergesellschaft selbst eine Zuwiderhandlung begehen oder ihrer Aufsichtspflicht in Bezug auf Mitarbeiter der Obergesellschaft nicht nachgekommen sind und es folglich zu Straftaten kommt, liegen Verbandsstraftaten nach § 2 I VerbStrG bzw. § 2 II VerbStrG vor. Insofern ergeben sich wie schon im Ordnungswidrigkeitenrecht (§§ 30, 130 OWiG) keine Besonderheiten zur selbstständigen Einzelgesellschaft; entsprechendes gilt für die Sanktionierung der Tochtergesellschaft.

657 Zur historischen Entwicklung *Emmerich/Habersack*, Konzernrecht, § 1 II 1 Rn. 5 ff.; MüKo-AktG/*Altmeppen*, Einl. §§ 291 ff. Rn. 10 ff.

658 *Emmerich/Habersack*, Konzernrecht, § 1 II 1 Rn. 8 m.w.N.

659 *Schneider*, Mestmäcker/Behrens, 563, 568.

660 MüKo-AktG/*Altmeppen*, Einl. §§ 291 ff. Rn. 21.

661 Statt vieler Eisele/Koch/Theile, 2.

662 S. dazu sogleich unter I.

Fraglich ist jedoch, ob im Falle einer Verbandsstraftat der Tochtergesellschaft daneben auch die Obergesellschaft bestraft werden kann. Da über § 3 I VerbStrG die Vorschriften des allgemeinen Teils des Strafgesetzbuchs und damit auch die §§ 26 f. StGB Anwendung finden, ist dies unproblematisch möglich, wenn Entscheidungsträger der Obergesellschaft durch ein aktives Tun zum Gelingen der Verbandsstraftat der Tochtergesellschaft beitragen oder sogar den Anstoß zur Tat selbst geben.[663] Es stellt sich aber die Frage, ob eine Sanktionierung der Muttergesellschaft auch dann begründet werden kann, wenn es an einer solchen unmittelbaren Einflussnahme fehlt.

I. Hintergrund – Der Sanktionsdurchgriff im Konzern de lege lata

1. Im deutschen Recht

Dies wird bereits de lege lata im Ordnungswidrigkeitenrecht sehr kontrovers beurteilt. Im Grundsatz kommen zwei Möglichkeiten in Betracht, auch ohne eine unmittelbare Einflussnahme der Konzernobergesellschaft einen Sanktionsdurchgriff zu konstruieren: Denkbar ist einerseits eine Sankionierung aufgrund einer Beteiligung (§ 14 OWiG) der Geschäftsleiter der Obergesellschaft durch Unterlassen (§ 8 OWiG), mit der Folge einer Zurechnung nach § 30 OWiG. Erforderlich wäre freilich eine entsprechende Garantenstellung. Andererseits erscheint eine Geldbuße über den Weg des § 130 OWiG nicht von vornherein ausgeschlossen. Dazu müsste die Konzernobergesellschaft als Betriebsinhaber i.S.d. § 130 OWiG anzusehen sein. Die Diskussion in Praxis und Schrifttum konzentriert sich überwiegend auf die Anwendung des § 130 OWiG, mithin auf die zweite Konstruktion.[664]

a) Die Ansicht des Bundeskartellamts

Das *Bundeskartellamt* hält eine Geldbuße gegen die Konzernobergesellschaft wegen kartellrechtswidriger Verhaltensweisen der Tochtergesellschaften auf Grundlage des § 130 OWiG wegen unterlassener Aufsichtsmaßnahmen für möglich. Dieser Standpunkt wurde in der *Etex-Entscheidung*[665] deutlich. Dieser

---

663 Vgl. zum Ordnungswidrigkeitenrecht *Koch*, ZHR 171 (2007), 554, 573; *Löbbe*, ZHR 177 (2013), 518, 543.

664 Ausführlich zum Ganzen *Koch*, ZHR 171 (2007), 554, 569.

665 Vgl. Fallberichterstattung BKartA – B1-200/06 – „Bußgeldverfahren gegen Unternehmen der Tondachziegelbranche“, http://www.bundeskartellamt.de/SharedDocs/

Entscheidung lag folgender Sachverhalt zugrunde: Gegen mehrere Tondachziegelhersteller hatte das *Bundeskartellamt* wegen kartellrechtswidriger Absprachen Geldbußen von insgesamt 188 Millionen Euro verhängt. Bei den beteiligten Unternehmen handelte es sich u. a. um die *Creaton AG* und die *Pfleiderer Dachziegel GmbH*, die zum belgischen *EtexKonzern* gehören. Nach den Ausführungen des *Bundeskartellamts* hatten die Ermittlungen ergeben, dass der für das Europageschäft verantwortliche leitende Manager des *Etex-Konzerns* konkrete Anhaltspunkte für die kartellrechtswidrigen Absprachen hatte und nichts unternahm, um deren Umsetzung in den genannten Tochterunternehmen zu verhindern. Die *Etex Holding GmbH* habe als Muttergesellschaft die Stellung eines Betriebsinhabers i.S.d. § 130 OWiG innegehabt. Schließlich sei der Konzern faktisch wie ein Unternehmen organisiert. Aus diesem Grund müsse die Obergesellschaft dieselbe Verantwortung treffen wie den Unternehmensinhaber. Dies gelte jedenfalls dann, wenn die Obergesellschaft steuernd in die Geschäftstätigkeit der Tochtergesellschaft eingreift.[666] Die Aufsichtspflichten des § 130 OWiG hätten über § 9 OWiG besagten Geschäftsführer getroffen, der diese durch das vorsätzliche Unterlassen erforderlicher Maßnahmen verletzt habe. Der Pflichtenverstoß des Geschäftsführers könne dann der herrschenden Gesellschaft nach § 30 OWiG zugerechnet werden.[667] Folglich verhängte das *Bundeskartellamt* ein Bußgeld gegen die *Etex Holding GmbH*. Der Bußgeldbescheid wurde letztlich aus anderen Gründen aufgehoben. An seiner Ansicht, dass die Obergesellschaft bußgeldbewehrte Aufsichtspflichten im Konzern treffen, hat das *Bundeskartellamt* jedoch festgehalten.[668] Mittlerweile sind Bußgeldbescheide in vergleichbaren Fällen rechtskräftig geworden.[669] Die *Etex-Entscheidung* des *Bundeskartellamts* ist nicht nur für das Kartellrecht relevant, da § 130 OWiG den normativen Anknüpfungspunkt bildet und als Regelung des allgemeinen Ordnungswidrigkeitenrechts auf alle Bereiche des Straf- und Ordnungswidrigkeitenrechts anwendbar ist. Sollte

---

Entscheidung/DE/Fallberic hte/Kartellverbot/2012/B1-200-06.html, zuletzt abgerufen am 10.03.2016; dazu ausführlich *Koch*, AG 2009, 564 ff.; *Wiesenack/Klein*, Eisele/Koch/Theile, 5, 28 f.; *Bosch*, ZHR 177 (2013), 454, 463; vgl. ferner BT-Drs. 16/13500, 83.

666 In diesem Sinne die Darstellung der Entscheidung bei *Koch*, AG 2009, 564, 565.

667 Vgl. zur Trias der §§ 9, 30, 130 OWiG bereits Kapitel 1, I.

668 Fallberichterstattung BKartA – B1–200/06-P2 und B1–200/06-U13 – „Aufhebung der Bußgeldbescheide gegen die Etex Holding und Einstellung des Bußgeldverfahrens gegen einen persönlich Betroffenen“, http://www.bundeskartellamt.de/Shared Docs/Entscheidung/DE/Fallberichte/ Kartellverbot/2012/B1-200-06.html, zuletzt abgerufen am 10.03.2016.

669 *Bosch*, ZHR 177 (2013), 454, 463 m.w.N.

sich die Ansicht des *Bundeskartellamts* durchsetzen, hätte das eine allgemeine ordnungswidrigkeitenrechtliche Verantwortung der Konzernobergesellschaften für ihre Tochtergesellschaften zur Folge.[670]

b) Die Ansichten in der Literatur

Im Schrifttum sind im Wesentlichen drei Meinungsströmungen zu beobachten: Eine Ansicht geht wie das *Bundeskartellamt* davon aus, dass auch Konzerne unter den Unternehmensbegriff des § 130 OWiG fallen.[671] Somit treffe die Muttergesellschaft des Konzerns eine Aufsichtspflicht über die Tochtergesellschaften. Im Falle einer Pflichtverletzung z.B. von Vorständen der Tochtergesellschaft könnten daher die Vorstandsmitglieder der Muttergesellschaft wegen Verletzung der Aufsichtspflicht zur Verantwortung gezogen werden. Demnach wäre der Weg für einen Sanktionsdurchgriff zulasten der Konzernobergesellschaft bereitet. Eine zweite Ansicht lehnt eine allgemeine ordnungswidrigkeitenrechtliche Verantwortung der Konzernobergesellschaft für ihre Tochtergesellschaften auf Grundlage des § 130 OWiG gänzlich ab.[672] Die nach dem konzernrechtlichen Trennungsprinzip[673] rechtlich selbstständige Tochtergesellschaft sei als alleiniger Unternehmensträger und -inhaber, mithin als einziger Sanktionsadressat, anzusehen. Andere Vertreter im Schrifttum legen eine differenzierende Betrachtung zugrunde. Sie beschränken den Sanktionsdurchgriff auf bestimmte näher definierte Fälle. Nach *Tiedemann* etwa kommt eine Verantwortlichkeit der Muttergesellschaft ausnahmsweise in Betracht, wenn diese 100%ige Inhaberin des Tochterunternehmens ist oder durch besondere Umstände in eine

---

670 *Koch*, AG 2009, 564, 565.

671 KK-OWiG/*Rogall*, § 130 Rn. 27 ff.; *Pampel*, BB 2007, 1636, 1637; *Lemke/Mosbacher*, § 130 Rn. 7; *Leipold*, ZRP 2013, 34, 35; *Mansdörfer/Timmerbeil*, WM 2004, 362, 368 f.; *Löbbe*, ZHR 177 (2013), 518, 543 ff.; *Ost*, NZKart 2013, 25, 27; *Caracas*, Verantwortlichkeit in internationalen Konzernstrukturen nach § 130 OWiG, S. 86 f.; *ders.*, CCZ 2015, 167 ff.

672 *Hermanns/Kleier*, S. 25; *Koch*, ZHR 171 (2007), 545, 570 ff., *ders.*, AG 2009, 564, 567 ff.; *ders.*, WM 2009, 1013, 1017 f.; *Bürger*, WuW 2011, 130, 135 f.; *Petermann*, Eisele/Koch/Theile, 99 ff., 105 f.; *Aberle/Holle*, Eisele/Koch/Theile, 117, 118 ff.; *Tschierschke*, Eisele/Koch/Theile, 137, 141 ff.; Göhler/*Gürtler*, § 130 Rn. 5a; *Verse*, ZHR 175 (2011), 401, 409 f.; *Spindler*, HdB d. VR, § 13 Rn. 115; § 15 Rn. 127; *Karbaum*, AG 863, 864 f.; *ders.*, Kartellrechtliche Compliance – Rechtsgrundlagen und Umsetzung, S. 266 f.; *Ransiek*, Unternehmensstrafrecht, S. 105 f.; *Wirtz*, WuW 2001, 342, 347 f.; *Vogt*, S. 287; *Kling*, WRP 2010, 506, 513.

673 Statt vieler *K. Schmidt*, Gesellschaftsrecht, S. 490 f., 947.

Garantenstellung gerückt ist.[674] *Bohnert* verlangt für einen Durchgriff, dass sich das Direktionsrecht auf die inneren Strukturen der Tochtergesellschaften erstreckt.[675]

Angesichts dieser Fülle von divergierenden Meinungen ist die Frage des Sanktionsdurchgriffs im Konzern de lege lata „[v]on einer Klärung weit entfernt“[676].

c) Die Ansicht der Rechtsprechung

Der BGH hat die Frage bislang offen gelassen. In seinem Beschluss aus dem Jahr 1981 deutete er jedoch an, dass einer Anwendung von § 130 OWiG in Konzernsachverhalten die Rechtspersönlichkeit der abhängigen Gesellschaft entgegenstehen könnte.[677] Nach Ansicht des OLG München[678] unter Verweis auf *Caracas*[679] kann die Anwendbarkeit des § 130 OWiG auf Konzernsachverhalte nicht pauschal beantwortet werden, sondern ist stets von den konkreten Umständen des Einzelfalls abhängig: „Für den Umfang der Aufsichtspflicht im Sinne des § 130 OWiG sind die tatsächlichen Verhältnisse im Konzern maßgeblich, weshalb auf die tatsächliche Einflußnahme der Konzernmutter auf die Tochtergesellschaft abzustellen ist. Nur wenn der Tochtergesellschaft von der Konzernmutter Weisungen erteilt werden, die das Handeln der Tochtergesellschaft beeinflussen, und dadurch die Gefahr der Verletzung betriebsbezogener Pflichten begründet wird, besteht im Umfang dieser konkreten Einflussnahme eine gesellschaftsrechtliche Aufsichtspflicht der Konzernmutter. Dort, wo die Tochtergesellschaft indes in ihrer Willensbildung und Handlungsfreiheit nicht durch die Weisungen der Konzernmutter beeinflusst wird, verbleibt die ordnungswidrigkeitenrechtliche Verantwortlichkeit zur Einhaltung der betriebsbezogenen Pflichten und die damit korrespondierende besondere Aufsichtspflicht im Sinne des § 130 OWiG trotz der Einbettung in den Konzern bei den Leitungspersonen der rechtlich selbständigen Tochtergesellschaft.“[680]

Es bleibt abzuwarten, ob der BGH sich dem anschließen und von seinen ursprünglichen Bedenken Abstand nehmen wird.

---

674 *Tiedemann*, NJW 1979, 1849, 1852.

675 *Bohnert*, OWiG, § 130 Rn. 7.

676 Göhler/*Gürtler*, § 130 Rn. 5a.

677 BGH, Beschl. v. 1.12.1981 – KRB 3/79, WuW/E BGH 1871, 1876.

678 OLG München, Beschl. v. 23.9.2014 – 3 Ws 599/14, 3 Ws 600/14 = CCZ 2016, 44 m. Anm. *Caracas*; dazu BeckOK-OWiG/*Beck*, § 130 Rn. 31.1.

679 *Caracas*, Verantwortlichkeit in internationalen Konzernstrukturen nach § 130 OWiG, S. 86 f.; s. ferner *ders.*, CCZ 2015, 167 ff.

680 OLG München, Beschl. v. 23.9.2014 – 3 Ws 599/14, 3 Ws 600/14, juris Rn. 16.

2. Im europäischen Recht

Auch im europäischen Kartellrecht erlangt die Frage nach dem Sanktionsdurchgriff im Konzern Bedeutung. Die Art. 101 und 102 AEUV verbieten gewisse mit dem Binnenmarkt unvereinbare Verhaltensweisen. Normadressaten sind Unternehmen und Unternehmensvereinigungen. Kommission und Gerichtshof verstehen den gesetzlich nicht definierten unionsrechtlichen Unternehmensbegriff funktional. Es genüge, wenn Mutter- und Tochtergesellschaft eine „wirtschaftliche Einheit" bildeten.[681] Ob diese Voraussetzung gegeben ist, richte sich nach den Umständen des Einzelfalls. Kriterien seien u.a. die kapitalmäßige Verbundenheit der Unternehmen, die Beteiligung der Muttergesellschaft an dem Wettbewerbsverstoß sowie eine Einflussnahme der Muttergesellschaft auf die Geschäftspolitik der Tochtergesellschaft.[682] In der *Akzo-Entscheidung* hat der EuGH hierzu ausgeführt, dass „nach ständiger Rechtsprechung [...] einer Muttergesellschaft das Verhalten ihrer Tochtergesellschaft insbesondere dann zugerechnet werden [kann], wenn die Tochtergesellschaft trotz eigener Rechtspersönlichkeit ihr Marktverhalten nicht autonom bestimmt, sondern im Wesentlichen Weisungen der Muttergesellschaft befolgt, und zwar vor allem wegen der wirtschaftlichen, organisatorischen und rechtlichen Bindungen, die die beiden Rechtssubjekte verbinden"[683]. Halte eine Muttergesellschaft (jedenfalls fast)[684] 100% des Kapitals ihrer Tochtergesellschaft, die gegen die Wettbewerbsregeln der Gemeinschaft verstoßen hat, könne zum einen diese Muttergesellschaft einen bestimmenden Einfluss auf das Verhalten dieser Tochtergesellschaft ausüben und bestehe zum anderen eine widerlegliche Vermutung, dass diese Muttergesellschaft tatsächlich einen bestimmenden Einfluss auf das Verhalten ihrer Tochtergesellschaft ausübt.[685] Diese Vermutung gilt in der Praxis als kaum widerlegbar, so dass die Konzernmutter regelmäßig für Kartellrechtsverstöße ihrer Tochter sanktioniert wird.[686]

---

681 Immenga/Mestmäcker/*Emmerich*, Art. 101 Rn. 43 ff.; Calliess/Ruffert/*Weiß*, Art. 101 Rn. 25; Danner/Theobald/*Bruhn*, Art. 102 Rn. 17.

682 Immenga/Mestmäcker/*Dannecker/Biermann*, Vor. Art. 23 f. VO 1/2003, Rn. 87.

683 EuGH, Urt. v. 10.9.2009, Rs. C-97/08 P („*Akzo Nobel*"), Slg. 2009, I-8237 Rn. 58 = BeckRS 2009, 70987.

684 EuGH, Urt. v. 29.9.2011, Rs. C-520/09 P („*Arkema*"), Slg. 2011, I-8901 Rn. 48 ff.

685 EuGH, Urt. v. 10.9.2009, Rs. C-97/08 P („*Akzo Nobel*"), Slg. 2009, I-8237 Rn. 60 = BeckRS 2009, 70987.

686 Immenga/Mestmäcker/*Dannecker/Biermann*, Vor. Art. 23 f. VO 1/2003, Rn. 82, 99 m.w.N.; vgl. ferner *Bürger*, WuW 2011, 130, 132.

II. Streitentscheid durch § 2 II VerbStrG?

Da § 2 II VerbStrG in Anlehnung an § 130 OWiG formuliert ist, könnten die bestehenden Unsicherheiten im Ordnungswidrigkeitenrecht im Rahmen des Verbandsstrafgesetzbuchs fortbestehen. Dazu nimmt die Entwurfsbegründung wie folgt Stellung: „§ 2 Absatz 2 VerbStrG setzt nach seinem Wortlaut (‚durch einen Entscheidungsträger dieses Verbandes') voraus, dass die verbandsbezogene Zuwiderhandlung in Angelegenheiten gerade des Verbandes begangen wurde, dessen Entscheidungsträger oder Entscheidungsträgerinnen ihre Aufsichtspflichten verletzt haben. Die Vorschrift entscheidet damit die in der Literatur bislang umstrittene Frage (vgl. zum Streitstand KK-Rogall, OWiG, § 130 Rdz. 25; Geismar, a.a.O., S. 65 ff.) nach dem Haftungsdurchgriff in Konzernstrukturen bei rechtlich selbstständigen Tochterunternehmen im Sinne der restriktiven Auffassung. ‚Zurechnungskaskaden auf rechtlich ungesicherter Basis' (Göhler/Gürtler, OWiG, § 130, Rdz. 5a) können bei einem echten Straftatbestand – zumal wenn dieser die Zurechnung im Ergebnis aufgrund Risikoerhöhung ausreichen lässt – nicht hingenommen werden. Daher folgt § 2 Absatz 2 VerbStrG der Auffassung, dass eine Konzernmutter für Zuwiderhandlungen in ihren rechtlich selbstständigen Tochtergesellschaften nicht im Wege des Durchgriffs in die Haftung genommen werden kann."[687]

Nach den Ausführungen der Entwurfsverfasser scheidet ein Sanktionsdurchgriff auf Grundlage des § 2 II VerbStrG als echtes Unterlassungsdelikt somit aus. Darüber hinaus vermittelt insbesondere der letzte Satz der zitierten Passage den Eindruck, es solle generell klargestellt werden, dass ein Sanktionsdurchgriff in Konzernstrukturen nicht vorgesehen ist. Die Entwurfsverfasser scheinen letztlich davon auszugehen, die streitige Frage für den Anwendungsberreich des Verbandsstrafgesetzbuchs geklärt zu haben.[688]

III. Fortsetzung des Kernproblems im Rahmen des § 2 I VerbStrG

1. Die Frage nach der Aufsichtspflicht der Konzernobergesellschaft als Kernproblem

Indes wird die eindeutige Entscheidung gegen einen Sanktionsdurchgriff zulasten der Konzernobergesellschaft in den weiteren Ausführungen der Entwurfsbegründung revidiert:

---

687 Gesetzesentwurf, S. 47.

688 Zu diesem Verständnis des Gesetzesentwurfs s. auch BDI-BDA-Stellungnahme, S. 8; *Hein*, CCZ 2014, 75, 76.

„Dessen ungeachtet besteht jedoch eine Aufsichtspflicht der Verantwortlichen der Konzernobergesellschaft für den Konzernbereich. Diese Aufsichts- und Überwachungspflichten können eine selbstständige Verbandsstrafbarkeit für die Konzernmutter begründen, wenn die Entscheidungsträger oder Entscheidungsträgerinnen der Muttergesellschaft durch entsprechende Pflichtverletzungen weitere – rechtlich selbstständige – Zuwiderhandlungen begehen. Erhält beispielsweise ein Entscheidungsträger der Muttergesellschaft Kenntnis von Straftaten im Tochterunternehmen und greift nicht ein, kann darin eine Beihilfe durch Unterlassen liegen, namentlich wenn ein Beherrschungsvertrag eine entsprechende Garantenstellung begründet (Göhler/Gürtler, OWiG, § 130, Rdz. 5a) oder wenn sich das Direktionsrecht sonst auf die inneren Strukturen der Tochtergesellschaft erstreckt (Bohnert, OWiG, 3. Auflage, München 2010, § 130, Rdz. 7). In diesem Falle haftet die Muttergesellschaft unmittelbar gemäß § 2 Absatz 1 VerbStrG.

In welchem Umfang Aufsichtspflichten bestehen und ob sie eine Garantenstellung nach sich ziehen, bestimmt sich nach den tatsächlichen Verhältnissen und den Umständen des Einzelfalles. Wesentlich kommt es darauf an, welchen Spielraum zu eigener Willensbildung die einzelnen Unternehmen im Konzern haben (KK-Rogall, OWiG, § 130 Rdz. 26). So kann es bei dezentraler Leitung, die sich auf Personalpolitik und Finanzierung beschränkt, genügen, sicherzustellen, dass die Tochtergesellschaften überhaupt eine Compliance-Organisation einrichte[n]. Greift hingegen die Konzernleitung in das Tagesgeschäft ein, hat der Vorstand des herrschenden Unternehmens auch für eine angemessene Information, Kontrolle und Sanktion bei den Tochtergesellschaften zu sorgen (Schneider, ‚Compliance im Konzern' in: NZG 2009, S. 1321 [1326]).“[689]

Wie bereits aufgezeigt, kann ein Sanktionsdurchgriff auf zwei Wegen erreicht werden. Im Mittelpunkt der Diskussion steht dabei die Frage nach den Aufsichtspflichten der Konzernobergsellschaft. Die Entwurfsverfasser lehnen zwar eine Verantwortlichkeit der Konzernobergesellschaft auf Grundlage des § 2 II VerbStrG als echtes Unterlassungsdelikt ab, statuieren dann jedoch weitreichende Konzernaufsichtspflichten, die eine Garantenstellung der Muttergesellschaft und damit auch eine Sanktionierung wegen Beihilfe durch Unterlassen nach §§ 2 I VerbStrG, 27 I, 13 I StGB zur Folge haben können. Folglich ist entgegen der Behauptung auf Seite 47 der Entwurfsbegründung sehr wohl ein Sanktionsdurchgriff vorgesehen.[690] Und obwohl die Verfasser des Gesetzesentwurfs für sich in Anspruch nehmen, die Streitfrage nach dem Sanktionsdurchgriff im Sinne einer restriktiven Ansicht entschieden zu haben, bemühen sie Stimmen aus dem Schrifttum, die eben eine Sanktionierung der Konzernobergesellschaft über § 130 OWiG befürworten („Bohnert, OWiG, 3. Auflage, München 2010,

689 Gesetzesentwurf, S. 47 f.
690 Ebenso *Zieschang*, GA 2014, 91, 99 Fn. 47.

§ 130, Rdz. 7", „KK-Rogall, OWiG, § 130 Rdz. 26"[691]), um ihre Argumentation für eine Verantwortlichkeit der Muttergesellschaft wegen Beihilfe durch Unterlassen zu stützen. Auf diese Weise setzt sich der Gesetzesentwurf nicht nur in Widerspruch zu den zu § 2 II VerbStrG getroffenen Aussagen, nach denen diesen Ansichten gerade nicht gefolgt werden soll, sondern greift darüber hinaus in die bislang offene Frage nach den Aufsichtspflichten der Konzernobergesellschaft ein, indem er ohne Begründung einer sehr umstrittenen Literaturansicht folgt.[692] Von einem Streitentscheid kann somit nicht die Rede sein. Vielmehr wird der Streit lediglich von einem echten auf ein unechtes Unterlassungsdelikt verlagert, ohne die Grundfrage zu klären, wie eine strafrechtlich relevante Aufsichtspflicht der Muttergesellschaft dogmatisch begründet werden kann. Die bisherige Unsicherheit wird damit im Rahmen des Verbandsstrafgesetzbuchs fortbestehen.[693]

2. Zur Tragfähigkeit der Konzeption des Verbandsstrafgesetzbuchs

Unabhängig von den aufgezeigten Unstimmigkeiten in der Argumentationslinie des Gesetzesentwurfs bestehen ohnehin Zweifel an der Tragfähigkeit der Aussage, es bestehe eine Aufsichtspflicht der Konzernobergesellschaft, die eine selbstständige Verbandsstrafbarkeit der Konzernmutter begründen könne.

a) Beschützer- oder Überwachergarant?

Dazu ist zunächst erforderlich, dass eine Aufsichtspflicht der Konzernobergesellschaft bejaht werden kann. Aus dieser Aufsichtspflicht müsste sich dann eine Garantenstellung der Konzernobergesellschaft ergeben, d.h., diese müsste rechtlich dafür einzustehen haben, dass der tatbestandliche Erfolg nicht eintritt. Die Garantenpflichten innerhalb der unechten Unterlassungsdelikte werden gemeinhin auf zwei Grundsituationen zurückgeführt: Für den sog. Beschützergaranten geht die Pflicht dahin, bestimmte Rechtsgüter gegen Gefahren aus allen Richtungen zu schützen; der sog. Überwachungsgarant hat grundsätzlich alle Rechtsgüter gegenüber Gefährdungen zu schützen, die aus einer bestimmten Gefahrenquelle stammen, für die er verantwortlich ist.[694] Vorliegend kommt nur eine Stellung als Überwachungsgarant in Betracht, da es um den Schutz der Rechtsgüter Dritter geht und nicht solcher der Tochtergesellschaft.[695]

691 Gesetzesentwurf, S. 48.

692 BDI-BDA-Stellungnahme, S. 8.

693 Kritisch auch BDI-BDA-Stellungnahme, S. 8; *Hein*, CCZ 2014, 75, 76.

694 Zu dieser Unterscheidung statt vieler S/S/*Stree/Bosch*, § 13 Rn. 9.

695 *Koch*, ZHR 2007, 554, 574.

b) *Mögliche Anknüpfungspunkte für den Entstehungstatbestand einer Garantenstellung de lege lata*

Untersucht werden im Folgenden mögliche Anknüpfungspunkte für eine Aufsichtspflicht der Obergesellschaft, die eine Garantenstellung nach sich zieht, jenseits aufsichtsrechtlicher Spezialvorschriften (§§ 25a I KWG, 33 I 2 Nr. 3 WpHG, 64a II, 80d III VAG), da sich nach dem Dafürhalten der Entwurfsverfasser die Aufsichtspflicht der Obergesellschaft nicht auf den Anwendungsbereich dieser Vorschriften beschränkt. Eine Gesamtanalogie zu den genannten Normen scheitert wie bei der Frage nach den Compliance-Pflichten für die Einzelgesellschaft jedenfalls am fehlenden Nachweis einer planwidrigen Regelungslücke.[696] Ebenso führt Ziff. 4.1.3 DCGK, nach dem der Vorstand u.a. auf die Beachtung der gesetzlichen Bestimmungen und der unternehmensinternen Richtlinien durch die Konzernunternehmen hinwirkt, auch hier nicht weiter, denn der Kodex hat keine Gesetzesqualität.[697]

aa) *Gesellschaftsrechtliche Vorschriften*

Möglicherweise ergeben sich jedoch aus den §§ 76 I, 93 I 1 AktG bzw. §§ 35 I 1, 43 I GmbHG die im Gesetzesentwurf angenommenen Aufsichtspflichten. Im Schrifttum wird unter dem Stichwort „Konzernleitungspflicht“[698] intensiv diskutiert, welchen Leitungsauftrag des Muttervorstands die genannten Vorschriften hinsichtlich des gesamten Konzerns begründen. Uneinigkeit besteht insbesondere über die Intensität der Leitungspflicht des Konzernvorstands.[699] Ungeachtet der weitreichenden Streitigkeiten ist jedenfalls anerkannt, dass die Geschäftsleiter der Obergesellschaft deren Beteiligungsbesitz pfleglich zu verwalten und zu kontrollieren haben.[700] Dies verpflichtet sie zwar nach g.h.M. nicht, den Konzern zentral zu leiten, also operative Entscheidungen in den Tochtergesellschaften wesentlich zu beeinflussen.[701] Es lässt sich jedoch nicht leugnen, dass aus der Pflicht zur Überwachung des Beteiligungsbesitzes eine gewisse Aufsichtspflicht über

696 Vgl. Kapitel 6, III., 1., b), aa); ferner *Verse*, ZHR 175 (2011), 401, 409; *Petermann*, S. 85 ff.; *Koch*, WM 2009, 1013, 1019 f.

697 Vgl. Kapitel 6, III., 1., b), dd); ferner *Koch*, WM 2009, 1013, 1020.

698 Begriffsprägend *Hommelhoff*, Die Konzernleitungspflicht, 1982.

699 Meinungsstand bei Spindler/Stilz/*Fleischer*, § 76 Rn. 85 ff.

700 Statt aller Emmerich/*Habersack*, § 311 Rn. 87; Spindler/Stilz/*Fleischer*, § 76 Rn. 84; *ders.*, CCZ 2008, 1, 3, 5; *ders.*, DB 2005, 759 ff.

701 Statt vieler *Schneider/Schneider*, AG 2005, 57, 58; *Fleischer*, DB 2005, 759, 761; *Verse*, ZHR 175 (2011), 401, 407 f.; Emmerich/*Habersack*, § 311 Rn. 11, 87; Hüffer/*Koch*, § 311 Rn 5.

die Entwicklungen der Tochtergesellschaften resultiert.[702] Allerdings zieht nicht jede gesellschaftsrechtliche Organisationspflicht automatisch eine strafrechtliche Garantenpflicht nach sich. Vielmehr kann der strafrechtliche Pflichtenkreis hinter dem gesellschaftsrechtlichen zurückbleiben.[703] Die gesellschaftsrechtliche Aufsichtspflicht der Geschäftsleiter der Obergesellschaft besteht zudem nur gegenüber der eigenen Gesellschaft. Es handelt sich mithin um eine reine Innenpflicht.[704] Der Muttervorstand hat im Interesse der Muttergesellschaft die Tochtergesellschaften zu überwachen, um einen Schaden von der Muttergesellschaft abzuwenden. Rechtsverletzungen der Tochtergesellschaften können – wie bereits angeführt[705] – in der Praxis zu Sanktionierungen der Muttergesellschaft führen. Ferner drohen Reputationsschäden der Obergesellschaft.[706] Aus den §§ 76 I, 93 I 1 AktG bzw. §§ 35 I 1, 43 I GmbHG ergibt sich jedoch nicht die (Außen-)Pflicht, Dritte vor Rechtsverletzungen der Tochtergesellschaft zu schützen,[707] wie es für die Begründung einer Überwachergarantenstellung der Obergesellschaft notwendig wäre.[708] Verletzen die Geschäftsleiter der Obergesellschaft ihre Aufsichtspflicht, kann dies lediglich intern geahndet werden (Abberufung des Vorstands, Schadensersatzansprüche der Gesellschaft).[709]

Eine gegenüber Dritten bestehende Aufsichtspflicht kann auch nicht aus § 82 I Nr. 1 GmbHG hergeleitet werden.[710] Die Vorschrift bezieht sich nur auf das Verhalten der Gesellschafter im Gründungsstadium[711] und fordert zudem eine unmittelbare Beteiligung. Eine Pflicht des Gesellschafters (hier: der Obergesellschaft, vertreten durch ihren Vorstand) zur Überwachung der Geschäftsführung – noch dazu über den Gründungsvorgang hinaus – lässt sich der Norm nicht entnehmen.[712]

---

702 Emmerich/*Habersack*, § 311 Rn. 11, 87; *Verse*, ZHR 175 (2011), 401, 408; *Koch*, WM 2009, 1013, 1014.

703 *Theile*, ZIS 2011, 616, 626 f.

704 Emmerich/*Habersack*, § 311 Rn. 11; Spindler/Stilz/*Fleischer*, § 76 Rn. 84 ff.; *ders.*, CCZ 2008, 1, 3; *Koch*, WM 2009, 1013, 1014; *ders.*, ZHR 171 (2007), 554, 574 f.; *Verse*, ZHR 175 (2011), 401, 408; *Tschierschke*, Eisele/Koch/Theile, 137, 142; *Schneider/Schneider*, AG 2005, 57, 58; *Wiesenack/Klein*, Eisele/Koch/Theile, 5, 33.

705 S. in diesem Kapitel unter I.

706 *Verse*, ZHR 175 (2011), 401, 408.

707 Vgl. auch BGH NZG 2012, 992, 994.

708 *Koch*, ZHR 171 (2007), 554, 574 f.; *ders.*, WM 2009, 1013, 1014 f.

709 *Koch*, WM 2009, 1013, 1015.

710 So aber *Ransiek*, ZGR 1999, 613, 626 f.

711 Vgl. zum Normzweck MüKo-GmbHG/*Wißmann*, § 82 Rn. 5.

712 *Koch*, ZHR 171 (2007), 554, 575 Fn. 81.

bb) § 130 OWiG

Es wurde bereits aufgezeigt, dass in der ordnungswidrigkeitenrechtlichen Praxis teilweise unmittelbar in § 130 OWiG der Anknüpfungspunkt für einen Sanktionierungsdurchgriff im Konzern gesehen wird, ohne auf die Konstruktion eines unechten Unterlassungsdelikts und damit auf das allgemeine Garantenkonzept zurückzugreifen. Dieser Weg wurde – wie gesehen – durch die Entwurfsverfasser bewusst für das Verbandsstrafgesetzbuch (dort: § 2 II VerbStrG) verbaut. Fraglich ist daher, ob sich aus § 130 OWiG Rückschlüsse auf eine Garantenstellung der Konzernobergesellschaft ziehen lassen, um eine Bestrafung wegen Beihilfe durch Unterlassen zu einer Verbandsstraftat nach § 2 I VerbStrG zu ermöglichen.

Dies ist aus mehreren Gründen zweifelhaft:[713] Gem. § 130 I 1 OWiG handelt ordnungswidrig, wer als Inhaber eines Betriebs oder Unternehmens vorsätzlich oder fahrlässig die Aufsichtsmaßnahmen unterläßt, die erforderlich sind, um in dem Betrieb oder Unternehmen Zuwiderhandlungen gegen Pflichten zu verhindern, die den Inhaber treffen und deren Verletzung mit Strafe oder Geldbuße bedroht ist. Die Konzernobergesellschaft müsste demnach Unternehmensinhaber i.S.d. Norm sein. Insbesondere das *Bundeskartellamt* argumentiert, ein Konzern sei faktisch wie ein Unternehmen organisiert. Folglich müsse die Konzernobergesellschaft wie ein Unternehmensinhaber zur Verantwortung gezogen werden können.[714] Aus gesellschaftsrechtlicher Sicht begegnet die Ansicht des *Bundeskartellamts* jedoch Bedenken. Zunächst einmal sind die Tochtergesellschaften nach dem konzernrechtlichen Trennungsprinzip rechtlich selbstständig. Angesichts dieser Selbstständigkeit fällt es schwer, den Konzern faktisch mit einem Unternehmen gleichzusetzen und eine fremde Inhaberschaft der Tochtergesellschaft anzuerkennen.[715] Ferner spricht der Inhaberbegriff als solcher bereits gegen eine Anwendung des § 130 OWiG auf Konzernsachverhalte. Nach der gesellschaftsrechtlichen Terminologie gilt der

---

713 Ausführlich *Koch*, ZHR 171 (2007), 554, 570 ff.; *ders.* WM 2009, 1013, 1017 f.; *ders.* AG 2009, 564 ff.; *Petermann*, Eisele/Koch/Theile, 99, 105 f.; *Aberle/Holle*, Eisele/Koch/Theile, 117, 118 ff.; *Tschierschke*, Eisele/Koch/Theile, 137, 141 f.; *Verse*, ZHR 175 (2011), 401, 409 f.

714 S. zur Ansicht des Bundeskartellamts in diesem Kapitel I., 1., a); ebenso KK-OWiG/*Rogall*, § 130 Rn. 27 ff.; *Pampel*, BB 2007, 1636, 1637; *Lemke/Mosbacher*, § 130 Rn. 7; *Leipold*, ZRP 2013, 34, 35; *Mansdörfer/Timmerbeil*, WM 2004, 362, 368 f.; *Löbbe*, ZHR 177 (2013), 518, 543 ff.; *Ost*, NZKart 2013, 25, 27; *Caracas*, Verantwortlichkeit in internationalen Konzernstrukturen nach § 130 OWiG, S. 86 f.; *ders.*, CCZ 2015, 167 ff.

715 Statt vieler *Petermann*, Eisele/Koch/Theile, 99, 105; vgl. zudem BGH, Beschl. v. 1.12.1981 – KRB 3/79, WuW/E BGH 1871, 1876.

Unternehmensträger als Unternehmensinhaber, also die Gesellschaft, die das Unternehmen betreibt.[716] Das ist die Tochtergesellschaft. Die Obergesellschaft hingegen ist (Teil-)Inhaberin der Tochtergesellschaft, nicht aber des Unternehmens.[717] Nach diesem Verständnis wäre allein die Tochtergesellschaft Adressatin der Aufsichtspflichten des § 130 OWiG.

Lässt man die gesellschaftsrechtlichen Grundsätze beiseite, welche nicht unbedingt für das Verständnis einer sanktionsrechtlichen Terminologie maßgeblich sein müssen,[718] und nimmt eine autonom sanktionsrechtliche Auslegung vor, wird die gesellschaftsrechtliche Wertung bestätigt. Die Gesetzesmaterialien von 1967 enthalten keine klarstellenden Ausführungen zum Anwendungsbereich der Norm.[719] Hätte der Gesetzgeber eine Einbeziehung der Konzernobergesellschaften beabsichtigt, wäre jedoch eine ausdrückliche Stellungnahme zu erwarten gewesen, nicht nur weil dann von dem gesellschaftsrechtlichen Begriffsverständnis abgerückt würde, sondern auch um hinsichtlich der weitreichenden Folgefragen – etwa nach der Intensität der Aufsichtpflicht, dem Verhältnis zur Aufsichtspflicht der Tochtergesellschaft oder den erfassten Konzernarten – Klarheit zu schaffen.[720] Die Gesetzesmaterialien sprechen daher eher gegen eine Ausdehnung der Vorschrift auf Konzernsachverhalte. Ebenso wenig verlangt der Normzweck eine Aufsichtspflicht der Konzernobergesellschaft. § 130 OWiG soll die Sanktionslücke schließen, die entsteht, wenn der Inhaber seine betriebsbezogenen Pflichten auf untergeordnete Mitarbeiter delegiert, für die er nicht ohne Weiteres einzustehen hat.[721] Eine vergleichbare Sanktionslücke ergibt sich in Konzernsachverhalten jedoch nicht. Schließlich kann die Tochtergesellschaft, in der die Straftat oder Ordnungswidrigkeit begangen worden ist, wegen einer möglichen Aufsichtspflichtverletzung verantwortlich gemacht werden. Dem Normzweck wird somit bereits Rechnung getragen.[722]

Darüber hinaus hat der Ansatz der Gegenmeinung, Konzerne seien wie Unternehmen organisiert, in dieser Allgemeinheit kein empirisches Fundament.[723] Das gilt vor allem im Hinblick auf den dezentral organisierten Konzern, bei dem

716 *K. Schmidt*, Handelsrecht, S. 76; *ders.*, Gesellschaftsrecht, S. 935 ff.

717 *Koch*, ZHR 171 (2007), 545, 571; *ders.*, WM 2009, 1013, 1018.

718 Grundlegend *Bruns*, Die Befreiung des Strafrechts vom zivilistischen Denken.

719 BT-Drs. 5/1269.

720 *Aberle/Holle*, Eisele/Koch/Theile, 117, 122 f.

721 BT-Drs. 5/1269, 68 f.; KK-OWiG/*Rogall*, § 130 Rn. 4.

722 *Verse*, ZHR 175 (2011), 401, 410; *Koch*, AG 2009, 564, 568 ff.; Diskussionsbericht, ZHR 177 (2013), 555, 558; *Aberle/Holle*, Eisele/Koch/Theile, 117, 124.

723 *Theile*, Eisele/Koch/Theile, 73, 93 f.

operative Entscheidungen auf der Ebene der Untergesellschaft getroffen werden. In der Praxis bedienen sich die Obergesellschaften letztlich in unterschiedlicher Weise ihrer gesellschaftsrechtlichen Einflussnahmemöglichkeiten.[724] Ferner stützt sich die Argumentation des *Bundeskartellamts* zu § 130 OWiG auf die aus § 93 I 2 AktG folgende Pflicht des Geschäftsleiters, drohende Bußgelder zu verhindern.[725] Wie gesehen, handelt es sich hierbei jedoch um eine reine Pflicht im Innenverhältnis, die keine Grundlage für eine Aufsichtspflicht im Außenverhältnis nach § 130 OWiG bilden kann. Ohnehin kommt das *Bundeskartellamt* lediglich zu dem Schluss, dass ein Konzern „faktisch wie“ ein Unternehmen organisiert sei. Er ist also kein Unternehmen, sondern nur mit einem solchen vergleichbar. Möglich wäre daher allenfalls ein Analogieschluss. Dabei würde es sich jedoch um eine unzulässige Analogie zulasten des Täters handeln.[726]

Insgesamt ist die Diskussion zur konzernweiten Aufsichtspflicht im Rahmen des § 130 OWiG stark von der Intention getrieben, im deutschen Recht eine adäquate Sanktionsnorm zu finden, die wie im europäischen Recht eine Sanktionierung der Obergesellschaft für den Kartellverstoß einer Konzerngesellschaft erlaubt.[727] Allein aus kartellrechtlichen Erwägungen wird der Norm ein Regelungsgehalt entlockt, den sie bei genauerer Betrachtung nicht hergibt. Folglich erscheint es umso problematischer, über § 130 OWiG als allgemeinen ordnungswidrigkeitenrechtlichen Tatbestand in nicht kartellrechtlichen Fällen Aufsichtspflichten der Konzernobergesellschaft zu statuieren. Dies gilt auch für die hier aufgeworfene Frage, ob sich aus § 130 OWiG eine Garantenstellung der Konzernobergesellschaft ergibt, die eine Bestrafung wegen Beihilfe durch Unterlassen zu einer Verbandsstraftat nach dem Verbandsstrafgesetzbuch ermöglichen würde. Nicht einmal im europäischen Kartellrecht, mit dem nach der Gegenansicht ein Gleichlauf erzielt werden soll, bildet der Vorwurf einer Aufsichtspflichtverletzung den Anknüpfungspunkt für eine Sanktionierung der Obergesellschaft.[728] Vielmehr wird dort der Verstoß der Tochtergesellschaft der Konzernobergesellschaft schlicht zugerechnet bzw. es soll eine wirtschaftliche Einheit zwischen verstoßender Gesellschaft und Obergesellschaft bestehen.[729]

---

724 *Theile*, Eisele/Koch/Theile, 73, 81 ff.

725 In diesem Sinne die Darstellung der Entscheidung bei *Wiesenack/Klein*, Eisele/Koch/Theile, 5, 33.

726 *Koch*, AG 2009, 564, 570 f.

727 Vgl. nur *Ost*, NZKart 2013, 25 ff.

728 *Aberle/Holle*, Eisele/Koch/Theile, 117, 121 f.

729 S.o. unter I., 2.

Die Anwendbarkeit des § 130 OWiG auf Konzernsachverhalte ist damit in Übereinstimmung mit einer beträchtlichen Anzahl an Stimmen in der Literatur[730] im Ergebnis abzulehnen.

cc) Garantenstellung ohne eindeutigen gesetzlichen Anknüpfungspunkt

Aus dem Gesetz ergibt sich somit keine Garantenstellung der Konzernobergesellschaft. Es kommen jedoch andere Entstehungsgründe in Betracht.

(1) Potentielle Lösungswege

Der nordrhein-westfälische Gesetzesentwurf stellt auf die Umstände des Einzelfalls ab. Entscheidend sei beispielsweise, ob ein Beherrschungsvertrag vorliege, sich das Direktionsrecht auf die inneren Strukturen der Tochtergesellschaft erstrecke, die Konzernleitung in das Tagesgeschäft eingreife oder der Konzern zentral bzw. dezentral geleitet würde.[731] Die Entwurfsverfasser greifen damit letztlich auf Stimmen in der Literatur zurück, die eine Garantenstellung der Konzernobergesellschaft aufgrund bestehender Einflussnahmemöglichkeiten oder tatsächlich ausgeübter Leitungsmacht in Bezug auf das Ordnungswidrigkeitenrecht diskutieren.[732] In der Entwurfsbegründung wird jedoch offengelassen, welchen im Strafrecht anerkannten Entstehungsgründen für Überwachergarantenstellungen die beschriebenen Fälle zuzuordnen sind. Denkbar ist eine Garantenstellung aus freiwilliger Gefahrübernahme[733], wenn die Obergesellschaft eine konzerndimensionale Aufsicht einführt[734] oder auch die Begründung einer Garantenstellung aufgrund der im Gesetzesentwurf geschilderten Einflussnahmemöglichkeiten oder der ausgeübten Leitungsmacht,[735] gegebenenfalls in

730 *Hermanns/Kleier*, S. 25; *Koch*, ZHR 171 (2007), 545, 570 ff., *ders.*, AG 2009, 564, 567 ff.; *ders.*, WM 2009, 1013, 1017 f.; *Bürger*, WuW 2011, 130, 135 f.; *Petermann*, Eisele/Koch/Theile, 99 ff., 105 f.; *Aberle/Holle*, Eisele/Koch/Theile, 117, 118 ff.; *Tschierschke*, Eisele/Koch/Theile, 137, 141 ff.; Göhler/*Gürtler*, § 130 Rn. 5a; *Verse*, ZHR 175 (2011), 401, 409 f.; *Spindler*, HdB d. VR, § 13 Rn. 115; § 15 Rn. 127; *Karbaum*, AG 2013, 863, 864 f.; *ders.*, Kartellrechtliche Compliance – Rechtsgrundlagen und Umsetzung, 266 f.; *Ransiek*, Unternehmensstrafrecht, S. 105 f.; *Wirtz*, WuW 2001, 342, 347 f.; *Vogt*, S. 287; *Kling*, WRP 2010, 506, 513.

731 Gesetzesentwurf, S. 48.

732 S. nur *Mansdörfer/Timmerbeil*, WM 2004, 362, 368 f.; *Thiele*, WRP 2006, 999, 1001; *Dreher*, ZWeR 2004, 75, 102 f.

733 BGHSt 47, 224 ff.; *Wessels/Beulke/Satzger*, Rn. 1014.

734 Hierzu *Wiesenack/Klein*, Eisele/Koch/Theile, 5, 33 f., 64.

735 *Mansdörfer/Timmerbeil*, WM 2004, 362, 368 f.; *Thiele*, WRP 2006, 999, 1001; *Dreher*, ZWeR 2004, 75, 102 f.

Anlehnung an die in Schrifttum und Rechtsprechung angestellten Überlegungen zur Überwachergarantenstellung eines Betriebsinhabers.[736] Ferner ließe sich erwägen, über die allgemeinen Organisationspflichten des Zivilrechts eine Garantenstellung zu konstruieren. So könnten die im bürgerlichen Recht entwickelten Organisations- und Aufsichtspflichten als Garantenstellung in das Strafrecht übertragen werden.[737]

(2) Bedenken

Gegen die vorgebrachten Lösungswege bestehen jedoch sowohl im Hinblick auf die konkrete Konstruktion der dargelegten Vorschläge als auch in genereller Hinsicht Bedenken.

Wendet man sich zunächst der Idee zu, die Konzernleitung könnte durch den Ausbau von konzernweiten Kontrollsystemen freiwillig eine Garantenstellung übernommen haben, kommt man nicht umhin, an der Freiwilligkeit dieser Maßnahme zu zweifeln. Obwohl es de lege lata an einer überzeugenden Grundlage fehlen mag, kommt es dennoch im Wege des Sanktionsdurchgriffs zur Sanktionierung der Konzernobergesellschaft nach dem Ordnungswidrigkeitenrecht.[738] Etwaige Bemühungen im Innenverhältnis, die Obergesellschaft vor derartigen Sanktionen zu bewahren und damit den Sorgfaltspflichten der §§ 76 I, 93 I 1 AktG bzw. §§ 35 I 1, 43 I GmbHG nachzukommen, können nicht dahingehend gedeutet werden, im Außenverhältnis freiwillig eine Überwachung der Tochtergesellschaft als „Gefahrenquelle“ übernehmen zu wollen.[739] Andernfalls würde zudem allein der Sanktionsdruck des Ordnungswidrigkeitenrechts, herbeigeführt durch eine fragwürdige Sanktionspraxis, die Möglichkeit eröffnen, die Obergesellschaft nach dem Verbandsstrafgesetzbuch zu bestrafen. Grundlage der Konstruktion wäre demnach letztlich eine dogmatisch zweifelhafte Anwendung des Ordnungswidrigkeitenrechts.

Möglicherweise kann allein aus den faktischen Einflussmöglichkeiten oder etwaigen tatsächlichen Einflussnahmen der Obergesellschaft eine Garantenstellung

---

736 Zu dieser Überlegung im Hinblick auf das OWiG *Koch*, ZHR 171 (2007), 545, 575 ff.; zur Garantenstellung des Betriebsinhabers s. nur BGHSt 57, 42 ff.; *Rengier*, AT, S. 497; S/S/*Stree/Bosch*, § 13 Rn. 53; LK-StGB/*Weigend*, § 13 Rn. 56; *Göhler*, FS Dreher, 611 ff.

737 *Koch*, AG 2009, 564, 573 f.; *ders.*, WM 2009, 1013, 1016 f., 1019; *Holle*, Legalitätskontrolle im Kapitalgesellschafts- und Konzernrecht, S. 386 f.

738 S. in diesem Kapitel unter I.

739 Zutreffend *Wiesenack/Klein*, Eisele/Koch/Theile, 5, 64; vgl. zu §§ 76 I, 93 I 1 AktG und §§ 35 I 1, 43 I GmbHG bereits in diesem Kapitel III., 2., b), aa).

gefolgert werden.[740] Dies ist mit Blick auf die Diskussion zur Überwachergarantenstellung des Betriebsinhabers jedoch äußerst fraglich.[741] Zwar wurde bereits dargelegt, dass die Obergesellschaft nicht als Betriebsinhaber anzusehen ist, dennoch sind die Überlegungen zur Verantwortung eines Betriebsinhabers im vorliegenden Kontext weiterführend, da die Anknüfungspunkte vergleichbar sind. Die Garantenstellung des Betriebsinhabers wird nämlich – entsprechend dem hier aufgezeigten Lösungsweg zur Begründung eines Sanktionsdurchgriffs im Konzern – aus dessen Einflussnahme(-möglichkeiten), namentlich aus der Organisationsherrschaft und Weisungsmacht abgeleitet.[742] In der Strafrechtsliteratur ist nach wie vor umstritten, ob dem Betriebsinhaber eine Garantenstellung über seine Betriebsangehörigen obliegt.[743] Von der h.M. wird dies bejaht.[744] Streitig ist vor allem, ob die Eigenverantwortlichkeit der Arbeitnehmer grundsätzlich einer strafrechtlichen Einstandspflicht des Betriebsinhabers entgegensteht.[745] Denn das Prinzip der Eigenverantwortung schließt nach allg.M. regelmäßig eine Verantwortlichkeit für Straftaten anderer Personen aus. Etwas anderes gilt freilich in bestimmten Aufsichtsverhältnissen, wenn die unterstellten Personen gerade nicht (voll) verantwortlich handeln (z.B. Kinder, Schüler, Geisteskranke).[746] Handeln die unterstellten Personen jedoch voll verantwortlich, kann nur dann eine Überwachergarantenstellung angenommen werden, wenn ein vergleichbares Aufsichtsverhältnis vorliegt.[747] Nach der h.M. ist diese Voraussetzung aber bei einem Betriebsinhaber aufgrund der aus dem Direktionsrecht erwachsenden Autoritätsstellung gegeben.[748] Im Hinblick auf die Verantwortlichkeit der Konzernobergesellschaft für Verbandsstraftaten der Tochtergesellschaft stellt

740 *Mansdörfer/Timmerbeil*, WM 2004, 362, 368 f.; *Thiele*, WRP 2006, 999, 1001; *Dreher*, ZWeR 2004, 75, 102 f.

741 Eingehend zum Folgenden *Koch*, ZHR 171 (2007), 545, 575 ff.

742 *Rengier*, AT, S. 497.

743 Kritisch etwa LK-StGB/*Weigend*, § 13 Rn. 56; S/S/*Stree/Bosch*, § 13 Rn. 53; *Wessels/Beulke/Satzger*, Rn. 1016 f.

744 BGHSt, 57, 42 ff.; wohl auch schon BGHSt, 54, 44, 49 f.; *Rengier*, AT, S. 497; *Schall*, FS Rudolphi, 267 ff.; *ders.*, FS Kühl, 417 ff.; *Roxin*, JR 2012, 305 ff.; *Dannecker/Dannecker*, JZ 2010, 981, 989 ff.; *Schwarz*, wistra 2012, 13 ff.; *Rönnau/Schneider*, ZIP 2012, 53 ff.; BeckOK-StGB/*Heuchemer*, § 13 Rn. 65a.

745 So LK-StGB/*Weigend*, § 13 Rn. 56; S/S/*Stree/Bosch*, § 13 Rn. 53; *Wessels/Beulke/Satzger*, Rn. 1016.

746 Statt vieler *Rengier*, AT, S. 496.

747 *Rengier*, AT, S. 497; LK-StGB/*Weigend*, § 13 Rn. 56: Als Garanten kommen etwa der militärische Vorgesetzte oder das Aufsichtspersonal im Strafvollzug in Betracht.

748 Vgl. nur BGHSt, 57, 42 ff.; S/S/*Stree/Bosch*, § 13 Rn. 53 m.w.N.

sich in vergleichbarer Weise die Frage, ob die rechtliche Selbstständigkeit der Tochtergesellschaft und das grundsätzlich eigenverantwortliche Handeln ihrer Geschäftsführer[749] nicht eine Unterlassungsstrafbarkeit der Obergesellschaft verhindern. Etwas anderes würde nur dann gelten, wenn die Obergesellschaft über eine Autoritätsstellung verfügte, die der eines Betriebsinhabers (oder eines Erziehungsberechtigten, militärischen Vorgesetzten etc.) gleichkäme und die Eigenverantwortlichkeit der Tochtergesellschaft gleichsam überdeckte. Entgegen mancher Literaturstimmen[750] und der Entwurfsbegründung[751] reicht die bloße Einflussnahmemöglichkeit der Obergesellschaft etwa aufgrund eines bestehenden Weisungsrechts im Vertrags- oder Eingliederungskonzern hierzu nicht aus.[752] Vielmehr muss ein besonderer Rechtsgrund festgestellt werden, um jemanden ausnahmsweise dafür verantwortlich zu machen, dass er es unterlassen hat, zum Schutz fremder Rechtsgüter aktiv tätig zu werden. Der Täter muss rechtlich verpflichtet sein, den deliktischen Erfolg zu verhindern. Nach den allgemeinen Grundsätzen begründet jedoch allein die Möglichkeit, einen Erfolg abzuwenden, noch keine Einstandspflicht.[753] Genügt somit ein konzernrechtlich vermitteltes Weisungsrecht als solches nicht zur Entstehung einer Garantenstellung, fragt sich, ob die tatsächliche Ausübung der Leitungsmacht der Konzernobergesellschaft eine Autoritätsstellung verleiht, die der Stellung eines Betriebsinhabers ebenbürtig ist. Dagegen spricht, dass die Muttergesellschaft selbst dann, wenn sie von ihrem Weisungsrecht intensiv Gebrauch macht, nur eine mittelbare Herrschaft über das Unternehmen der Tochtergesellschaft innehat.[754] Denn Adressat der Weisungen ist grundsätzlich allein der Vorstand der Tochtergesellschaft, vgl. §§ 308 I 1, 323 I 1 AktG.[755] Zwar kann die Konzernobergesellschaft ausnahmsweise auch die Mitarbeiter der Tochtergesellschaft unmittelbar anweisen,[756] dadurch darf nach h.M. das Prüfungsrecht des Tochtervorstands[757] jedoch nicht

749 *Koch*, ZHR 171 (2007), 545, 577.

750 *Dreher*, ZWeR 2004, 75, 102 f.; *Petermann*, Compliance, S. 196 ff.

751 Gesetzesentwurf, S. 48.

752 *Koch*, ZHR 171 (2007), 545, 575 f.; *Vogt*, S. 193 ff.; *Holle*, Legalitätskontrolle im Kapitalgesellschafts- und Konzernrecht, S. 386.

753 BGHSt 30, 391, 394 = NJW 1982, 1235; BGHSt 194, 26, 32 f. = NJW 2012, 3439, 3441; BVerfG NJW 2003, 1030.

754 *Koch*, ZHR 171 (2007), 545, 577.

755 *Emmerich/Habersack*, Konzernrecht, § 23 III 2 Rn. 11.

756 Darauf hinweisend *Petermann*, Eisele/Koch/Theile, 99, 110; *ders.*, Compliance, S. 84 f.; *Verse*, ZHR 175 (2011), 401, 418.

757 Zum Prüfungsrecht *Emmerich/Habersack*, Konzernrecht, § 23 III 2 Rn. 45 ff.

umgangen werden.[758] Letzterer muss von der Weisung unterrichtet werden, um ihre Rechtmäßigkeit vor ihrer Befolgung prüfen zu können.[759] Daher bleibt der Vorstand der Tochtergesellschaft als zwischengeschaltete Instanz erhalten. Überdies kann aufgrund seiner Kompetenz sowie seiner Verpflichtungen gegenüber der eigenen Gesellschaft (§§ 93 I 1, 310 I 1 AktG) eher davon ausgegangen werden, dass der Tochtervorstand unzulässige Weisungen als solche erkennt und nicht befolgt als von einem gewöhnlichen Arbeitnehmer.[760] Es ginge folglich zu weit, das Autoritätsverhältnis zwischen Mutter- und Tochtergesellschaft mit dem zwischen Betriebsinhaber und -angehörigen auf eine Stufe zu stellen.[761] Da aber nicht einmal die Garantenstellung des Betriebsinhabers allgemein anerkannt ist, sollte von einer Begründung der Garantenstellung einer Konzernobergesellschaft allein aufgrund von Einflussnahmemöglichkeiten oder tatsächlich ausgeübter Leitungsmacht Abstand genommen werden.

Der Weg, über die allgemeinen zivilrechtlichen Organisationspflichten eine strafrechtliche Garantenstellung zu konstruieren, ist rechtsfortbildend noch nicht anerkannt.[762] Problematisch erscheint insbesondere, dass besagte Organisationspflichten lediglich in Bezug auf sachlich-räumliche Gefahren entwickelt wurden.[763] Vor einer pauschalen Übertragung in das Strafrecht ist de lege lata daher Vorsicht geboten.

Darüber hinaus begegnet der nordrhein-westfälische Gesetzesentwurf mit Blick auf das Konzernrecht grundsätzlichen Bedenken: Nach den Ausführungen der Entwurfsverfasser[764] steigt die strafrechtliche Verantwortung der Konzernobergesellschaft mit zunehmender Zentralisierung. Bereits die derzeitige Sanktionspraxis zeigt jedoch, dass ein Mehr an strafrechtlichem Sanktionsrisiko wiederum zu einer verstärkten Zentralisierung führt.[765] Ähnliche Entwicklungen sind zu erwarten, sollte das Verbandsstrafgesetzbuch in der vorliegenden Form verabschiedet werden. Es droht ein Teufelskreis für die Konzerne.[766] Die

758 Zum Streitstand MüKo-AktG/*Altmeppen*, § 308 Rn. 73 ff.

759 *Emmerich*/Habersack, § 308 Rn. 20.

760 *Koch*, ZHR 171 (2007), 545, 577.

761 *Koch*, ZHR 171 (2007), 545, 575.

762 *Wiesenack/Klein*, Eisele/Koch/Theile, 5, 33.

763 *Koch*, AG 2009, 564, 573 f.; *ders.*, WM 2009, 1013, 1016 f., 1019.

764 Gesetzesentwurf, S. 48.

765 *Wiesenack/Klein*, Eisele/Koch/Theile, 64.

766 In Bezug auf das Sanktionsrecht de lege lata *Wiesenack/Klein*, Eisele/Koch/Theile, 5, 61.

Folge wäre eine grundlegende Veränderung der Konzernlandschaft.[767] Die bisherige Entscheidung des Gesetzgebers, eine Vielfalt an Organisationsformen in Konzernen, insbesondere auch dezentrale Organisationen zuzulassen,[768] würde konterkariert, ohne dass im Gesetzesentwurf eine überzeugende Herleitung der verbundweiten Verantwortung dargelegt wird. Um dieses Spannungsverhältnis aufzulösen, sollte der Gesetzgeber – wenn er sich für einen Sanktionsdurchgriff im Konzern entscheidet – die konzernrechtlichen Regelungen des Aktiengesetzes um eine Norm ergänzen, die eine Außenpflicht der Muttergesellschaft zur Aufsicht begründet. Gesellschaften müssten anhand dieser Vorschrift erkennen können, wann ihnen gegenüber nachgeordneten Unternehmen Aufsichtspflichten zukommen.[769]

IV. Ergebnis

Der Gesetzesentwurf will eine Abschottung vor Sanktionsrisiken durch konzernorganisatorische Maßnahmen verhindern. Daher soll ein Sanktionsdurchgriff auch bei passivem Verhalten der Konzernobergesellschaft möglich sein. Entgegen der Ankündigung, eine Konzernmutter könne im Rahmen des Verbandsstrafgesetzbuchs für Zuwiderhandlungen in ihren rechtlich selbstständigen Tochtergesellschaften nicht im Wege des Durchgriffs in die Haftung genommen werden, sehen die Entwurfsverfasser einen Sanktionsdurchgriff aufgrund einer Beihilfe durch Unterlassen vor. Dadurch werden bestehende Unklarheiten über die Begründung einer Garantenstellung der Konzernobergesellschaft aus dem Ordnungswidrigkeitenrecht übernommen. De lege lata ist die Konstruktion des Gesetzesentwurfs erheblichen Zweifeln ausgesetzt. Ohne eine entsprechende pflichtenbegründende Norm im Aktiengesetz, die verbleibende Unsicherheiten beseitigt, ist lediglich die Sanktionierung der Obergesellschaft im Falle einer aktiven Beteiligung gesichert. Sollte der Gesetzgeber einen Sanktionsdurchgriff befürworten, müssten bei der Schaffung der besagten Regelung auch mögliche Auswirkungen auf die Konzernierungspraxis berücksichtigt werden.

---

767 Vor einer solchen Entwicklung bereits aufgrund der Handhabung des § 130 OWiG in der Praxis warnend *Koch*, AG 2009, 564, 565, 574.

768 Vgl. die h.M. zur Frage der Konzernleitungspflicht; s. nur MüKo-AktG/*Altmeppen*, § 309 Rn. 52 ff.; Hüffer/*Koch*, § 309 Rn. 10; Spindler/Stilz/*Veil*, § 309 Rn. 17; *Fleischer*, DB 2005, 759, 761; KölnKomm-AktG/*Koppensteiner*, § 309 Rn. 6.

769 Einen entsprechenden Normierungsvorschlag unterbreitet *Tschierschke*, Eisele/Koch/Theile, 137, 147.

Zusammenfassung der Ergebnisse

Die wesentlichen Ergebnisse der Arbeit lassen sich wie folgt zusammenfassen:

1. Die Entwurfsbegründung führt keine schlüssigen Erkenntnisse zur Entwicklung der Unternehmenskriminalität an, die ein gesetzgeberisches Handeln in Form der Einführung eines Verbandsstrafgesetzbuchs notwendig erscheinen lassen.
2. Weder europäische noch sonstige internationale Vorgaben verpflichten den deutschen Gesetzgeber, ein umfassendes oder auf bestimmte Deliktsbereiche beschränktes Verbandsstrafrecht einzuführen.
3. Ein Defizit des derzeitigen Verbandssanktionenrechts kann zunächst im niedrigen Bußgeldrahmen gesehen werden. Demgegenüber stellt die Verbandsgeldstrafe nach § 6 VerbStrG, deren Obergrenze gem. § 6 IV 3 VerbStrG bei 10 % des Gesamtumsatzes liegt, eine empfindliche Strafe für jeden Verband dar, die einen weiteren Anreiz liefern würde, auf rechtskonformes Verhalten im Unternehmen hinzuwirken. Ferner kann der Verband nach den §§ 30, 130 OWiG nicht sanktioniert werden, wenn – im Falle des § 30 OWiG – die Straftat bzw. Ordnungswidrigkeit eines Individualtäters oder – im Falle des § 130 OWiG – eine Aufsichtspflichtverletzung einer Aufsichtsperson i.S.d. § 9 OWiG nicht nachzuweisen ist. Diese Lücken würden durch das Verbandsstrafgesetzbuch geschlossen.
4. Jedoch läuft der Gesetzesentwurf im Hinblick auf die Möglichkeit der Verbandsauflösung nach § 12 VerbStrG Gefahr, Drittinteressen nicht ausreichend zu würdigen. Die bislang vorgebrachten Erwägungen gegen eine Verbandsauflösung werden im Gesetzesentwurf nicht aufgegriffen und daher auch nicht ausgeräumt. Es bleibt daher die Frage nach der Tragbarkeit der sozialen, arbeits- und wirtschaftspolitischen Konsequenzen bestehen. Eine Verbandsauflösung hätte weitreichende Folgen für Arbeitnehmer, Gesellschafter, Gläubiger und Kunden. Inwieweit trotz dieser mitunter gravierenden Effekte die Regelung des § 12 VerbStrG neben den übrigen fünf möglichen Verbandssanktionen erforderlich ist, lässt die Entwurfsbegründung unbeantwortet.
5. In anderen europäischen Staaten wurden unterschiedliche Ausgestaltungen der Verbandsverantwortlichkeit für Straftaten der Angestellten vorgenommen. Die in dieser Arbeit angeführten Beispiele zur Rechtslage in England, in der Schweiz und in Österreich verdeutlichen, dass in den anderen Staaten mit der abweichenden Kategorisierung der Verbandsverantwortlichkeit als

Strafrecht nicht zwangsläufig auch eine effektivere, schärfere Konzeption gewählt wurde. Nennenswerte Vorteile gegenüber dem deutschen Recht sind nicht ersichtlich.

6. Die Auslegung des § 1 I VerbStrG ergibt, dass das Verbandsstrafgesetzbuch nicht auf Vorgesellschaften anwendbar ist. Die Entwurfsverfasser haben damit ein bekanntes Problem aus dem Ordnungswidrigkeitenrecht übernommen. Ausgehend vom Gesetzeszweck wäre eine Einbeziehung der Vorgesellschaft in den Anwendungsbereich des Verbandsstrafgesetzbuchs konsequent und eine entsprechende Änderung des § 1 I VerbStrG angezeigt.
7. Der Gesetzesentwurf führt mit § 2 I VerbStrG das sog. Zurechnungsmodell ein. Dem Verband wird eine verbandsbezogene Zuwiderhandlung eines Entscheidungsträgers zugerechnet. Entwurfsbegründung und Intention der Entwurfsverfasser, die das Zurechnungsmodell aufgeben wollen und stattdessen den Strafgrund in einer originären Verbandsschuld aufgrund unzureichender Organisation erblicken, würde es eher gerecht werden, für die Ausgestaltung des § 2 I VerbStrG auf Konstruktionen der deliktsrechtlichen Unternehmenshaftung, namentlich auf die exklusive Verpflichtungshaftung wegen Organisationsverschuldens, zu rekurrieren. § 2 I VerbStrG sollte in Anlehnung an die exklusive Verpflichtungshaftung des § 31 BGB sowie an das auf Grundlage des § 823 I BGB entwickelte unternehmerische Pflichtenprogramm wie folgt lauten: „Gegen den Verband wird eine Verbandssanktion verhängt, wenn aufgrund einer fehlerhaften Personalauswahl oder organisatorischer Mängel im Verband ein Entscheidungsträger in Wahrnehmung der Angelegenheiten des Verbandes vorsätzlich oder fahrlässig eine verbandsbezogene Zuwiderhandlung begehen konnte.“
8. § 2 II VerbStrG orientiert sich entsprechend den Erwägungen in der Entwurfsbegründung weitgehend an der exklusiven Verpflichtungshaftung eines Verbandes für ein Organisationsverschulden, indem er an die Verletzung einer Organisationspflicht des Verbandes anknüpft, anstatt diesem Zuwiderhandlungen der Angestellten schlicht zuzurechnen. Lediglich der Vorwurf der Risikoerhöhung als ausreichende Voraussetzung für einen Kausalzusammenhang zwischen Organisationsfehler und Zuwiderhandlung sollte aus der Norm entfernt werden. § 2 II VerbStrG sollte demnach folgendermaßen formuliert sein: „Ist in Wahrnehmung der Angelegenheiten eines Verbandes eine verbandsbezogene Zuwiderhandlung begangen worden, so wird gegen den Verband eine Verbandssanktion verhängt, wenn durch einen Entscheidungsträger dieses Verbandes vorsätzlich oder fahrlässig zumutbare Aufsichtsmaßnahmen, insbesondere technischer, organisatorischer oder

personeller Art, unterlassen worden sind, durch die die Zuwiderhandlung verhindert worden wäre."

9. Dem erklärten Ziel, die Stärkung einer zeitgemäßen Kultur der Unternehmenscompliance zu erreichen und Anreize zu präventiver Compliance zu setzen, trägt der nordrhein-westfälische Gesetzesentwurf nur unzureichend Rechnung. § 5 VerbStrG, der ein vollständiges Absehen von Sanktionen erlaubt, belohnt ausnahmslos nachträgliche, punktuelle Compliance-Maßnahmen. Nach den §§ 6 und 7 des VerbStrG können zum Zeitpunkt der Tat bestehende Compliance-Organisationen lediglich strafmildernd berücksichtigt werden.
10. Entsprechend der gesellschaftsrechtlichen Wertungen ist ein flächendeckender faktischer Zwang zum Aufbau von Compliance-Strukturen für Verbände jeglicher Art abzulehnen. Ferner darf bei der Ausgestaltung eines Compliance-Systems das Geschäftsleiterermessen nicht durch einseitige gerichtliche Vorgaben ausgehebelt werden.
11. Es bedarf einer Compliance-Defense-Regelung, die einen Anreiz zu präventiver, umfassender Compliance schafft, das Geschäftsleiterermessen berücksichtigt, die Gerichte zu einer Ex-ante-Betrachtung zwingt, kleinen Verbänden, bei denen die Einführung von Compliance-Systemen aufgrund ihrer geringen Risikoexposition nicht erforderlich ist, nicht die Möglichkeit eines Sanktionsausschlusses nimmt und letzteren nicht von finanziell messbaren Schäden abhängig macht. Dabei muss ein vor der Tat bereits vorhandenes, ausreichendes Compliance-System zwingend zum Sanktionsausschluss führen. Fälle der Nachtat-Compliance, wie sie von § 5 VerbStrG in seiner jetzigen Form genannt werden, können sanktionsmindernd berücksichtigt werden. § 5 VerbStrG könnte mithin wie folgt lauten: „Gegen den Verband wird keine Sanktion verhängt, wenn im Grundsatz geeignete Aufsichts- und Überwachungsmaßnahmen vorhanden waren oder aus sonstigen Gründen eine ausreichende Überwachung gewährleistet war." Zur Berücksichtigung der Nachtat-Compliance bietet sich zusätzlich – unabhängig von der genauen Verortung im Verbandsstrafgesetzbuch – folgende Formulierung an: „Bei der Bemessung der Verbandsgeldstrafe ist mildernd zu berücksichtigen, dass der Verband nach der Tat im Grundsatz geeignete Aufsichts- und Überwachungsmaßnahmen getroffen hat."
12. Der Gesetzesentwurf will eine Abschottung vor Sanktionsrisiken durch konzernorganisatorische Maßnahmen verhindern. Daher soll ein Sanktionsdurchgriff auch bei passivem Verhalten der Konzernobergesellschaft möglich sein. Entgegen der Ankündigung, eine Konzernmutter könne im Rahmen

des Verbandsstrafgesetzbuchs für Zuwiderhandlungen in ihren rechtlich selbstständigen Tochtergesellschaften nicht im Wege des Durchgriffs in die Haftung genommen werden, sehen die Entwurfsverfasser letztlich doch einen Sanktionsdurchgriff aufgrund einer Beihilfe durch Unterlassen vor. Dadurch werden bestehende Unklarheiten über die Begründung einer Garantenstellung der Konzernobergesellschaft aus dem Ordnungswidrigkeitenrecht übernommen.

13. De lege lata ist diese Konstruktion erheblichen Zweifeln ausgesetzt. Insbesondere kann den gesellschaftsrechtlichen Vorschriften keine Aufsichtspflicht der Obergesellschaft im Außenverhältnis entnommen werden. Die gesellschaftsrechtliche Aufsichtspflicht der Geschäftsleiter der Obergesellschaft besteht nur gegenüber der eigenen Gesellschaft. Es handelt sich um eine reine Innenpflicht. Auch § 130 OWiG ist nicht auf Konzernsachverhalte anzuwenden. Bereits das gesellschaftsrechtliche Trennungsprinzip spricht dagegen, die Obergesellschaft als Unternehmensinhaber i.S.d. Norm anzusehen. Eine sanktionsautonome Auslegung führt zu keinem anderen Ergebnis. Ohne eine entsprechende pflichtenbegründende Norm im Aktiengesetz, die verbleibende Unsicherheiten beseitigt, ist lediglich die Sanktionierung der Obergesellschaft im Falle einer aktiven Beteiligung gesichert. Sollte der Gesetzgeber einen Sanktionsdurchgriff befürworten, müssten bei der Schaffung der besagten Regelung auch mögliche Auswirkungen auf die Konzernierungspraxis berücksichtigt werden.

Anhang

Entwurf eines Gesetzes zur Einführung der strafrechtlichen Verantwortlichkeit von Unternehmen und sonstigen Verbänden
Vom …

Der Bundestag hat folgendes Gesetz beschlossen:

Artikel 1
Verbandsstrafgesetzbuch
(VerbStrG)

I. Erster Teil

Verbandsstraftaten

§ 1 Persönlicher und sachlicher Anwendungsbereich

(1) Verbände im Sinne dieses Gesetzes sind juristische Personen, nicht rechtsfähige Vereine und rechtsfähige Personengesellschaften des privaten und öffentlichen Rechts.

(2) Zuwiderhandlungen im Sinne dieses Gesetzes sind Zuwiderhandlungen gegen ein Strafgesetz, soweit sie nicht in Ausübung hoheitlicher Befugnisse vorgenommen werden. Zuwiderhandlungen sind verbandsbezogen, wenn durch sie Pflichten verletzt worden sind, die den Verband treffen, oder wenn durch sie der Verband bereichert worden ist oder bereichert werden sollte.

(3) Entscheidungsträger im Sinne dieses Gesetzes sind

a) vertretungsberechtigte Organe einer juristischen Person oder Mitglieder solcher Organe,

b) der Vorstand eines nicht rechtsfähigen Vereins oder Mitglieder eines solchen Vorstandes,
c) vertretungsberechtigte Gesellschafter einer rechtsfähigen Personengesellschaft oder
d) Personen, die in einem Betrieb oder einem Unternehmen einer juristischen Person oder Personenvereinigung eine Leitungsfunktion verantwortlich wahrnehmen, wozu auch die Überwachung der Geschäftsführung oder die Ausübung von Kontrollbefugnissen in leitender Stellung gehört.

(4) Rechtsnachfolger im Sinne dieses Gesetzes ist ein Verband, der im Wege der Gesamtrechtsnachfolge oder der partiellen Gesamtrechtsnachfolge durch Aufspaltung (§ 123 Umwandlungsgesetz) an die Stelle eines anderen Verbandes getreten ist. Der Gesamtrechtsnachfolge sind andere Arten der Umwandlung sowie die Einzelrechtsnachfolge gleichgestellt, wenn der Erwerber alle wesentlichen Wirtschaftsgüter des Rechtsvorgängers übernimmt und die übernommenen Wirtschaftsgüter in im Wesentlichen gleicher Weise einsetzt.

§ 2 Verbandsstraftaten

(1) Ist durch einen Entscheidungsträger in Wahrnehmung der Angelegenheiten eines Verbandes vorsätzlich oder fahrlässig eine verbandsbezogene Zuwiderhandlung begangen worden, so wird gegen den Verband eine Verbandssanktion verhängt.

(2) Ist in Wahrnehmung der Angelegenheiten eines Verbandes eine verbandsbezogene Zuwiderhandlung begangen worden, so wird gegen den Verband eine Verbandssanktion verhängt, wenn durch einen Entscheidungsträger dieses Verbandes vorsätzlich oder fahrlässig zumutbare Aufsichtsmaßnahmen, insbesondere technischer, organisatorischer oder personeller Art, unterlassen worden sind, durch die die Zuwiderhandlung verhindert oder wesentlich erschwert worden wäre.

(3) Ist im Falle des Absatz 2 die Zuwiderhandlung im Ausland begangen worden, so wird eine Verbandssanktion nur verhängt, wenn sie auf einen Verband bezogen ist, der seinen Sitz im Anwendungsbereich dieses Gesetzes hat. Die §§ 3 bis 7 des Strafgesetzbuches bleiben unberührt.

(4) Die Verbandssanktion wird gegen den Rechtsnachfolger verhängt, wenn diesem im Zeitpunkt des Rechtsübergangs die Zuwiderhandlung ganz oder zum Teil bekannt oder aus Leichtfertigkeit nicht bekannt war. Gegen den Rechtsvorgänger verhängte Sanktionen wirken auch gegen den Rechtsnachfolger.

§ 3 Allgemeine Bestimmungen

(1) Für Straftaten im Sinne des § 2 Absatz 1 und 2 (Verbandsstraftaten) gelten die Vorschriften des Allgemeinen Teils des Strafgesetzbuchs sinngemäß, soweit sie nicht ausschließlich auf natürliche Personen anwendbar sind und dieses Gesetz nichts anderes bestimmt.

(2) Die Verjährung der Verbandsstraftat richtet sich nach der Strafdrohung des Gesetzes, dessen Tatbestand die verbandsbezogene Zuwiderhandlung verwirklicht, ohne Rücksicht auf Schärfungen oder Milderungen, die nach den Vorschriften des Allgemeinen Teils oder für besonders schwere oder minder schwere Fälle vorgesehen sind. Sie beginnt, sobald die Zuwiderhandlung beendet ist. Tritt ein zum Tatbestand der Zuwiderhandlung gehörender Erfolg erst später ein, so beginnt die Verjährung mit diesem Zeitpunkt. Sie wird unterbrochen durch die in § 78c Absatz 1 des Strafgesetzbuchs aufgeführten Handlungen gegenüber dem Verband.

(3) Ist die verbandsbezogene Zuwiderhandlung nur auf Antrag, mit Ermächtigung oder auf Strafverlangen verfolgbar, so können die entsprechenden Rechte gegenüber dem Verband nicht gesondert ausgeübt werden.

§ 4 Verbandsanktionen

(1) Verbandstrafen sind
1. die Verbandsgeldstrafe,
2. die Verbandsverwarnung mit Strafvorbehalt,
3. die öffentliche Bekanntmachung der Verurteilung.

(2) Verbandsmaßregeln sind
1. der Ausschluss von Subventionen,
2. der Ausschluss von der Vergabe öffentlicher Aufträge,
3. die Verbandsauflösung.

§ 5 Absehen von Sanktionen

(1) Das Gericht kann von einer Verbandssanktion absehen, wenn der Verband ausreichende organisatorische oder personelle Maßnahmen getroffen hat, um vergleichbare Verbandsstraftaten in Zukunft zu vermeiden und wenn ein bedeutender Schaden nicht entstanden oder dieser zum überwiegenden Teil wieder gut gemacht ist.

(2) Hat der Verband durch freiwilliges Offenbaren wesentlich dazu beigetragen, dass eine Verbandsstraftat aufgedeckt werden konnte und den Ermittlungsbehörden Beweismittel zur Verfügung gestellt, die geeignet sind, die Tat nachzuweisen, so kann das Gericht von Strafe absehen, wenn der Verband ausreichende organisatorische und personelle Maßnahmen getroffen hat, vergleichbare Verbandsstraftaten in Zukunft zu vermeiden.

(3) Die organisatorischen und personellen Maßnahmen im Sinne der Absätze 1 und 2 hat der Verband auf Verlangen darzulegen und glaubhaft zu machen.

(4) Ein Absehen von Strafe nach Absatz 2 ist ausgeschlossen, wenn der Verband die zum Tatnachweis geeigneten Beweismittel erst offenbart, nachdem die Eröffnung des Hauptverfahrens (§ 207 der Strafprozessordnung) beschlossen worden ist.

§ 6 Verbandsgeldstrafe

(1) Die Verbandsgeldstrafe wird in Tagessätzen verhängt. Sie beträgt mindestens fünf und, wenn das Gesetz nichts anderes bestimmt, höchstens dreihundertsechzig volle Tagessätze.

(2) In der Entscheidung werden Zahl und Höhe der Tagessätze angegeben.

(3) Bei der Zumessung wägt das Gericht die Umstände, die für und gegen den Verband sprechen, gegeneinander ab. Dabei kommen namentlich in Betracht das Gewicht und die Auswirkungen der verbandsbezogenen Zuwiderhandlung, Art, Schwere und Dauer des Organisationsmangels im Verband, etwaige Vorkehrungen des Verbandes zur Vermeidung vergleichbarer Taten, die Gefahr der Wiederholung sowie sein Verhalten nach der Tat, besonders sein Bemühen, den Schaden wiedergutzumachen.

(4) Der Tagessatz ist nach der Ertragslage des Verbandes unter Berücksichtigung seiner sonstigen wirtschaftlicher Leistungsfähigkeit zu bemessen. Er ist mit einem Betrag festzusetzen, der dem 360. Teil des Jahresertrages entspricht, mindestens jedoch mit 100 Euro. Die Verbandsgeldstrafe darf insgesamt 10 von Hundert des durchschnittlichen Gesamtumsatzes des Unternehmens oder der Unternehmensvereinigung nicht übersteigen.

(5) Ertragslage und Gesamtumsatz können geschätzt werden. Bei der Ermittlung ist der weltweite Umsatz aller natürlichen und juristischen Personen der letzten drei Geschäftsjahre, die der Entscheidung vorausgegangen sind, zugrunde zu legen, soweit diese als wirtschaftliche Einheit operieren.

(6) Wird die Verbandsstrafe gegen den Rechtsnachfolger verhängt, so richtet sie sich nach der wirtschaftlichen Leistungsfähigkeit des Rechtsvorgängers zum Zeitpunkt des Übergangs der Rechte.

§ 7 Verbandsverwarnung mit Strafvorbehalt

(1) Das Gericht kann neben dem Schuldspruch den Verband verwarnen, eine Geldstrafe bestimmen und die Verurteilung zu dieser Strafe vorbehalten, wenn

1. bei Gesamtwürdigung der Tat unter Berücksichtigung von Art und Ausmaß der Pflichtverletzung des Verbandes und der Verlässlichkeit der Entscheidungsträger eine Verhängung der Geldstrafe entbehrlich ist,
2. wenn zu erwarten ist, dass durch die Verhängung von Auflagen oder Weisungen Verbandsstraftaten in Zukunft vermieden werden und
3. die Verteidigung der Rechtsordnung die Verurteilung zu Strafe nicht gebietet.

(2) Neben der Verwarnung kann auf Verfall, Einziehung oder Unbrauchbarmachung erkannt werden. Die öffentliche Bekanntmachung der Verurteilung kann angeordnet werden.

§ 8 Bewährungszeit, Auflagen und Weisungen

(1) Das Gericht bestimmt die Dauer der Bewährungszeit. Sie darf drei Jahre nicht überschreiten und ein Jahr nicht unterschreiten.

(2) Das Gericht kann den verwarnten Verband anweisen,

1. den aus der Tat entstandenen Schaden wiedergutzumachen,
2. einen Geldbetrag zugunsten einer gemeinnützigen Einrichtung oder der Staatskasse zu zahlen,
3. organisatorische oder personelle Maßnahmen zu treffen, um vergleichbare Verbandsstraftaten in Zukunft zu vermeiden und dem Gericht oder einem vom Gericht zu bestimmenden Sachverständigen in regelmäßigen Abständen über diese Maßnahmen zu berichten.

(3) Die Weisung nach Absatz 2 Nummer 3 darf nur mit Einwilligung des verurteilten Verbandes erteilt werden. Die §§ 59b und 59c des Strafgesetzbuchs gelten entsprechend.

§ 9 Bekanntgabe der Verurteilung

(1) Ist durch eine Verbandsstraftat eine große Zahl von Personen geschädigt worden, kann das Gericht die öffentliche Bekanntmachung der Verurteilung anordnen.

(2) Die Art der Bekanntmachung ist im Urteil zu bestimmen.

§ 10 Ausschluss von der Vergabe öffentlicher Aufträge

(1) Wird der Verband wegen einer Straftat nach § 2 Absatz 1 dieses Gesetzes zu einer Geldstrafe von mehr als 180 Tagessätzen verurteilt, so kann das Gericht zugleich anordnen, dass der Verband als Bewerber oder Bieter vom Wettbewerb um Liefer-, Bau- oder Dienstleistungsaufträge öffentlicher Auftraggeber nach § 98 Nummer 1 bis 3, 5 und 6 des Gesetzes gegen Wettbewerbsbeschränkungen ganz oder teilweise ausgeschlossen wird, wenn die Straftat unter Verletzung von Pflichten begangen wurde, die mit der Erfüllung von Liefer-, Bau- oder Dienstleistungsaufträgen verbunden sind.

(2) Die Ausschlussfrist darf ein Jahr nicht unterschreiten. Für die Höchstfrist gilt § 46 des Bundeszentralregistergesetz entsprechend.

§ 11 Ausschluss von Subventionen

(1) Wird der Verband wegen einer Straftat nach § 2 Absatz 1 dieses Gesetzes aus Anlass einer vorsätzlichen Zuwiderhandlung zu einer Geldstrafe von mehr als 180 Tagessätzen verurteilt, so kann das Gericht zugleich anordnen, dass der

Verband von Subventionen im Sinne des § 264 des Strafgesetzbuches ganz oder teilweise ausgeschlossen wird, es sei denn, dass auf die beantragte Subvention ein Rechtsanspruch besteht.

(2) Die Ausschlussfrist darf ein Jahr nicht unterschreiten. Für die Höchstfrist gilt § 46 des Bundeszentralregistergesetzes entsprechend.

§ 12 Verbandsauflösung

Ist eine Straftat im Sinne des § 2 Absatz 1 dieses Gesetzes beharrlich wiederholt worden und lässt die Gesamtwürdigung der Tatumstände und der Organisation des Verbandes die Gefahr erkennen, dass bei Fortbestand des Verbandes dessen Entscheidungsträger weiter erhebliche rechtswidrige Zuwiderhandlungen der bezeichneten Art begehen werden, kann das Gericht die Auflösung des Verbandes anordnen, soweit diese nach bürgerlichen Recht vorgesehen ist.

II. Zweiter Teil

Verfahren gegen Verbände

§ 13 Grundsätze

(1) Für das Strafverfahren gegen Verbände im Sinne dieses Gesetzes gelten die Vorschriften der allgemeinen Gesetze über das Strafverfahren, namentlich die Strafprozessordnung und das Gerichtsverfassungsgesetz, sinngemäß, es sei denn, dass sie ausschließlich auf natürliche Personen angewendet werden können oder dieses Gesetz etwas anderes bestimmt.

(2) Für die Beteiligung des Verletzten am Verfahren gelten die Vorschriften des 5. Buches der Strafprozessordnung in Ansehung der verbandsbezogenen Zuwiderhandlung entsprechend.

(3) Ist eine Maßnahme nach der Strafprozessordnung nur bei Verdacht abschließend bestimmter Straftaten zulässig, so dürfen die auf Grund einer solchen Maßnahme oder die aufgrund einer entsprechenden Maßnahme nach anderen Gesetzen erlangten personenbezogenen Daten ohne Einwilligung der von der Maßnahme betroffenen Personen zu Beweiszwecken zur Aufklärung einer Verbandsstraftat nur verwendet werden, wenn die Maßnahme nach der Strafprozessordnung zur Aufklärung der mit dieser in Zusammenhang stehenden verbandsbezogenen Zuwiderhandlung angeordnet wurde oder hätte angeordnet

werden dürfen. § 100d Absatz 5 Nummer 1 und 3 der Strafprozessordnung gelten entsprechend. § 100i Absatz 2 Satz 2 und § 108 Absatz 2 und 3 der Strafprozessordnung bleiben unberührt.

§ 14 Legalitätsgrundsatz

(1) Zur Erhebung der öffentlichen Klage wegen einer Verbandsstraftat ist die Staatsanwaltschaft berufen.

(2) Sie ist, soweit nicht gesetzlich ein anderes bestimmt ist, verpflichtet, wegen aller verfolgbaren Verbandsstraftaten einzuschreiten, sofern zureichende tatsächliche Anhaltspunkte vorliegen.

(3) Die Staatsanwaltschaft kann von der Verfolgung einer Verbandsstraftat absehen, wenn die Zuwiderhandlung außerhalb des räumlichen Geltungsbereichs dieses Gesetzes begangen wurde und wenn wegen der Tat im Ausland schon eine Strafe gegen den Verband rechtskräftig verhängt worden oder zu erwarten ist, die zur Einwirkung auf den Verband und zur Verteidigung der Rechtsordnung ausreichend erscheint. Ist die öffentliche Klage bereits erhoben, so kann das Gericht auf Antrag der Staatsanwaltschaft das Verfahren in jeder Lage vorläufig einstellen. § 154 Absatz 3 bis 5 der Strafprozessordnung gelten entsprechend.

§ 15 Gerichtliche Zuständigkeit

(1) Ein Gerichtsstand ist auch bei dem Gericht begründet, in dessen Bezirk der Verband seinen Sitz oder eine Zweigniederlassung hat.

(2) Ein Zusammenhang im Sinne des § 3 der Strafprozessordnung ist auch vorhanden zwischen der Verbandsstraftat und der Tat derjenigen Person, die beschuldigt wird als Täter oder Teilnehmer in Wahrnehmung der Angelegenheiten des Verbandes die verbandsbezogene Zuwiderhandlung begangen zu haben.

(3) Die Strafkammern sind als erkennende Gerichte des ersten Rechtszuges zuständig, wenn die Verhängung einer Verbandsmaßregel zu erwarten ist oder wenn die Staatsanwaltschaft gemäß § 24 Absatz 1 Nummer 3 des Gerichtsverfassungsgesetzes Anklage beim Landgericht erhebt. § 74 Absatz 2 und die §§ 74a, 74b und 74c des Gerichtsverfassungsgesetzes gelten in Ansehung der verbandsbezogenen Zuwiderhandlung entsprechend.

(4) Die Oberlandesgerichte sind für die Verhandlung und Entscheidung im ersten Rechtszug entsprechend § 120 des Gerichtsverfassungsgesetzes zuständig bei Verbandsstraftaten, wenn die verbandsbezogene Zuwiderhandlung zur Zuständigkeit der Oberlandesgerichte gehört.

§ 16 Ausschließung eines Richters

(1) Ein Richter ist von der Ausübung des Richteramtes kraft Gesetzes ausgeschlossen,

1. wenn er selbst, sein Ehegatte oder sein Lebenspartner zu dem Verband in dem Verhältnis eines Mitberechtigten oder Mitverpflichteten steht, auch wenn die Ehe oder Lebenspartnerschaft nicht mehr besteht;
2. wenn eine Person, mit der er in gerader Linie verwandt oder verschwägert, in der Seitenlinie bis zum dritten Grad verwandt oder bis zum zweiten Grad verschwägert ist oder war, zu dem Verband in dem Verhältnis eines Mitberechtigten oder Mitverpflichteten steht;
3. wenn er in der Sache als Prozessbevollmächtigter oder Beistand des Verbandes bestellt oder als gesetzlicher Vertreter des Verbandes aufzutreten berechtigt ist oder gewesen ist;
4. wenn er als Entscheidungsträger für den Verband tätig ist oder tätig gewesen ist.

(2) § 22 der Strafprozessordnung bleibt unberührt. § 22 Nummer 2 und 3 der Strafprozessordnung gelten entsprechend in Ansehung der Zuwiderhandlung.

§ 17 Vertretung und Zustellung

(1) Der Verband wird im Verfahren nach Maßgabe des § 51 der Zivilprozessordnung vertreten. Wer wegen einer verbandsbezogenen Zuwiderhandlung oder wegen einer Unterlassung im Sinne des § 2 Absatz 2 beschuldigt ist oder beschuldigt gewesen ist, ist an der Vertretung des Verbandes im Strafverfahren gehindert.

(2) Entscheidungen werden dem Verband durch Verkündung gegenüber dem oder durch Zustellung an die gesetzliche Vertreter bekanntgemacht. Für das Verfahren bei Zustellungen gelten die Vorschriften der Zivilprozessordnung entsprechend.

(3) Wird die für den Verband bestimmte Zustellung an mehrere Empfangsberechtigte bewirkt, so richtet sich die Berechnung einer Frist nach der zuletzt bewirkten Zustellung.

§ 18 Beschuldigtenrechte und Verteidigung

(1) Im Verfahren gegen den Verband wegen einer Verbandsstraftat sind auch die Personen, die einer verbandsbezogenen Zuwiderhandlung oder einer Unterlassung im Sinne des § 2 Absatz 2 verdächtig sind, als Beschuldigte zu vernehmen. Sie können sich in jeder Lage des Verfahrens des Beistands eines Verteidigers bedienen. Die §§ 133 bis 136a der Strafprozessordnung gelten entsprechend.

(2) Ein Verteidiger kann gleichzeitig den Verband wegen der Verbandsstraftat und eine natürliche Person wegen der verbandsbezogenen Zuwiderhandlung oder wegen einer Unterlassung im Sinne des § 2 Absatz 2 verteidigen, sofern dies der Aufgabe der Verteidigung nicht widerstreitet (gemeinschaftliche Verteidigung). § 146a der Strafprozessordnung gilt entsprechend.

(3) Im Falle der gemeinschaftlichen Verteidigung bedarf es bei der Zustellung von Schriftstücken in Angelegenheiten, die den betroffenen Verband und den Beschuldigten betreffen, nur einer Zustellung.

§ 19 Pflichtverteidigung

(1) Hat der Verband keinen gesetzlichen Vertreter oder sind alle gesetzlichen Vertreter des Verbandes wegen der verbandsbezogenen Zuwiderhandlung beschuldigt, so wird ihm auf Antrag der Staatsanwaltschaft oder eines Mitglieds des Verbandes zur Beseitigung des vertretungslosen Zustands ein Pflichtverteidiger als besonderer Vertreter für das Verfahren bestellt, falls mit dem vertretungslosen Zustand Gefahr verbunden ist. Für die Bestellung ist vor Erhebung der öffentlichen Klage das Amtsgericht zuständig, in dessen Bezirk der Verband seinen Sitz oder eine Zweigniederlassung hat.

(2) Der besondere Vertreter hat unverzüglich die erforderlichen Maßnahmen zu ergreifen, um eine ordnungsgemäße Vertretung des Verbandes im Verfahren sicherzustellen. Mit der Bestellung eines geeigneten Vertreters endet die Beiordnung.

(3) § 140 Absatz 1 Nummer 1 und 8 sowie § 140 Absatz 2 der Strafprozessordnung bleiben unberührt. Insoweit gilt § 141 Absatz 4 Satz 1 der Strafprozessordnung entsprechend.

§ 20 Verfahrenssichernde Maßnahmen

(1) Ist der Verband einer Verbandsstraftat dringend verdächtig und besteht auf Grund bestimmter Tatsachen bei Würdigung der Umstände des Einzelfalles der dringende Verdacht, dass Entscheidungsträger das Vermögen des Verbandes beiseiteschaffen oder die Auflösung des Verbandes in der Absicht betreiben, den Verband dem Strafverfahren zu entziehen, so kann bis zur Höhe von insgesamt 10 vom Hundert des im Durchschnitt der vorausgegangenen drei Geschäftsjahre erzielten Gesamtumsatzes des Verbandes der dingliche Arrest angeordnet werden. Der Gesamtumsatz kann geschätzt werden.

(2) Der Arrest wird durch schriftlichen Beschluss des Gerichts angeordnet. § 162 der Strafprozessordnung gilt entsprechend. In dem Beschluss sind anzuführen der Verband, die Tat, deren er dringend verdächtig ist, Zeit und Ort der verbandsbezogenen Zuwiderhandlung, die gesetzlichen Merkmale der Straftat und die anzuwendenden Strafvorschriften sowie die Tatsachen, aus denen sich der dringende Tatverdacht und der Arrestgrund ergeben, soweit nicht dadurch die Staatssicherheit gefährdet wird.

(3) Ist der Verband zur Eintragung in ein öffentliches Register anzumelden, so kann das Gericht in den Fällen des Absatz 1 anordnen, dass die Eintragung der Auflösung oder Verschmelzung des Verbandes zu versagen ist (Registersperre). Der Beschluss ist dem zur Führung des Registers zuständigen Gericht bekannt zu machen.

(4) Die §§ 120 und 310 Absatz 1 Nummer 1 der Strafprozessordnung gelten entsprechend. Der Verband ist über das Recht der Beschwerde schriftlich zu belehren.

(5) Die §§ 923, 928, 930 bis 932 und 934 Absatz 1 der Zivilprozessordnung sowie § 111f Absatz 3 bis 5 der Strafprozessordnung gelten entsprechend.

(6) Eine Vollziehungsmaßnahme ist auf Antrag des Verbandes aufzuheben, soweit der Verband den Pfandgegenstand zur Aufbringung der Kosten seiner Verteidigung benötigt.

§ 21 Hauptverhandlung

(1) Die Hauptverhandlung kann ohne den gesetzlichen Vertreter des Verbandes durchgeführt werden, wenn er ordnungsgemäß geladen und in der Ladung darauf hingewiesen worden ist, dass in seiner Abwesenheit verhandelt werden kann. Die Niederschrift über eine richterliche Vernehmung des gesetzlichen Vertreters kann in diesem Falle in der Hauptverhandlung verlesen werden. § 235 der Strafprozessordnung gilt entsprechend.

(2) Erklärungen des gesetzlichen Vertreters des Verbandes können darüber hinaus gemäß § 254 der Strafprozessordnung verlesen werden.

(3) Dem abwesenden gesetzlichen Vertreter steht ein Anspruch auf Benachrichtigung über den Fortgang des Verfahrens nicht zu. Das Gericht ist jedoch befugt, ihm auf Antrag Benachrichtigungen zugehen zu lassen.

(4) Das Gericht kann zur Aufklärung des Sachverhalts das persönliche Erscheinen des gesetzlichen Vertreters des Verbandes anordnen. Bleibt er ohne genügende Entschuldigung aus, so kann das Gericht seine Vorführung anordnen, wenn er unter Hinweis auf diese Möglichkeit durch Zustellung geladen worden ist.

§ 22 Vollstreckung der Verbandssanktionen

(1) Für die Vollstreckung der Verbandsgeldstrafe gelten die Vorschriften der Justizbeitreibungsordnung, sofern sich aus den Vorschriften der allgemeinen Gesetze über das Strafverfahren nichts anders ergibt.

(2) Kann die Geldstrafe nicht eingebracht werden oder unterbleibt die Vollstreckung nach § 459c Absatz 2 der Strafprozessordnung, so stellt die Vollstreckungsbehörde einen Antrag nach § 14 der Insolvenzordnung.

(3) Ist eine Verbandsmaßregel nach § 12 angeordnet worden und ist der Verband zur Eintragung in ein öffentliches Register anzumelden, so teilt die Vollstreckungsbehörde nach Rechtskraft dem Registergericht die Verbandsauflösung mit. Die Vollstreckungsbehörde beantragt für die Abwicklung des Verbandes beim zuständigen Gericht die Bestellung eines Abwicklers oder Liquidators. Für das weitere Verfahren gelten die Vorschriften des bürgerlichen Rechts entsprechend.

Literaturverzeichnis

Aberle, Lukas / Holle, Philipp Maximilian: Aufsichtspflichten im Unternehmensverbund in: Der Sanktionsdurchgriff im Unternehmensverbund, hrsg. v. Jörg Eisele et al., Tübingen 2014, 117 (zitiert: *Aberle/Holle*, Eisele/ Koch/Theile).

Achenbach, Hans: Ausweitung des Zugriffs bei den ahndenden Sanktionen gegen die Unternehmensdelinquenz, wistra 2002, 441.

Adam, Dirk H. V.: Die Begrenzung der Aufsichtsplichten in der Vorschrift des § 130 OWiG, wistra 2003, 285.

Altenburg, Johannes / Peukert, Matthias: Neuerungen in § 30 OWiG – Haftungsrisiken und -vermeidung vor dem Hintergrund gesetzgeberischen Überschwangs, BB 2014, 649.

Arentz, Oliver / Rehm, Rebekka: Was bedeutet die Einführung eines Unternehmensstrafrechts für KMU? – Eine ökonomische Betrachtung der Verbandsverantwortlichkeit, https://iwp.uni-koeln.de/fileadmin/contents/dateiliste_iwp-website/publikationen/DP/owiwo/OWIWO_DP_03_2015.pdf, zuletzt abgerufen am 12.04.2016.

Arnold, Michael: Verantwortung und Zusammenwirken des Vorstands und des Aufsichtsrats bei Compliance-Untersuchungen, ZGR 2014, 76.

Bachmann, Gregor: Compliance – Rechtsgrundlagen und offene Fragen, in: Gesellschaftsrecht in der Diskussion 2007 – Jahrestagung der gesellschaftsrechtlichen Vereinigung (VGR), hrsg. v. Gesellschaftsrechtliche Vereinigung, Köln 2008, 65 (zitiert: *Bachmann*, VGR 2008).

Bachmann, Gregor: Anmerkung zum Urteil des LG München I v. 10.12.2013 – 5 HKO 1387/10, ZIP 2014, 570.

Bachmann, Gregor / Prüfer, Gerald: Korruptionsprävention und Corporate Governance, ZRP 2005, 109.

Bamberger, Heinz Georg/Roth, Herbert (Hrsg.): Beck'scher Online-Kommentar BGB, 37. Edition, München 2015 (zitiert: BeckOK-BGB/*Bearbeiter*).

Bannenberg, Britta: Korruption in Deutschland und ihre strafrechtliche Kontrolle – Eine kriminologisch-strafrechtliche Analyse, Neuwied/Kriftel 2002 (zitiert: *Bannenberg*).

Baumbach, Adolf / Hopt, Klaus J. (Hrsg.): Handelsgesetzbuch, 36. Auflage, München 2014 (zitiert: Baumbach/Hopt/*Bearbeiter*).

Baumert, Wolf-Tilman: Handlungssicherheit in der Compliance-Arbeit an Beispielen, CCZ 2013, 265.

Baums, Theodor: Haftung für Verrichtungsgehilfen nach deutschem und schweizerischem Recht, in: Festschrift für Rudolf Lukes zum 65. Geburtstag, hrsg. v. Herbert Leßmann et al., Köln/Berlin/Bonn/München 1989, 623 (zitiert: *Baums*, FS Lukes).

Beale, Sara Sun: Die Entwicklung des US-amerikanischen Rechts der strafrechtlichen Verantwortlichkeit von Unternehmen, ZStW 2014, 27.

Beckmann, Martin: Anmerkung zum Urteil des LG München I v. 10.12.2013 – 5 HKO 1387/10, ZWH 2014, 195.

Behrens, Peter: EU führt Strafbarkeit juristischer Personen ein, EuZW 2011, 161.

Berg, Cai: Korruption in Unternehmen und Risikomanagement nach § 91 Abs. 2 AktG, AG 2007, 271.

Bergmoser, Ulrich / Theusinger, Ingo / Gushurst, Klaus-Peter: Corporate Compliance – Grundlagen und Umsetzung, BB-Special 5/2008, 1.

Beulke, Werner / Moosmayer, Klaus: Der Reformvorschlag des Bundesverbandes der Unternehmensjuristen zu den §§ 30, 130 OWiG – Plädoyer für ein modernes Unternehmenssanktionenrecht, CCZ 2014, 146.

Bicker, Eike: Compliance – organisatorische Umsetzung im Konzern, AG 2012, 542.

Bohnert, Joachim : OWiG – Kommentar zum Ordnungswidrigkeitengesetz, 3. Auflage, München 2010 (zitiert: *Bohnert*, OWiG).

Bosch, Wolfgang: Verantwortung der Konzernobergesellschaft im Kartellrecht, ZHR 177 (2013), 454.

Bosch, Wolfgang / Colbus, Birgit / Harbusch, Antonia: Berücksichtigung von Compliance-Programmen in Kartellbußgeldverfahren, WuW 2009, 740.

Böse, Martin: Corporate Criminal Liability in Germany, in: Corporate Criminal Liability, hrsg. v. Mark Pieth und Radha Ivory, Heidelberg/London/New York 2011, 227.

Böse, Martin: Strafbarkeit juristischer Personen – Selbstverständlichkeit oder Paradigmenwechsel im Strafrecht, ZStW 126 (2014), 132.

Böse, Martin: Das Unternehmensstrafrecht im Spiegel völker- und unionsrechtlicher Vorgaben, in: Das Unternehmensstrafrecht und seine Alternativen, hrsg. v. Matthias Jahn et al., Baden-Baden 2016, 88 (zitiert: *Böse*, Jahn/Schmitt-Leonardy/ Schoop).

Böttcher, Lars: Verpflichtung des Vorstands einer AG zur Durchführung eine Due Diligence, NZG 2005, 49.

Boujong, Karlheinz / Ebenroth, Karsten Thomas / Joost, Detlev / Strohn, Lutz (Hrsg.): Handelsgesetzbuch, Band 1: §§ 1–342e HGB, 3. Auflage, München 2014 (zitiert: Ebenroth/Boujong/Joost/Strohn/*Bearbeiter*).

Brömmelmeyer, Christoph: Neue Regeln für die Binnenhaftung des Vorstands – Ein Beitrag zur Konkretisierung der Business Judgment Rule, WM 2005, 2065.

Brüggemeier, Gert: Unternehmenshaftung für „Umweltschäden" im deutschen und nach EG-Recht, in: Festschrift für Günther Jahr zum siebzigsten Geburtstag, hrsg. v. Michael Martinek, Tübingen 1993, 223 (zitiert: *Brüggemeier*, FS Jahr).

Bruns, Hans-Jürgen: Die Befreiung des Strafrechts vom zivilistischen Denken, Berlin 1938.

Bürger, Christian: Die Haftung der Konzernmutter für Kartellrechtsverstöße ihrer Tochter nach deutschem Recht, WuW 2011, 130.

Bürkle, Jürgen: Grenzen der strafrechtlichen Garantenstellung des Compliance-Officers, CCZ 2010, 4.

Bürkle, Jürgen: Corporate Compliance – Pflicht oder Kür für den Vorstand der AG?, BB 2005, 565.

Bürkle, Jürgen: Corporate Compliance als Standard guter Unternehmensführung des Deutschen Corporate Governance Kodex, BB 2007, 1797.

Bürkle, Jürgen: Compliance-Beauftragte, in: Corporate Compliance – Handbuch der Haftungsvermeidung im Unternehmen, hrsg. v. Christoph E. Hauschka, 2. Auflage, München 2010, § 8 (zitiert: Bürkle, *Hauschka*).

von Busekist, Konstantin / Timmerbeil, Sven: Die Compliance Due Diligence in M&A-Prozessen, CCZ 2013, 225.

von Busekist, Konstantin / Hein, Oliver: Der IDW PS 980 und die allgemeinen rechtlichen Mindestanforderungen an ein wirksames Compliance Management System (1) – Grundlagen, Kultur und Ziele, CCZ 2014, 41.

Calliess, Christian / Ruffert, Matthias (Hrsg.): EUV/AEUV – Das Verfassungsrecht der Europäischen Union mit Europäischer Grundrechtecharta, 4. Auflage, München 2011 (Zitiert: Calliess/Ruffert/*Bearbeiter*).

Caracas, Christian: Verantwortlichkeit in internationalen Konzernstrukturen nach § 130 OWiG – Am Beispiel der im Ausland straflosen Bestechung im geschäftlichen Verkehr, Baden-Baden 2014 (zitiert: *Caracas*, Verantwortlichkeit in internationalen Konzernstrukturen nach § 130 OWiG).

Caracas, Christian: § 130 OWiG – Das lange Schwert der Korruptionsbekämpfung im privaten Sektor – Teil 1, CCZ 2015, 167.

Caracas, Christian: Anmerkung zu OLG München, Beschl. v. 23.9.2014 – 3 Ws 599/14, 3 Ws 600/14, CCZ 2016, 44.

Cichy, Patrick / Cziupka, Johannes: Compliance-Verantwortung der Geschäftsleiter bei Unternehmenstätigkeit mit Auslandsbezug, BB 2014, 1482.

Dannecker, Gerhard /Dannecker, Christoph: Die „Verteilung“ der strafrechtlichen Geschäftsherrenhaftung im Unternehmen, JZ 2010, 981.

Danner, Wolfgang / Theobald, Christian (Hrsg.): Energierecht, Band 1, 86. Ergänzungslieferung, München 2015 (zitiert: Danner/Theobald/*Bearbeiter*).

Deutsch, Erwin: Allgemeines Haftungsrecht, 2. Auflage, Köln 1996 (zitiert: *Deutsch*).

Deutsch, Erwin: Haftungsrecht und Strafrecht, in: Festschrift für Eduard Wahl zum siebzigsten Geburtstag, hrsg. v. Klaus Müller und Hermann Soell, Heidelberg 1973 (zitiert: *Deutsch*, FS Wahl).

Dierlamm, Alfred: Compliance-Anreiz-Gesetz (CompAG) – Ein Vorschlag des Deutschen Instituts für Compliance – DICO e.V. für den Entwurf eines Gesetzes zur Schaffung von Anreizen für Compliance-Maßnahmen in Betrieben und Unternehmen (Compliance-Anreiz-Gesetz, CompAG), CCZ 2014, 194.

Dölling, Dieter / Duttge, Gunnar / Rössner, Dieter (Hrsg.): Gesamtes Strafrecht, 3. Auflage, Baden-Baden 2013 (zitiert: Dölling/Duttge/Rössner/*Bearbeiter*).

Dreher, Meinrad: Die Vorstandsverantwortung im Geflecht von Risikomanagement, Compliance und interner Revision, in: Festschrift für Uwe Hüffer zum 70. Geburtstag, hrsg. v. Peter Kindler et al., München 2010, 161 (zitiert: *Dreher*, FS Hüffer).

Dreher, Meinrad: Die kartellrechtliche Bußgeldverantwortlichkeit von Vorstandsmitgliedern – Vorstandshandeln zwischen aktienrechtlichem Legalitätsprinzip und kartellrechtlicher Unsicherheit, in: Festschrift für Horst Konzen zum siebzigsten Geburtstag, hrsg. v. Barbara Dauner-Lieb, 2006, 85 (zitiert: *Dreher*, FS Konzen).

Dreher, Meinrad: Kartellrechtscompliance – Voraussetzungen und Rechtsfolgen unternehmens- oder verbandsinterner Maßnahmen zur Einhaltung des Kartellrechts, ZWeR 2004, 75.

Dück, Herrman / Schultes, Marion: Bußgeldhaftung und Rechtsnachfolge – Schlupfloch für Kartellsünder?, WM 2013, 9.

Eckstein, Ken: Compliance und Strafe, Newsdienst Compliance 2014, 71010.

Ehrhardt, Anne: Unternehmensdelinquenz und Unternehmensstrafe – Sanktionen gegen juristische Personen nach deutschem und US-amerikanischem Recht, Berlin 1994 (zitiert: *Ehrhardt*).

Eidam, Gerd: Die Verbandsgeldbuße des § 30 Abs. 4 OWiG – eine Bestandsaufnahme, wistra 2003, 447, 450.

Eisele, Jörg : Die bußgeldrechtliche Haftung des Rechtsnachfolgers, in: Der Sanktionsdurchgriff im Unternehmensverbund, hrsg. v. Jörg Eisele et al., Tübingen 2014, 153 (zitiert: *Eisele*, Eisele/Koch/Theile).

Emmerich, Volker / Habersack, Mathias / Sonnenschein, Jürgen: Konzernrecht, 10. Auflage, München 2013 (zitiert: *Emmerich/Habersack*, Konzernrecht).

Emmerich, Volker / Habersack, Mathias: Aktien- und GmbH-Konzernrecht, 7. Auflage, München 2013 (zitiert: Emmerich/Habersack).

Epping, Volker / Hillgruber, Christian (Hrsg.): Beck'scher Online-Kommentar Grundgesetz, 27. Edition, München 2016 (zitiert: BeckOK-GG/*Bearbeiter*).

Erbs, Georg / Kohlhaas, Max (Hrsg.): Strafrechtliche Nebengesetze, 205. Ergänzungslieferung, München 2015 (zitiert: Erbs/Kohlhass/*Bearbeiter*).

von Falkhausen, Joachim: Die Post-M&A Due Diligence – Eine Pflicht des Käufers und seiner Geschäftsführung?, NZG 2015, 1209.

Fett, Torsten: Anmerkung zum Urteil des LG München I v. 10.12.2013 – 5 HKO 1387/10, CCZ 2014, 142.

Fischer, Thomas (Hrsg.): Strafgesetzbuch und Nebengesetze, 62. Auflage, München 2015 (zitiert: *Fischer*, StGB).

Fischer, Thomas / Hoven, Elisa: Unternehmen vor Gericht? – Einige Anmerkungen zu prozessualen Fragen, ZIS 2015, 32.

Fleischer, Holger: Kartellrechtsverstöße und Vorstandsrecht, BB 2008, 1070.

Fleischer, Holger: Corporate Compliance im aktienrechtlichen Unternehmensverbund, CCZ 2008, 1.

Fleischer, Holger: Zur Leitungsaufgabe des Vorstands im Aktienrecht, ZIP 2003, 1.

Fleischer, Holger: Zum Grundsatz der Gesamtverantwortung im Aktienrecht, NZG 2003, 449.

Fleischer, Holger: Dritter Teil. Organpflichten und Binnenhaftung der Vorstandsmitglieder, in: Handbuch des Vorstandsrechts, hrsg. v. Holger Fleischer, München 2006, §§ 7–12 (zitiert: *Fleischer*, HdB d. VR).

Fleischer, Holger: Vorstandsverantwortlichkeit und Fehlverhalten von Unternehmensangehörigen – Von der Einzelüberwachung zur Errichtung einer Compliance-Organisation, AG 2003, 291.

Fleischer, Holger: Aktienrechtliche Compliance-Pflichten im Praxistest: Das Siemens/Neubürger-Urteil des LG München I, NZG 2014, 321.

Fleischer, Holger: Das Gesetz zur Unternehmensintegrität und Modernisierung des Anfechtungsrechts, NJW 2005, 3525.

Fleischer, Holger: Die „Business Judgment Rule": Vom Richterrecht zur Kodifizierung, ZIP 2004, 685.

Fleischer, Holger: Konzernleitung und Leitungssorgfalt der Vorstandsmitglieder im Unternehmensverbund, DB 2005, 759.

Fleischer, Holger / Goette, Wulf (Hrsg.): Münchener Kommentar zum GmbHG, Band 2: §§ 35–52 GmbHG, 2. Auflage, München 2016 (zitiert: MüKo-GmbHG/*Bearbeiter*).

Fleischer, Holger / Goette, Wulf (Hrsg.): Münchener Kommentar zum GmbHG, Band 3: §§ 53–85 GmbHG, 2. Auflage, München 2016 (zitiert: MüKo-GmbHG/*Bearbeiter*).

Flick, Martin: Jedes Vorstandsmitglied ist für die Einrichtung und Überwachung eines Compliance-Systems verantwortlich, GWR 2014, 151.

Froesch, Daniel: Managerhaftung – Risikominimierung durch Delegation?, DB 2009, 722.

Gadow, Wilhelm (Begr.): Aktiengesetz, Großkommentar, Berlin 1939 (zitiert: Großkomm-AktG/*Bearbeiter*).

Gehring, Stefan / Kasten, Boris / Mäger, Thorsten: Unternehmensrisiko Compliance? – Fehlanreize für Kartellprävention durch EU-wettbewerbsrechtliche Haftungsprinzipien für Konzerngesellschaften, CCZ 2013, 1.

Geismar, Anne-Gwendolin: Der Tatbestand der Aufsichtspflichtverletzung bei der Ahndung von Wirtschaftsdelikten – Eine Untersuchung zu § 130 OWiG unter Berücksichtigung des Kartellordnungswidrigkeitenrechts, Baden-Baden 2012 (zitiert: *Geismar*).

Goette, Wulf: Organisationspflichten in Kapitalgesellschaften zwischen Rechtspflicht und Opportunität, ZHR 175 (2011), 388.

Goette, Wulf / Habersack, Mathias (Hrsg.): Münchener Kommentar zum Aktiengesetz, Band 2: §§ 76–117 AktG, MitbestG, DrittelbG, 4. Auflage, München 2014 (zitiert: MüKo-AktG/*Bearbeiter*).

Goette, Wulf / Habersack, Mathias (Hrsg.): Münchener Kommentar zum Aktiengesetz, Band 5: §§ 278–328 AktG, SpruchG, ÖGesAusG, Österreichisches Konzernrecht, 4. Auflage, München 2015 (zitiert: MüKo-AktG/*Bearbeiter*).

Goette, Wulf / Habersack, Mathias (Hrsg.): Münchener Kommentar zum Aktiengesetz, Band 6: §§ 329–410 AktG, WpÜG, Österreichisches Übernahmerecht, 3. Auflage, München 2011 (zitiert: MüKo-AktG/*Bearbeiter*).

Göhler, Erich: Zur strafrechtlichen Verantwortlichkeit des Betriebsinhabers für die in seinem Betrieb begangenen Zuwiderhandlungen, in: Festschrift für Eduard Dreher zu seinem 70. Geburtstag, hrsg. v. Hans-Heinrich Jescheck und Hans Lüttger, Berlin/New York1977, 611 (zitiert: *Göhler*, FS Dreher).

Göhler, Erich (Begr.) / Gürtler, Franz / Seitz, Helmut: Ordnungswidrigkeitengesetz, 16. Auflage, München 2012 (zitiert: Göhler/*Bearbeiter*).

Göpfert, Burkhard / Mayer, Stephan T.: Datenschutz bei Unternehmenskauf: Due Diligence und Betriebsübergang, NZA, 2011, 486.

Görtz, Laura: Unternehmensstrafrecht – Entwurf eines Verbandsstrafgesetzbuchs, WiJ 2014, 8.

Gößwein, Georg / Hohmann, Olaf: Modelle der Compliance-Organisation in Unternehmen – Wider den Chief Compliance Officer als „Überoberverantwortungsnehmer", BB 2011, 963.

Graf, Jürgen-Peter (Hrsg.): Beck'scher Online-Kommentar OWiG, 10. Edition, München 2016 (zitiert: BeckOK-OWiG/*Bearbeiter*).

Graf, Jürgen-Peter (Hrsg.): Beck'scher Online-Kommentar StPO mit RiStBV und MiStra, 23. Edition, München 2015 (zitiert: BeckOK-StPO/*Bearbeiter*).

Grunewald, Barbara: Gesellschaftsrecht, 9. Auflage, Tübingen 2014 (zitiert: *Grunewald*).

Grützner, Thomas: Unternehmensstrafrecht vs. Ordnungswidrigkeitenrecht, CCZ 2015, 56.

Grützner, Thomas: Compliance 2.0 – LG München I verpflichtet Vorstände zu „Compliance", BB 2014, 850.

Güntert, Lothar: Gewinnabschöpfung als strafrechtliche Sanktion, Köln 1983 (zitiert: *Güntert*).

Haeusermann, Axel: Der Verband als Straftäter und Strafprozesssubjekt, Freiburg 2003 (zitiert: *Haeusermann*).

Hahn, Volker: Haftung des AG-Vorstands wegen Einrichtung eines mangelhaften Compliance-Systems zur Verhinderung von Schmiergeldzahlungen („Siemens"), EWiR 2014, 175.

Haller, Klaus: Das „kränkelnde" Adhäsionsverfahren – Indikator struktureller Probleme der Strafjustiz, NJW 2011, 970.

Hamm, Rainer: Auch das noch: Strafrecht für Verbände!, NJW 1998, 662.

Hartan, Cora Constanze: Unternehmensstrafrecht in Deutschland und Frankreich – Ein Rechtsvergleich angesichts europäischer Harmonisierungsbestrebungen, Hamburg 2006 (zitiert: *Hartan*).

Hassold, Gerhard: Die Lehre vom Organisationsverschulden, JuS 1982, 583.

Hauschka, Christoph E.: Der Compliance-Beauftrage im Kartellrecht – Absicherungsstrategien für mittelständische Unternehmen und deren Organe, BB 2004, 1178.

Hauschka, Christoph E.: Compliance am Beispiel der Korruptionsbekämpfung, ZIP 2004, 877.

Hauschka, Christoph E.: Einführung, in: Corporate Compliance – Handbuch der Haftungsvermeidung im Unternehmen, hrsg. v. Christoph E. Hauschka, 2. Auflage, München 2010, § 1 (zitiert: *Hauschka*, ders.).

Hauschka, Christoph E.: Compliance – Praktische Erfahrungen und Thesen, in: Gesellschaftsrechtliche Vereinigung (Hrsg.), Gesellschaftsrecht in der Diskussion 2007 – Jahrestagung der gesellschaftsrechtlichen Vereinigung (VGR), 2008, 51 (zitiert: *Hauschka*, VGR 2008).

Hauschka, Christoph E.: Corporate Compliance – Unternehmensorganisatorische Ansätze zur Erfüllung der Pflichten von Vorständen und Geschäftsführern, AG 2004, 461.

Hauschka, Christoph E. / Galster, Wirnt / Marschlich, Annette: Leitlinien für die Tätigkeit in der Compliance-Funktion im Unternehmen (für Compliance Officer außerhalb regulierter Sektoren) – Gemeinsames Positionspapier des Netzwerk Compliance e.V., der Fachgruppe Compliance des Bundesverbandes der Unternehmensjuristen (BUJ), des DICO – Deutsches Institut für Compliance und des Berufsverbandes der Compliance Manager (BCM), CCZ 2014, 242.

Hauß, Fritz: Referat, in: Verhandlungen des 46. Deutschen Juristentages (München 1960), Band II: Sitzungsberichte, hrsg. v. der ständigen Deputation des Deutschen Juristentages, Tübingen 1962, C 23 (zitiert: *Hauß*, Verhandlungen des 46. DJT, Bd. II).

Hay, Peter: Entschädigung und andere Zwecke, in: Festschrift für Hans Stoll zum 75. Geburtstag, hrsg. v. Gerald Hohloch et al., Tübingen 2001, 521 (zitiert: *Hay*, FS Stoll).

Heck, Philipp: Grundriss des Schuldrechts, Tübingen 1929 (zitiert: *Heck*).

Hefendehl, Roland: Außerstrafrechtliche und strafrechtliche Instrumentarien zur Eindämmung der Wirtschaftskriminalität, ZStW 119 (2007), 816.

Heidel, Thomas / Schall, Alexander (Hrsg.): Handelsgesetzbuch – Handkommentar, 1. Auflage, Baden-Baden 2011 (zitiert: Heidel/Schall/*Bearbeiter*).

Hein, Oliver: Verbandsstrafgesetzbuch (VerbStrG-E) – Bietet der Entwurf Anreize zur Vermeidung von Wirtschaftskriminalität in Unternehmen?, CCZ 2014, 75.

Heine, Günter: Die strafrechtliche Verantwortlichkeit von Unternehmen – Von individuellem Fehlverhalten zu kollektiven Fehlentwicklungen, insbesondere bei Großrisiken, Baden-Baden 1995 (zitiert: *Heine*).

von Heintschel-Heinegg, Bernd (Hrsg.): Beck'scher Online-Kommentar StGB, 29. Edition, München 2015 (zitiert: BeckOK-StGB/*Bearbeiter*).

Henssler, Martin / Strohn, Lutz (Hrsg.): Gesellschaftsrecht, 2. Auflage, München 2014 (zitiert: Henssler/Strohn/*Bearbeiter*).

Hermanns, Ferdinand / Kleier, Ulrich F.: Grenzen der Aufsichtspflicht in Betrieben und Unternehmen – Zur Bedeutung des § 130 OWiG in der Praxis, Köln/Berlin/Bonn/München 1987 (zitiert: *Hermanns/Kleier*).

Hilf, Marianne Johanna: Die Strafbarkeit juristischer Personen im schweizerischen, österreichischen und liechtensteinischen Recht, ZStW 126 (2014), 73.

Hirsch, Hans Joachim: Strafrechtliche Verantwortlichkeit von Unternehmen, ZStW 107 (1995), 285.

Holle, Philipp Maximilian: Legalitätskontrolle im Kapitalgesellschafts- und Konzernrecht, Tübingen 2014.

Hölters, Wolfgang (Hrsg.): Aktiengesetz, 2. Auflage, München 2014 (zitiert: Hölters/*Bearbeiter*).

Hommelhoff, Peter: Die Konzernleitungspflicht – zentrale Aspekte eines Konzernverfassungsrechts, Köln/Berlin/Bonn/München 1982 (zitiert: *Hommelhoff*, Die Konzernleitungspflicht).

Hoven, Elisa: Der nordrhein-westfälische Entwurf eines Verbandsstrafgesetzbuchs – Eine kritische Betrachtung von Begründungsmodell und Voraussetzungen der Straftatbestände, ZIS 2014, 19.

Hoven, Elisa / Wimmer, Renate / Schwarz, Thomas / Schumann, Stefan: Der nordrhein-westfälische Entwurf eines Verbandsstrafgesetzes – Kritische Anmerkungen aus Wissenschaft und Praxis, Teil 1, NZWiSt 2014, 161.

Hoven, Elisa / Wimmer, Renate / Schwarz, Thomas / Schumann, Stefan: Der nordrhein-westfälische Entwurf eines Verbandsstrafgesetzes – Kritische Anmerkungen aus Wissenschaft und Praxis, Teil 2, NZWiSt 2014, 201.

Hoven, Elisa / Wimmer, Renate / Schwarz, Thomas / Schumann, Stefan: Der nordrhein-westfälische Entwurf eines Verbandsstrafgesetzes – Kritische Anmerkungen aus Wissenschaft und Praxis, Teil 3, NZWiSt 2014, 241.

Hüffer, Uwe: Compliance im Innen- und Außenrecht der Unternehmen, in: Festschrift für Günter H. Roth zum 70. Geburtstag, hrsg. v. Holger Altmeppen et al., München 2011, 299 (zitiert: *Hüffer*, FS G. H. Roth).

Hüffer, Uwe (Begr.) / Koch, Jens: Aktiengesetz, 11. Auflage, München 2014 (zitiert: Hüffer/*Koch*).

Immenga, Ulrich / Mestmäckser, Ernst-Joachim (Hrsg.): Wettbewerbsrecht, Band 1. EU Teil 1, Kommentar zum Europäischen Kartellrecht, 5. Auflage, Münche 2012 (zitiert: Immenga/Mestmäcker/*Bearbeiter*).

Jahn, Matthias: „There is no such thing as too big to jail" – Zu den verfassungsrechtlichen Einwänden gegen ein Verbandsstrafgesetzbuch unter dem Grundgesetz, in: Das Unternehmensstrafrecht und seine Alternativen, hrsg. v. Matthias Jahn et al., Baden-Baden 2016, 53 (zitiert: *Jahn*, Jahn/Schmitt-Leonardy/Schoop).

Jahn, Matthias / Pietsch, Franziska: Der NRW-Entwurf für ein Verbandsstrafgesetzbuch – Eine Einführung in das Konzept und seine Folgefragen, ZIS 2015, 1.

Jarass, Hans D. / Pieroth, Bodo: Grundgesetz für die Bundesrepublik Deutschland: GG, 13. Auflage, München 2014 (zitiert: Jarass/Pieroth).

Joecks, Wolfgang / Miebach, Klaus (Hrsg.): Münchener Kommentar zum StGB, Band 1: §§ 1–37 StGB, 2. Auflage, München 2011 (zitiert: MüKo-StGB/*Bearbeiter*).

Joecks, Wolfgang / Miebach, Klaus (Hrsg.): Münchener Kommentar zum StGB, Band 2: §§ 38–79b StGB, 2. Auflage, München 2012 (zitiert: MüKo-StGB/*Bearbeiter*).

Karbaum, Christian: Kartellrechts-Compliance – Mehr Fragen als Antworten nach einer Dekade intensiver Diskussion der Compliance-Verantwortung des Vorstands?, AG 2013, 863.

Karbaum, Christian: Kartellrechtliche Compliance – Rechtsgrundlagen und Umsetzung, Frankfurt am Main/Berlin/Bern/Brüssel/New York/ Oxford/ Wien 2010.

Karrer, Götz G.: Geschäftsführung und Vertretung, in: Münchener Anwaltshandbuch – Personengesellschaftsrecht, hrsg. v. Hans Gummert, 2. Auflage, München 2015, Teil E. § 14 (zitiert: *Karrer*, Gummert).

Kiethe, Kurt: Vorstandshaftung aufgrund fehlerhafter Due Diligence beim Unternehmenskauf, NZG 1999, 976.

Kindhäuser, Urs / Neumann, Ulfried / Paeffgen, Hans-Ullrich (Hrsg.): Strafgesetzbuch, Band 1: §§ 1–79b StGB, 4. Auflage, Baden-Baden 2013 (zitiert: Kindhäuser/Neumann/Paeffgen/*Bearbeiter*).

Kindler, Peter: Pflichtverletzung und Schaden bei der Vorstandshaftung wegen unzureichender Compliance, in: Festschrift für Günter H. Roth zum 70. Geburtstag, hrsg. v. Holger Altmeppen et al., München 2011, 367 (zitiert: *Kindler*, FS G. H. Roth).

Kirch-Heim, Claudio: Sanktionen gegen Unternehmen – Rechtsinstrumente zur Bekämpfung unternehmensbezogener Straftaten, Berlin 2007 (zitiert: *Kirch-Heim*).

Kleindiek, Detlef: Deliktshaftung und juristische Person – Zugleich zur Eigenhaftung von Unternehmensleitern, Tübingen 1997 (zitiert: *Kleindiek*).

Klesczewski, Diethelm: Ordnungswidrigkeitenrecht, München 2010 (zitiert: *Klesczewski*).

Kling, Michael: Die Haftung der Konzernmutter für Kartellverstöße ihrer Tochterunternehmen, WRP 2010, 506.

Koch, Jens: Compliance-Pflichten im Unternehmensverbund?, WM 2009, 1013.

Koch, Jens: Das Gesetz zur Unternehmensintegrität und Modernisierung des Anfechtungsrechts (UMAG), ZGR 2006, 769.

Koch, Jens: Der kartellrechtliche Sanktionsdurchgriff im Unternehmensverbund, ZHR 171 (2007), 554.

Koch, Jens: Die Konzernobergesellschaft als Unternehmensinhaber i.S.d. § 130 OWiG?, AG 2009, 564.

Kort, Michael: Compliance-Pflicht von Vorstandsmitgliedern und Aufsichtsratsmitgliedern in: Festschrift für Klaus J. Hopt zum 70. Geburtstag, Band 1, hrsg. v. Stefan Grundmann et al., Berlin 2010, 983 (zitiert: *Kort*, FS Hopt, Band 1).

Kort, Michael: Rechtsfragen der Compliance-Organisation von Unternehmen außerhalb spezialgesetzlich geregelter Branchen im deutschen Recht, in: Festschrift für Günter H. Roth zum 70. Geburtstag, hrsg. v. Holger Altmeppen et al., München 2011, 407 (zitiert: *Kort*, FS G. H. Roth).

Kötz, Hein: Ziele des Haftungsrechts, in: Festschrift für Ernst Steindorff zum 70. Geburtstag, hrsg. v. Jürgen F Baur et al., Berlin 1990, 643 (zitiert: *Kötz*, FS Steindorff).

Kötz, Hein / Wagner, Gerhard: Deliktsrecht, 12. Auflage, München 2013.

Krause, Nils: Managerhaftung und Strategien zur Haftungsvermeidung, BB 2009, 1370.

Krebs, Peter / Eufinger, Alexander / Jung, Stefanie: Bußgeldminderung durch Compliance-Programme im deutschen Kartellbußgeldverfahren?, CCZ 2011, 213.

Krekeler, Wilhelm: Brauchen wir ein Unternehmensstrafrecht, in: Festschrift für Ernst-Walter Hanack zum 70. Geburtstag, hrsg. v. Udo Ebert et al., Berlin/New York 1999, 639 (zitiert: *Krekeler*, FS Hanack).

Kremer, Thomas / Klahold, Christoph: Compliance-Programme in Industriekonzernen, ZGR 2010, 113.

Krems, Karl-Heinz: Der NRW-Entwurf für ein Verbandsstrafgesetzbuch – Gesetzgeberische Intention und Konzeption, ZIS 2015, 5.

Krieger, Steffen / Günther, Jens: Die arbeitsrechtliche Stellung des Compliance Officers – Gestaltung einer Compliance-Organisation unter Berücksichtigung der Vorgaben im BGH-Urteil vom 17. 7. 2009, NZA 2010, 367.

Kubiciel, Michael: Verbandsstrafe – Verfassungskonformität und Systemkompatibilität, ZRP 2014, 133.

Kubiciel, Michael / Hoven, Elisa: Der Entwurf eines Verbandsstrafgesetzes aus Sicht der Rechtswissenschaft – Bedeutung, Zurechnungsmodelle, Prozessrecht, in: Das Unternehmensstrafrecht und seine Alternativen, hrsg. v. Matthias Jahn et al., Baden-Baden 2016, 160 (zitiert: *Kubiciel/Hoven*, Jahn/Schmitt-Leonardy/ Schoop).

Kudlich, Hans: Deliktskataloge für eine Verbandsstrafbarkeit, in: Unternehmensstrafrecht, hrsg. v. Eberhardt Kempf et al., Berlin/Boston 2012, 217 (zitiert: *Kudlich*, Kempf/Lüderssen/ Volk).

Kühl, Kristian / Heger, Martin: Strafgesetzbuch, 28. Auflage, München 2014 (zitiert: Kühl/ Heger).

Kutschaty, Thomas: Unternehmensstrafrecht: – Deutschland debattiert, der Rest Europas handelt, DRiZ 2013, 16.

Kutschaty, Thomas: Deutschland braucht ein Unternehmensstrafrecht, ZRP 2013, 74.

Landwehr, Götz: Die Haftung der juristischen Person für körperschaftliche Organisationsmängel, AcP 164 (1964), 482.

Lange, Herrmann / Schiemann, Gottfried: Schadensersatz, 3. Auflage, Tübingen 2003 (zitiert: *Lange/ Schiemann*).

Larenz, Karl: Lehrbuch des Schuldrechts, I. Band: Allgemeiner Teil, 14. Auflage, München 1987 (zitiert: *Larenz*, SchuldR I).

Larenz, Karl (Begr.) / Canaris, Claus-Wilhelm: Lehrbuch des Schuldrechts, II. Band: Besonderer Teil, 2. Halbband, 13. Auflage, München 1994 (zitiert: *Larenz/Canaris*, SchuldR II/2).

Laufhütte, Heinrich Wilhelm / Rissing-van Saan, Ruth / Tiedemann, Klaus (Hrsg.): Leipziger Kommentar, Strafgesetzbuch, Band 1: Einleitung; §§ 1–31 StGB, 12. Auflage, Berlin 2007 (zitiert: LK/*Bearbeiter*).

Laufs, Adolf: Deliktische haftung ohne Verschulden? – eine Skizze, in: Festschrift für Joachim Gernhuber zum 70. Geburtstag, hrsg. v. Hermann Lange et al., Tübingen 1993, 245 (zitiert: *Laufs*, FS Gernhuber).

Leipold, Klaus: Kommt das Unternehmensstrafrecht?, NJW-Spezial 2013, 696.

Leipold, Klaus: Unternehmensstrafrecht – Eine rechtspolitische Notwendigkeit?, ZRP 2013, 34.

Lemke, Michael / Mosbacher, Andreas: Ordnungswidrigkeitengesetz, 2. Auflage, Heidelberg 2005.

Linderhaus, Holger: Haftung eines Geschäftsleiters: unzureichendes Compliance Management System, PuR 2014, 97.

Löbbe, Marc: Konzernverantwortung und Umwandlungsrecht – Vermeidung von Verantwortlichkeit am Beispiel des Kartellordnungswidrigkeitenrechts, ZHR 177 (2013), 518.

Löffelmann, Markus : Der Entwurf eines Gesetzes zur Einführung der strafrechtlichen Verantwortlichkeit von Unternehmen und sonstigen Verbänden, JR 2014, 185.

Lösler, Thomas: Spannungen zwischen der Effizienz der internen Compliance und möglichen Reporting-Pflichten des Compliance-Officers, WM 2007, 676.

Lutter, Marcus: Zivilrechtlich korrekt und doch strafbar? Das kann nicht sein, NZG 2010, 601.

Mansdörfer, Marco: „Zuwiderhandlungen" der „Entscheidungsträger" und „Verletzung von Verbandspflichten" – Dogmatische Inkonsistenzen im nordrhein-westfälischen Entwurf eines Verbandsstrafrechts, ZIS 2015, 23.

Mansdörfer, Marco: Die rechtsdogmatische Diskussion um ein Unternehmensstrafrecht im Kontext aktueller Corporate Governance, in: Das Unternehmensstrafrecht und seine Alternativen, hrsg. v. Matthias Jahn et al., Baden-Baden 2016, 113 (zitiert: *Mansdörfer*, Jahn/Schmitt-Leonardy/Schoop).

Mansdörfer, Marco / Timmerbeil, Sven: Zurechnung und Haftungsdurchgriff im Konzern – Eine rechtsgebietsübergreifende Betrachtung, WM 2004, 362.

Matusche-Beckmann, Annemarie: Das Organisationsverschulden, Tübingen 2002 (zitiert: *Matusche-Beckmann*).

Maunz, Theodor / Dürig, Günter (Begr.): Grundgesetz – Kommentar, Band IV: Art. 86–106b GG, 75. Ergänzungslieferung, München 2015 (zitiert: Maunz/ Dürig/ *Bearbeiter*).

Mentovich, Avital / Cerf, Moran: A Psychological Perspective on Punishing Corporate Entities, in: Regulating Corporate Criminal Liability, hrsg. v. Dominik Brodowski et al., Heidelberg/New York/Dordrecht/London 2014, 33 (zitiert: *Mentovich/Cerf*, Regulating Corporate Criminal Liability).

Meyer, Susanne: Compliance-Verantwortlichkeit von Vorstandsmitgliedern – Legalitätsprinzip und Risikomanagement, DB 2014, 1063.

Mitglieder des Bundesgerichtshofs: Das Bürgerliche Gesetzbuch mit besonderer Berücksichtigung der Rechtsprechung des Reichsgerichts und des Bundesgerichtshofs, Band II, 5. Teil: §§ 812–831 BGB (Anhang nach § 823: I. Verletzung des Persönlichkeitsrechts, II. Arzthaftungsrecht), 12. Auflage, Berlin/New York 1989 (zitiert: RGRK-BGB/*Bearbeiter*).

Mitsch, Wolfgang: Täterschaft und Teilnahme bei der „Verbandsstraftat", NZWiSt 2014, 1.

Modlinger, Florian: Brauchen wir zur Korruptionsbekämpfung ein Unternehmensstrafrecht?, Hamburg 2010.

Momsen, Carsten / Tween, Douglas M.: Criminal Compliance in den USA, in: Criminal Compliance, hrsg. v. Thomas Rotsch, Baden-Baden 2015, § 30 (zitiert: *Momsen/Tween*, Rotsch).

Motive: zu dem Entwurfe eines Bürgerlichen Gesetzbuches für das Deutsche Reich, Band I. Allgemeiner Teil, Berlin/Leipzig 1888 (zitiert: Mot. I).

Motive: zu dem Entwurfe eines Bürgerlichen Gesetzbuches für das Deutsche Reich, Band II. Recht der Schuldverhältnisse, Berlin/Leipzig 1888 (zitiert: Mot. II).

Mugdan, Benno: Die gesammelten Materialien zum Bürgerlichen Gesetzbuch für das Deutsche Reich, II. Band. Recht der Schuldverhältnisse, Berlin 1899 (zitiert: *Mugdan*).

Müller, Ekkehard: Die Stellung der juristischen Person im Ordnungswidrigkeitenrecht, Heidelberg 1985 (zitiert: *Müller*).

Müller, Knut: Führungskräfte: Haftung und Enthaftung, NZA-Beilage 2014, 30.

Neumann-Duesberg, Horst: Kritik der Rechtskonstruktion einer „körperschaftlichen Organisationspflicht", NJW 1966, 715.

Nitschke, Manfred: Die Anwendbarkeit des in § 31 BGB enthaltenen Rechtsgedankens auf alle Unternehmensträger, NJW 1969, 1737.

Oppenheim, Robert: Die Pflicht des Vorstands zur Einrichtung einer auf Dauer angelegten Compliance-Organisation – Zugleich Besprechung von LG München I, Urteil vom 10.12.2013, 5 HK 1387/10, DStR 2014, 1063.

Ost, Konrad: Aufsichtspflichten im Konzern und die 8. GWB-Novelle, NZKart 2013, 25.

Palandt, Otto (Begr.): Bürgerliches Gesetzbuch, 75. Auflage, München 2016 (zitiert: Palandt/*Bearbeiter*).

Pampel, Gunnar: Die Bedeutung von Compliance-Programmen im Kartellordnungswidrigkeitenrecht, BB 2007, 1636.

Petermann, Stefan: Konzernweite Compliance-Maßnahmen und die angezogenen unternehmensstrafrechtlichen „Daumenschrauben",in: Der Sanktionsdurchgriff im Unternehmensverbund, hrsg. v. Jörg Eisele et al., Tübingen 2014, 99 (zitiert: *Petermann*, Eisele/Koch/Theile).

Petermann, Stefan: Die Bedeutung von Compliance-Maßnahmen für die Sanktionsbegründung und -bemessung im Vertragskonzern, Baden-Baden 2013 (zitiert: *Petermann*, Compliance).

Pieth, Mark: Braucht Deutschland ein Unternehmensstrafrecht?, KJ 2014, 276.

Pieth, Mark: Anwendungsprobleme des Verbandsstrafrechts in Theorie und Praxis, KSzW 2015, 223.

Pieth, Mark: Selbstregulierung zum Schutz vor strafrechtlicher Organisationshaftung: die Bank und das Geldwäscherisiko, in: Festschrift für Heike Jung zum 65. Geburtstag, hrsg. v. Heinz Müller-Dietz et al., Baden-Baden 2007, 717 (zitiert: *Pieth*, FS Jung).

Poepping, Melanie: Unternehmen, Strafrecht und Compliance, in: Das Unternehmensstrafrecht und seine Alternativen, hrsg. v. Matthias Jahn et al., Baden-Baden 2016, 333 (zitiert: *Poepping*, Jahn/ Schmitt-Leonardy/Schoop).

Protokolle: der Kommission für die zweite Lesung des Entwurfs des Bürgerlichen Gesetzbuchs, Band II. Recht der Schuldverhältnisse, Abschn. II, Tit. 2–20, Abschn. III, IV, bearb. von Alexander Achilles et al., Berlin 1989 (zitiert: Prot. II.).

Ransiek, Andreas: Zur strafrechtlichen Verantwortung von Unternehmen, NZWiSt 2012, 45.

Ransiek, Andreas: Zur deliktischen Eigenhaftung des GmbH-Geschäftsführers aus strafrechtlicher Sicht, ZGR 1992, 203.

Ransiek, Andreas: Überlegungen zur strafrechtlichen Verantwortung des Unternehmensträgers, in: Unternehmensstrafrecht, hrsg. v. Eberhardt Kempf et al., Berlin/Boston 2012, 217 (zitiert: *Ransiek*, Kempf/Lüderssen/Volk).

Ransiek, Andreas: Unternehmensstrafrecht – Strafrecht, Verfassungsrecht, Regelungsalternativen, Heidelberg 1996 (zitiert: *Ranksiek*, Unternehmensstrafrecht).

Ransiek, Andreas: Strafrecht im Unternehmen und Konzern, ZGR 1999, 613.

Rathgeber, Christian: Anmerkung zum Urteil des LG München I v. 10.12.2013 – 5 HKO 1387/10, NZWiSt 2014, 183.

Reichert, Jochem: Corporate Compliance und der Grundsatz der Verhältnismäßigkeit, in: Festschrift für Michael Hoffmann-Becking zum 70. Geburtstag, hrsg. v. Gerd Krieger et al., München 2013, 943 (zitiert: *Reichert*, FS Hoffmann-Becking).

Reichert, Jochem / Ott, Nicolas: Non Compliance in der AG – Vorstandspflichten im Zusammenhang mit der Vermeidung, Aufklärung und Sanktionierung von Rechtsverstößen, ZIP 2009, 2173.

Reichert, Jochem; Ott, Nicolas: Die Zuständigkeit von Vorstand und Aufsichtsrat zur Aufklärung von Non Compliance in der AG, NZG 2014, 241.

Reichling, Tilman: Anmerkung zu BGH, Beschl. v. 10.8.2011, KRB 55/ 10, NJW 2012, 164.

Rengier, Rodolf: Strafrecht Allgemeiner Teil, 8. Auflage, München 2016 (zitiert: *Rengier*, AT).

Römermann, Volker : 2014 – ein Jahr im Zeichen der Compliance: nun auch für mittelständische GmbH, GmbHR 2014, 1.

Rönnau, Thomas / Wegner, Kilian: Reform des Rechts der Verbandssanktionen – europäische und internationale Vorgaben, ZRP 2014, 158.

Rönnau, Thomas / Schneider, Frédéric: Der Compliance-Beauftragte als strafrechtlicher Garant, ZIP 2010, 53.

Roxin, Claus: Strafrecht Allgemeiner Teil, Band 1: Grundlagen – Der Aufbau der Verbrechenslehre, 4. Auflage, München 2006 (zitiert: *Roxin*, AT I).

Roxin, Claus: Anmerkung zum Urteil des BGH v. 20.10.2011 – 4 StR 71/11 – Zur Geschäftsherrenhaftung in Form einer Überwachungsgarantenstellung hinsichtlich der Straftaten nachgeordneter Mitarbeiter, JR 2012, 305.

Rübenstahl, Markus / Tsambikakis, Michael: Neues Unternehmensstrafrecht: Der NRW-Gesetzesentwurf zur Einführung der strafrechtlichen Verantwortlichkeit von Verbänden, ZWH 2014, 8.

Säcker, Franz Jürgen / Rixecker, Roland / Oetker, Hartmut / Limperg, Bettina (Hrsg.): Münchener Kommentar zum Bürgerlichen Gesetzbuch, Band 1: Allgemeiner Teil: §§ 1–240 BGB, ProstG, AGG, 7. Auflage, München 2015 (zitiert: MüKo-BGB/*Bearbeiter*).

Säcker, Franz Jürgen / Rixecker, Roland / Oetker, Hartmut / Limperg, Bettina (Hrsg.): Münchener Kommentar zum Bürgerlichen Gesetzbuch, Band 5: Schuldrecht, Besonderer Teil III: §§ 705–853 BGB, Partnerschaftsgesellschaftsgesetz, Produkthaftungsgesetz, 6. Auflage, München 2013 (zitiert: MüKo-BGB/*Bearbeiter*).

Säcker, Franz Jürgen / Rixecker, Roland / Oetker, Hartmut (Hrsg.): Münchener Kommentar zum Bürgerlichen Gesetzbuch, Band 11: Internationales Privatrecht II, Internationales Wirtschaftsrecht, Einführungsgesetz zum Bürgerlichen Gesetzbuche (Art. 25–248), 6. Auflage, München 2015 (zitiert: MüKo-BGB/*Bearbeiter*).

Saenger, Ingo: Gesellschaftsrecht, 3. Auflage, München 2015 (zitiert: *Saenger*).

Sahan, Oliver / Urban, Kathrin: Die Berücksichtigung von Criminal Compliance im deutschen Strafverfahren, in: Criminal Compliance, hrsg. v. Thomas Rotsch, Baden-Baden 2015, § 35 (zitiert: *Sahan/Urban*, Rotsch).

Schall, Hero: Grund und Grenzen der strafrechtlichen Geschäftsherrenhaftung, in: Festschrift für Hans-Joachim Rudolphi, hrsg. v. Klaus Rogall et al., Neuwied 2004, 267 (zitiert: *Schall*, FS Rudolphi).

Schall, Hero: Geschäftsherrenhaftung und Mobbing, in: Festschrift für Kristian Kühl, hrsg. v. Martin Heger et al., München 2014, 417 (zitiert: *Schall*, FS Kühl).

Schautes, Christoph / Schier, Holger: Compliance International – von „Compliance Defence" und Business Case, CCZ 2013, 149.

Schemmel, Alexander / Minkoff, Andreas: Die Bedeutung des Wirtschaftsstrafrechts für Compliance Management Systeme und Prüfungen nach dem IDW PS 980, CCZ 2012, 49.

Schlechtriem, Peter: Organisationsverschulden als zentrale Zurechnungskategorie, in: Festschrift für Wolfgang Heiermann zum 60. Geburtstag, hrsg. v.

Jürgen Doerry und Hans-Georg Watzke, Wiesbaden/Berlin 1995, 281 (zitiert: *Schlechtriem*, FS Heiermann).

Schlegelberger, Franz / Quassowski, Leo (Hrsg.): Aktiengesetz, Kommentar, Berlin 1937 (zitiert: *Schlegelberger/Quassowski*, AktG).

Schmidt-Husson, Franck G.: Delegation von Organpflichten, in: Corporate Compliance – Handbuch der Haftungsvermeidung im Unternehmen, hrsg. v. Christoph E. Hauschka, 2. Auflage, München 2010, § 7 (zitiert: *Schmidt-Husson*, Hauschka).

Schmidt, Karsten: Gesellschaftsrecht, 4. Auflage, München 2002.

Schmidt, Karsten: Handelsrecht, 6. Auflage, Köln 2014.

Schmidt, Karsten: Zur Verantwortung von Gesellschaften und Verbänden im Kartell- und Ordnungswidrigkeitenrecht – Diskussionsbeitrag eines Wirtschaftsrechtlers zu § 30 OWiG und zum Verständnis der Bußgeldpraxis nach dem GWB, wistra 1990, 131.

Schmidt, Karsten: Haftung und Zurechnung im Unternehmensbereich – Grundlagen im Zivil- und Versicherungsrecht, in: Karlsruher Forum 1993, Karlsruhe 1993, 4 (zitiert: *K. Schmidt*, Karlsruher Forum 1993).

Schmidt, Karsten (Hrsg.): Münchener Kommentar zum Handelsgesetzbuch, Band 2: Zweites Buch. Handelsgesellschaften und stille Gesellschaft, Erster Abschnitt. Offene Handelsgesellschaft §§ 105–160 HGB, 3. Auflage, München 2011 (zitiert: MüKo-BGB/*Bearbeiter*).

Schmidt, Karsten / Lutter, Marcus (Hrsg.): Aktiengesetz, 3. Auflage, München 2015 (zitiert: K. Schmidt/Lutter/*Bearbeiter*).

Schmidt, Wilhelm: Gewinnabschöpfung im Straf- und Bußgeldverfahren: Handbuch für die Praxis, München 2006 (zitiert: *Schmidt*).

Schmitt-Leonardy, Charlotte: Unternehmenskriminalität ohne Strafrecht?, Heidelberg/ München/Landsberg/Frechen/Hamburg 2013.

Schmitt-Leonardy, Charlotte: Zurück in die Zukunft? – Zur neuen alten Diskussion um die Unternehmensstrafe und zu dem immer noch unzureichenden Verständnis des Problems, ZIS 2015, 11.

Schmitz, Roland: Bestrafung von Unternehmen – Abkehr vom Schuldstrafrecht, in: Unternehmensstrafrecht, hrsg. v. Eberhardt Kempf et al., Berlin/Boston 2012, 311 (zitiert: Schmitz, Kempf/ Lüderssen/Volk).

Schmitz, Stefan: Notwendiger Verbraucherschutz oder übertriebene Strafe? Schadensersatzzahlungen in den USA, JuS 1999, 941.

Schmoller, Kurt: Verbandsgeldbußen in Deutschland und Österreich, in: Festschrift für Wilfried Küper zum 70. Geburtstag, hrsg. v. Michael Hettinger et al., Heidelberg 2007, 519 (zitiert: *Schmoller*, FS Küper).

Schneider, Sven H. / Schneider, Uwe H. : Vorstandshaftung im Konzern, AG 2005, 57.

Schneider, Uwe H.: Compliance als Aufgabe der Unternehmensleitung, ZIP 2003, 645.

Schneider, Uwe H.: Der Konzern als Rechtsform für Unternehmen: Zum Regelungsgegenstand eines Konzernverfassungsrechts, in: Das Gesellschaftsrecht der Konzerne im internationalen Vergleich, hrsg. v. Ernst-Joachim Mestmäcker und Peter Behrens, Baden-Baden 1991, 563 (zitiert: *Schneider*, Mestmäcker/Behrens).

Schönke, Adolf / Schröder, Horst (Hrsg.): Strafgesetzbuch, 29. Auflage, München 2014 (zitiert: S/S/*Bearbeiter*).

Schramm, Edward: Criminal Compliance in der EU, in: Criminal Compliance, hrsg. v. Thomas Rotsch, Baden-Baden 2015, § 31 (zitiert: *Schramm*, Rotsch).

Schroth, Hans-Jürgen: Unternehmen als Normadressaten und Sanktionssubjekte – Eine Studie zum Unternehmensstrafrecht, Gießen 1993 (zitiert: *Schroth*).

Schünemann, Bernd: Die aktuelle Forderung eines Verbandsstrafrechts – Ein kriminalpolitischer Zombie, ZIS 2014, 1.

Schünemann, Bernd: Zur Frage der Verfassungswidrigkeit und der Folgen eines Strafrechts für Unternehmen – Rechtsgutachten für die Stiftung Familienunternehmen, http://www.familienunternehme n.de/media/public/pdf/publikationen-studien/studien/Studie_Stiftung_Familienunternehmen_Unternehmensstrafrecht.pdf, zuletzt abgerufen am 08.03.2016.

Schünemann, Bernd: Ein neues Bild des Strafrechtssystems?, ZStW 126 (2014), 1.

Schünemann, Bernd: Unternehmenskriminalität und Strafrecht – Eine Untersuchung der Haftung der Wirtschaftsunternehmen und ihrer Führungskräfte nach geltendem und geplantem Straf- und Ordnungswidrigkeitenrecht, Köln/Berlin/Bonn/München 1979 (zitiert: *Schünemann*, Unternehmenskriminalität und Strafrecht).

Schünemann, Bernd: Strafrechtsdogmatische und kriminalpolitische Grundfragen der Unternehmenskriminalität, wistra, 1982, 41.

Schünemann, Bernd (Hrsg.): Deutsche Wiedervereinigung, Band III, Unternehmenskriminalität, Köln/Berlin/Bonn/München 1996 (zitiert: *Schünemann*, Unternehmenskriminalität).

Schwarz, Alexandra: Die strafrechtliche Haftung des Compliance-Beauftragten, wistra 2012, 13.

Seibt, Christoph H.: Dekonstruktion des Delegationsverbots bei der Unternehmensleitung, in: Festschrift für Karsten Schmidt zum 70. Geburtstag, hrsg. v. Georg Bitter et al., Köln 2009, 1463 (zitiert: *Seibt*, FS K. Schmidt).

Seibt, Christoph H. / Schwarz, Simon: Aktienrechtsuntreue, AG 2010, 301.

Seibt, Christoph H. / Cziupka, Johannes: 20 Thesen zur Compliance-Verantwortung im System der Organhaftung aus Anlass des Siemens/Neubürger-Urteils, DB 2014, 1598.

Senge, Lothar (Hrsg.): Karlsruher Kommentar zum Gesetz über Ordnungswidrigkeiten, 4. Auflage, München 2014 (zitiert: KK-OWiG/*Bearbeiter*).

Sieber, Ulrich: Compliance-Programme im Unternehmensstrafrecht, in: Festschrift für Klaus Tiedemann zum 70. Geburtstag, hrsg. v. Ulrich Sieber et al., Köln 2008, 449 (Zit.: *Sieber*, FS-Tiedemann).

Siepelt, Stefan: Konsequenzen des Neubürger-Urteils für Aufsichtsräte, BOARD 2014, 107.

Simon, Stefan / Merkelbach, Matthias: Organisationspflichten des Vorstands betreffend das Compliance-System – Der Neubürger Fall, AG 2014, 318.

Soergel, Hans-Theodor (Begr.): Bürgerliches Gesetzbuch mit Einführungsgesetz und Nebengesetzen: BGB, Band 1: Allgemeiner Teil 1. §§ 1 – 103 BGB, 13. Auflage, Stuttgart 2000 (zitiert: Soergel/*Bearbeiter*).

Soergel, Hans-Theodor (Begr.): Bürgerliches Gesetzbuch mit Einführungsgesetz und Nebengesetzen: BGB, Band 12: Schuldrecht 10. §§ 823 – 853 BGB, Produkthaftungsgesetz, Umwelthaftungsgesetz, 13. Auflage, Stuttgart 2005 (zitiert: Soergel/*Bearbeiter*).

Spindler, Gerald: Compliance in der multinationalen Bankengruppe, WM 2008, 905.

Spindler, Gerald: Vierter Teil. Zivilrechtliche Außenhaftung und strafrechtliche Verantwortlichkeit, in: Handbuch des Vorstandsrechts, hrsg. v. Holger Fleischer, München 2006, §§ 13–15 (zitiert: *Spindler*, HdB d. VR).

Spindler, Gerald: Unternehmensorganisationspflichten – Zivilrechtliche und öffentlich-rechtliche Regelungskonzepte, Göttingen 2011.

Spindler, Gerald / Stilz, Eberhard (Hrsg.): Kommentar zum Aktiengesetz, Band 2: §§ 150–410 AktG, IntGesR, SpruchG, SE-VO, 3. Auflage, München 2015 (zitiert: Spindler/Stilz/*Bearbeiter*).

Spindler, Gerald / Stilz, Eberhard (Hrsg.): Kommentar zum Aktiengesetz, Band 1: §§ 1–149 AktG, 3. Auflage, München 2015 (zitiert: Spindler/Stilz/*Bearbeiter*).

von Staudinger, Julius (Begr.): Kommentar zum Bürgerlichen Gesetzbuch: Staudinger BGB – Buch 1: Allgemeiner Teil: §§ 21–79 BGB (Allgemeiner Teil 2), Berlin Neubearbeitung 2005 (zitiert: Staudinger/*Bearbeiter*).

von Staudinger, Julius (Begr.): Kommentar zum Bürgerlichen Gesetzbuch: Staudinger BGB – Buch 2: Recht der Schuldverhältnisse: §§ 823 A-D BGB, Berlin Neubearbeitung 2005 (zitiert: Staudinger/*Bearbeiter*).

von Staudinger, Julius (Begr.): Kommentar zum Bürgerlichen Gesetzbuch: Staudinger BGB – Buch 2: Recht der Schuldverhältnisse: §§ 830–838 BGB (Unerlaubte Handlungen 3), Berlin Neubearbeitung 2012 (zitiert: Staudinger/*Bearbeiter*).

Taschke, Jürgen: Rechtspraktische Analyse der Situation de lege lata, in: Das Unternehmensstrafrecht und seine Alternativen, hrsg. v. Matthias Jahn et al., Baden-Baden 2016, 41 (zitiert: *Taschke*, Jahn/Schmitt-Leonardy/Schoop).

Theile, Hans: Die wirtschaftliche Betrachtungsweise als Ansatz zur Sanktionierung der Obergesellschaft im Unternehmensverbund nach § 130 OWiG – Empirische Ergänzungen zu einem methodischen Problem, in: Der Sanktionsdurchgriff im Unternehmensverbund, hrsg. v. Jörg Eisele et al., Tübingen 2014, 73 (zitiert: *Theile*, Eisele/Koch/Theile).

Theile, Hans / Petermann, Stefan: Die Sanktionierung von Unternehmen nach dem OWiG, JuS 2011, 496.

Thiele, Dominic: Zur Verfassungswidrigkeit des § 81 IV GWB, WRP 2006, 999.

Thole, Christoph: Managerhaftung für Gesetzesverstöße – Die Legalitätspflicht des Vorstands gegenüber seiner Aktiengesellschaft, ZHR 173 (2009), 504.

Tiedemann, Klaus: Wirtschaftsstrafrecht, A.T.: Einführung und Allgemeiner Teil mit wichtigen Rechtstexten, 3. Auflage, Köln 2010 (zitiert: *Tiedemann*, Wirtschaftsstrafrecht AT).

Tiedemann, Klaus: Strafrechtliche Grundprobleme im Kartellrecht, NJW 1979, 1849.

Többens, Hans W.: Die Bekämpfung der Wirtschaftskriminalität durch die Troika der §§ 9, 30, 130 des Gesetzes über Ordnungswidrigkeiten, NStZ 1999, 1.

Trüg, Gerson: Zu den Folgen der Einführung eines Unternehmensstrafrechts, wistra 2010, 241.

Trüg, Gerson: Die Verbandsgeldbuße gegen Unternehmen – Ist-Zustand und Reformüberlegungen, ZWH 2011, 6.

Tschierschke, Anja: Ein Überblick über den Sanktionsdurchgriff un Unternehmensverbindungen de lege lata und de lege ferenda, in: Der Sanktionsdurchgriff im Unternehmensverbund, hrsg. v. Jörg Eisele et al., Tübingen 2014, 137 (zitiert: *Tschierschke*, Eisele/Koch/Theile).

van Vormizeele, Philipp Voet: Kartellrechtliche Compliance-Programme im Rahmen der Bußgeldbemessung *de lege lata* und *de lege ferenda*, CCZ 2009, 41.

Verse, Dirk: Compliance im Konzern – Zur Legalitätskontrollpflicht der Geschäftsleiter einer Konzernobergesellschaft, ZHR 175 (2011), 401.

Vogel, Joachim: Unrecht und Schuld in einem Unternehmensstrafrecht, hrsg. v. Eberhardt Kempf et al., Berlin/Boston 2012, 205 (zitiert: *Kudlich*, Kempf/Lüderssen/Volk).

Vogt, Bianca: Die Verbandsgeldbuße gegen eine herrschende Konzerngesellschaft – Begehungs- und Unterlassungsbeteiligung an Ordnungswidrigkeiten im Unternehmensverbund, Baden-Baden 2009 (zitiert: *Vogt*).

Wagner, Gerhard: Prävention und Verhaltenssteuerung durch Privatrecht – Anmaßung oder legitime Aufgabe?, AcP 206 (2006), 352.

Wagner, Gerhard: Sinn und Unsinn der Unternehmensstrafe – Mehr Prävention durch Kriminalisierung?, ZGR 2016, 112.

Weber, Christoph Andreas: Diskussionsbericht – zu den Referaten von Wolfgang Bosch, Tobias Tröger und Marc Löbbe, ZHR 177 (2013), 555.

Wells, Celia: Corporations and Criminal Responsibility, 2. Auflage, Oxford 2001 (zitiert: *Wells*, Corporations).

Wells, Celia: Die strafrechtliche Verantwortlichkeit von Unternehmen in England und Wales – Sich wandelnde Vorstellungen und Gesetzesreform, ZStW 107 (1995), 676.

Wessels, Johannes (Begr.) / Beulke, Werner / Satzger, Helmut: Strafrecht Allgemeiner Teil – Die Straftat und ihr Aufbau, 45. Auflage, Heidelberg 2015 (zitiert: *Wessels/Beulke/Satzger*).

Wessing, Jürgen: Braucht Deutschland ein Unternehmensstrafrecht?, ZWH 2012, 301.

Wiesenack, Tobias C. / Klein, Nico C.: Rechtspraktische Entwicklungen bei der Strukturierung und Organisation von Unternehmensverbünden – Eine Darstellung und Würdigung aktueller empirischer Daten, erhoben vor dem Hintergrund der Diskussion um den ordnungswidrigkeitenrechtlichen Sanktionsdurchgriff, in: Der Sanktionsdurchgriff im Unternehmensverbund, hrsg. v. Jörg Eisele et al., Tübingen 2014, 5 (zitiert: *Wiesenack/Klein*, Eisele/ Koch/ Theile).

Willems, Heiko: Der NRW-Entwurf für ein Verbandsstrafgesetzbuch – die Perspektive der Wirtschaft, ZIS 2015, 40.

Willems, Heiko: Deutschland braucht kein Unternehmensstrafrecht, DRiZ 2013, 354.

Winter, Martin: Die Verantwortlichkeit des Aufsichtsrats für „Corporate Compliance", in: Festschrift für Uwe Hüffer zum 70. Geburtstag, hrsg. v. Peter Kindler et al., München 2010, 1103 (zitiert: *Winter*, FS Hüffer).

Wirtz, Markus M.: Die Aufsichtspflichten des Vorstandes nach OWiG und KonTraG, WuW 2001, 342.

Witte, Johannes / Wagner, Marco: Die Gesetzesinitiative Nordrhein-Westfalens zur Einführung eines Unternehmensstrafrechts, BB 2014, 643.

Zieschang, Frank: Das Verbandsstrafgesetzbuch – Kritische Anmerkungen zu dem Entwurf eines Gesetzes zur Einführung der strafrechtlichen Verantwortlichkeit von Unternehmen und sonstigen Verbänden, GA 2014, 91.

Zöllner, Wolfgang / Noack, Ulrich (Hrsg.): Kölner Kommentar zum Aktiengesetz, Band 2 Teil 1: §§ 76–94 AktG, 3. Auflage, Berlin 2009 (zitiert: KölnKomm-AktG/*Bearbeiter*).

Zöllner, Wolfgang / Noack, Ulrich (Hrsg.): Kölner Kommentar zum Aktiengesetz, Band 6: §§ 291–393 und §§ 15–22 AktG, 3. Auflage, Berlin 2004 (zitiert: Köln-Komm-AktG/*Bearbeiter*).

Schriften zum Gesellschafts-, Bilanz- und Unternehmensteuerrecht

Herausgegeben von Barbara Grunewald und Joachim Hennrichs

Band 1 Moritz Pöschke: Eigenkapital mittelständischer Gesellschaften nach IAS/IFRS. 2009.

Band 2 Ulrike Lehmann: Gesellschaftsrechtliche Gestaltungen im Erbschaft- und Schenkungsteuerrecht. Eine Untersuchung der Erbschaft- und Schenkungsteuersubjektivität der Personengesellschaft sowie der mittelbaren Anteilsschenkung. 2009.

Band 3 Christian Graw: Das Konzept der Anteilseignerbesteuerung nach § 22 UmwStG 2006 – insbesondere im Vergleich zu § 21 UmwStG 1995. 2009.

Band 4 Christopher M. Picot: Die Rechte der Aktionäre beim Delisting börsennotierter Gesellschaften. 2009.

Band 5 Pascal Alexander Salomon: Regelungsaufträge in der Societas Privata Europea. Einführung in eine neue Rechtsform unter besonderer Berücksichtigung des Gesetzgebungsinstruments des Regelungsauftrages. 2010.

Band 6 Anna Sabrina Cryns: Gesellschafterfremdfinanzierung in Frankreich und Zinsschranke – ein Rechtsvergleich. 2011.

Band 7 Björn Karst: Das Marktmanipulationsverbot gem. § 20a WpHG. Unter besonderer Berücksichtigung der „Safe-Harbor"-Regelung. 2011.

Band 8 Ulrike Petig: Verdeckte Sacheinlagen im GmbH- und Aktienrecht. Die Veränderungen durch MoMiG und ARUG. 2012.

Band 9 Jochen Möller: Vorteilsanrechnung bei nützlichen Pflichtverletzungen im Kapitalgesellschafts- und Kartellrecht. 2012.

Band 10 Alexander Kersten: Zinsschranke und IFRS. Rechtssystematische Einordnung einer punktuellen Maßgeblichkeit der IFSR im Steuerrecht am Beispiel der Zinsschranke. 2012.

Band 11 Tobias Strohmeier: Special Purpose Acquisition Companies. SPACs im Spannungsfeld von deutschem Aktien- und Kapitalmarktrecht. 2012.

Band 12 Ruth Winter: Die steuerliche Behandlung von Scheinauslandsgesellschaften. Eine Untersuchung zur doppelansässigen Kapitalgesellschaft. 2013.

Band 13 Daniel Krey: IFRS und Ausschüttungsbemessung. 2013.

Band 14 Gabriel Jakob Litzenberger: Sanierungspflichten in der Krise von AG und GmbH. 2014.

Band 15 Franziska Neumann: Rechtliche Probleme von PIPE-Transaktionen. 2014.

Band 16 Jan Winzen: Vorzugsaktie und KGaA. Instrumente zur Kontrollerhaltung bei der Eigenkapitalfinanzierung. Unter besonderer Berücksichtigung der Vereinheitlichung von Aktiengattungen. 2014.

Band 17 Andreas Gerten: Angemessenheit und Steuern. Verdeckte Einkommensverwendung bei Kapitalgesellschaften im internationalen Vergleich. 2014.

Band 18 Isabel Kristin Fischer: Die Partnerschaftsgesellschaft mit beschränkter Berufshaftung. Rechtliche Einordnung und Haftungsverfassung unter Berücksichtigung der englischen LLP. 2015.

Band 19 Leif Klinkert: Probleme der neuen Ansatzrechte im Sinne des § 268 Abs. 8 HGB und der entsprechenden Ausschüttungssperren. Zugleich ein Vergleich zur kalifornischen Ausschüttungsregelung. 2016.

Band 20 Kai Sofia Loth: Die Haftung der Organe einer Aktiengesellschaft bei Entscheidungen unter Rechtsunsicherheit. De lege lata et ferenda. 2016.

Band 21 Nikolaus Moench: Die Societas Unius Personae (SUP). 2016.

Band 22 Moritz Evertz: Unternehmensstrafrecht aus gesellschaftsrechtlicher Sicht. Eine Untersuchung am Beispiel des nordrhein-westfälischen Gesetzesentwurfs zur Einführung eines Verbandsstrafgesetzbuchs. 2016.

www.peterlang.com

www.ingramcontent.com/pod-product-compliance
Ingram Content Group UK Ltd.
Pitfield, Milton Keynes, MK11 3LW, UK
UKHW041825031026
15587UKWH00002B/577

9 783631 702000